轨道交通电机及电气控制技术

主　编　邓　勇　蒋　晶　龚清林

副主编　杜青松　王　骁　曹少全
　　　　朱文艳

西南交通大学出版社
·成　都·

图书在版编目（CIP）数据

轨道交通电机及电气控制技术 / 邓勇，蒋晶，龚清林主编. -- 成都：西南交通大学出版社，2025.1.
ISBN 978-7-5774-0288-8

Ⅰ.U239.5

中国国家版本馆 CIP 数据核字第 20257HS638 号

Guidao Jiaotong Dianji ji Dianqi Kongzhi Jishu
轨道交通电机及电气控制技术

主　编／邓　勇　蒋　晶　龚清林	策划编辑／吴　迪
	责任编辑／穆　丰
	封面设计／吴　兵

西南交通大学出版社出版发行
（四川省成都市金牛区二环路北一段 111 号西南交通大学创新大厦 21 楼　610031）
营销部电话：028-87600564　028-87600533
网址　https://www.xnjdcbs.com
印刷　四川森林印务有限责任公司

成品尺寸　185 mm×260 mm
印张　18　　字数　402 千
版次　2025 年 1 月第 1 版　　印次　2025 年 1 月第 1 次

书号　ISBN 978-7-5774-0288-8
定价　49.00 元

课件咨询电话：028-81435775
图书如有印装质量问题　本社负责退换
版权所有　盗版必究　举报电话：028-87600562

PREFACE 前言

  电机及电气控制技术是电气自动化、机电一体化等相关专业的一门基础课程，对学生后续课程的学习以及在机电行业的发展具有重要的支撑作用。本书根据高职院校电气、机电相关专业对电机及电气控制技术的要求，结合我校城市轨道交通类专业对本课程的知识和技能需求，采用项目任务驱动的方式，将理论知识与实践技能紧密结合，以实现知识和技能的理解与应用。

  本书内容包括三个综合训练项目：项目一为常用低压电器；项目二为轨道交通常用电机；项目三为轨道交通典型电气控制电路。每个项目又分为多个任务，共计十六个任务点，以任务为驱动，首先讲解任务相关的理论知识，然后通过实践任务完成知识或技能的应用训练。与其他同类教材相比，本书开创性地将轨道交通相关的典型控制线路嵌入教学内容，同时深入浅出地分析了当今世界使用最为广泛和流行的各类低压电器、电机及其工作原理、应用等知识。

  本书是校企合作联合编写教材。主编从事本专业教学十余年，具有丰富的机电设备操作和使用经验；同时，邀请了重庆比亚迪锂电池有限公司杜青松工程师参与本书编写，杜老师从事自动化行业多年，具有丰富的实践经验和前沿知识储备。另外，本书还由具有多年技能竞赛经验并获全国技术能手的老师参与编审。通过一年多的准备和编写，遂成此稿。本书知识以必需、够用为原则，强调技能的训练，通过实验、实训任务，在过程中培养学生的综合技能。

  本书由重庆公共运输职业学院邓勇、蒋晶、龚清林担任主编，杜青松、王骁、曹少全、朱文艳担任副主编。邓勇对本书的内容和编写进行了总体策划，并对全书进行统稿和初校。具体编写分工：邓勇编写了绪论、项目三以及项目一的任务四、任务五；蒋晶编写了项目一的任务一、任务二；杜青松、龚清林编写了项目二的任务三、任务四、任务五、任务六；王骁、曹少全编写了项目二的任务一、任务二；朱文艳编写了项目一的任务三以及本书习题库及答案解析。此书在编写过程中，得到了重庆轨道交通（集团）有限公司相关部门和人员的支持和帮助，在此一并表示感谢。

本书是重庆公共运输职业学院高水平高职学校和高水平专业群建设项目成果，同时也是重庆公共运输职业学院国家级高技能人才培养基地建设项目及2023年重庆市职业教育教学改革研究项目（项目编号：Z233231）成果之一。

由于编者水平和经验有限，书中难免有欠妥或不足之处，恳请读者批评指正。

编 者
2024 年 5 月

数字资源目录

序号	项目	知识点名称	类型	页码
1	项目一 常用低压电器	1.1 转换开关	动画	14
2		1.2 转换开关的拆装与接线	实操视频	19
3		1.3 接近开关的接线与应用	实操视频	32
4		1.4 漏电保护开关	动画	49
5		1.5 交流接触器	动画	50
6		1.6 交流接触器的拆装与检测	实操视频	56
7		1.7 时间继电器	动画	65
8		1.8 中间继电器检测与应用	实操视频	69
9		1.9 电磁阀	动画	72
10	项目二 轨道交通常用电机	2.1 直流电动机	动画	79
11		2.2 三相交流异步电动机	动画	109
12		2.3 三相异步电动机的绕组判别与接线	实操视频	136
13		2.4 永磁同步电机	动画	145
14		2.5 步进电机	动画	155
15		2.6 步进电机驱动器安装与接线	实操视频	159
16		2.7 伺服电机	动画	166
17		2.8 伺服电机驱动器安装与接线	实操视频	170
18		2.9 直线电机	动画	185
19	项目三 轨道交通典型电气控制电路	3.1 电气系统图的绘制与识读	微课	205
20		3.2 单梁起重机控制电路分析	微课	221
21		3.3 轨道交通消防泵控制电路分析	微课	233
22		3.4 轨道交通自动扶梯控制电路分析	微课	247
23		3.5 轨道交通双速风机控制电路分析	微课	266
24		3.6 自动扶梯及自动人行道电气原理图	图片	278

CONTENTS 目录

绪 论 1

项目一 常用低压电器 9
　　任务一　开关电器 11
　　任务二　主令电器 26
　　任务三　保护电器 38
　　任务四　接触器 50
　　任务五　继电器 63
　　项目一练习题 75

项目二 轨道交通常用电机 79
　　任务一　直流电动机 79
　　任务二　三相交流异步电动机 109
　　任务三　永磁同步电机 145
　　任务四　步进电机 155
　　任务五　伺服电机 166
　　任务六　直线电机 185
　　项目二练习题 198

项目三 轨道交通典型电气控制电路 205
　　任务一　电气控制线路的绘制与识读 205
　　任务二　轨道交通单梁起重机控制电路分析 217
　　任务三　轨道交通消防泵控制电路分析 231
　　任务四　轨道交通自动扶梯控制电路分析 243
　　任务五　轨道交通双速风机控制电路分析 261
　　项目三练习题 275

参考文献 279

绪 论

电机是一种能够将电能转化为机械能的装置，广泛应用于工业自动化、农业、医疗卫生、家用电器、交通运输、航空航天和国防军事等各个领域。电机及其控制技术在现代工业和生活中扮演着不可或缺的重要角色，为各种设备提供了驱动力，促进了生产和生活的发展。

在工业自动化领域，电机广泛应用于各种自动化生产线、传送带、运输设备、压缩机、水泵和风扇等，用以提高生产效率和产品质量；在农业领域，电机广泛应用于拖拉机、收割机、灌溉系统等，用于提升农业生产效率；在医疗卫生领域，电机广泛应用于电动手术刀、电动吸引器、电动按摩器、X射线机、超声波仪器等各种医疗设备和器械中，用以提高医疗效果和改善患者体验；在家用电器领域，电机广泛应用于变频空调、冰箱、洗衣机、抽油烟机、吸尘器、智能窗帘、智能门锁、智能马桶等智能家电设备中，用于改善生活质量；在航空航天领域，电机广泛应用于各种航空器和航天器的控制系统、电动推进系统等，以确保安全和高效的飞行；在国防军事领域，电机广泛应用于雷达、无人机、弹道导航系统、鱼雷舵机系统等，以适应现代战争和精确打击的需要；在交通运输领域，电机广泛应用于汽车、轮船、高铁、电动自行车和轨道交通等各类交通工具的驱动，使得交通运输更加方便、安全、快速、节能、环保。

随着科技的不断发展和人们对交通运输的需求增加，高铁和城市轨道交通成为现代化城市交通的重要组成部分。电机系统作为高铁和城市轨道交通的核心技术之一，发挥着重要的作用。电扶梯、AFC（自动售检票）系统、站台门、自动门、车辆空调、中央空调、通风设备、给排水设备、消防喷淋系统、地铁车辆牵引系统、制动系统、道岔转辙设备等几乎所有的地铁机电设备系统都离不开电机。

据统计，我国用于拖动的泵、风机、压缩机等设备，其用电量大约占全国总用电量的60%，大约占工业用电量的75%（数据来源：GB/T 41013—2021《电机系统能效评价》）。目前，地铁车站中使用了大量三相交流异步电动机，主要用于风机、水泵等。根据相关统计，地铁配电系统的总负荷中，牵引电力是列车运行的核心动力，其能耗占比通常超过总电力需求的50%（数据来源：中国城市轨道交通协会《城市轨道交通 2023 年度统计和分析报告》)。因此，掌握电机及其控制技术，提高电机使用效率，降低负荷，是每一个学习机电类相关专业学生必备的一项基本技能。

一、轨道交通电机的种类和特点

（一）轨道交通常用电机

在轨道交通领域，电机主要应用在列车牵引系统、制动系统以及其他辅助机电设备系统。

电机的种类繁多，包括最基本的直流电机、交流电机、同步电机、特种电机等。在轨道交通中，最常用的包括直流电机、三相交流异步电动机、永磁同步电机、特种电机（伺服电机）等。

直流电机具有优良的调速性能和启动性能，在轨道交通中主要用于车辆牵引和制动系统，如图0-1所示。尤其是无刷直流电机，是城市轨道交通中常用的电机类型之一。它不需要用传统的电刷来实现电流反向，而是通过电子换向器来控制电机旋转的方式，因此具有高效、节能和低噪声等特点。在城市轨道交通领域，其被广泛应用在地铁、有轨电车、轻轨等车辆中，是一种技术先进、性能优良的电机类型。随着技术的发展，直流电机的维护成本逐渐降低，寿命得到延长。在发展趋势上，直流电机正向着更高效、更节能的方向发展，以满足环保和运营效益的需求。

图0-1　某直流牵引电机

三相交流异步电机结构简单、维护方便，是另一种常用的轨道交通的电机类型，广泛应用于轨道交通牵引系统，辅助系统，比如一些轻轨列车、空调通风系统、水泵等，如图0-2所示。它采用交流电作为电源，并且在电

图0-2　某交流牵引电机

机转子上有一组绕组,通过不断变化的电流来不断引起电磁波作用,从而驱动电机旋转。与直流电机相比,它不需要机械换向器,具有结构简单、故障率低、可靠性高等特点。但是,由于其转速不太稳定,一般需要采用变频技术进行控制。通过变频器控制,交流异步电机可以实现良好的调速性能。在节能和环保趋势下,交流异步电机的能效和可靠性得到了进一步提升。

图 0-3 某永磁同步电机

永磁同步电机具有高功率密度、高效率和高可靠性等特点,逐渐成为轨道交通牵引系统的主流选择,使得轨道交通车辆的能效和动力性能得到了显著提升,如图 0-3 所示。相比交流异步牵引系统,永磁同步牵引系统具有高功率密度、高效率、高功率因数和低噪声、轻量化等显著优势。永磁牵引系统应用于轨道交通车辆牵引,可以提高牵引功率,节能降耗,减少维护量,降低全寿命周期成本。根据第三方测评,永磁牵引系统的平均节能率超过 30%。在降噪方面,永磁牵引系统噪声更小,低速段更为明显,其中 0~1 900 r/min 平均降低 5.5 dB,可有效提高乘客的舒适度。在轻量化方面,永磁电机则比异步电机轻了 110 kg,可有效减少空间占比和能耗比。永磁牵引系统目前被业界公认为是轨道交通车辆牵引系统下一代新技术的发展方向,随着材料科学和控制技术的发展,永磁同步电机的性能将进一步优化,地铁、高铁进入永磁时代将指日可待。

伺服电机、步进电机等特种电机也广泛用于轨道交通机电设备系统中。伺服技术作为一种先进的控制技术,被广泛应用于轨道交通系统中,为其提供安全可靠的运营保障。伺服技术是指通过传感器对系统的反馈信号进行连续监测和调整,确保执行机构按照预定轨迹、速度和力矩运动的技术。其基本原理是通过比较目标值和实际值之间的差距,并通过控制系统进行电流、速度和位置的调整来使其达到预期效果。伺服技术具有高精度、快速响应、稳定性好等特点,适用于对位置、速度和力矩等参数要求较高的应用领域。

伺服技术在轨道交通中主要应用在列车控制系统,包括列车的牵引系统、刹车系统和悬挂系统。伺服电机可以根据实时反馈信号进行调整,实现列车的精确控制。列车控制系统需要对列车的速度、加速度、制动等参数进行监测和调整,以保证列车的安全运行,可以通过伺服技术实时监测列车的运行状态,并根据实际情况对电机进行控制,保持列车运行的平稳性和安全性。例如,通过伺服技术可以实现牵引系统对电机的精准控制,提高动车组的加速度和牵引力,提高列车的运行效率和安全性。

(二)轨道交通电机特点

轨道交通电机是一种特殊的应用电机,具有一系列独特的特点。

(1)由于轨道交通电机需要在高速运行的环境下工作,因此其转动部分必须具有高精度和高稳定性,以确保列车运行的平稳和安全。

（2）轨道交通电机通常采用直流电机或交流电机作为驱动电机，这些电机具有较高的启动转矩和较宽的调速范围，能够满足城市轨道交通的各种需求。

（3）轨道交通电机还需要具备高效的特点。为了提高效率，城市轨道交通电机通常采用先进的材料和设计，以减少电机的损耗和摩擦。

（4）轨道交通电机还需要具备节能和环保功能，以减少对能源的消耗和对环境的影响。

（5）轨道交通电机还需要具备良好的可靠性和耐久性。由于城市轨道交通是一种重要的交通方式，电机的可靠性和耐久性直接关系到列车的安全和正常运行，因此轨道交通电机必须经过严格的测试和检验，确保其能够在各种恶劣环境下正常工作。

（6）除此之外，轨道交通电机还需要具备维护方便和易于维修的特点。为了方便维护和维修，城市轨道交通电机通常采用模块化和标准化的设计，使得电机的拆卸和更换变得更加方便快捷。同时，城市轨道交通电机还需要具备智能化和网络化的特点，以便实现电机的远程监控和维护。

综上所述，城市轨道交通电机是一种具有高精度、高稳定性、高效、节能、环保、良好的可靠性和耐久性等特点的特殊电机。这些特点使得城市轨道交通电机成为一种非常重要的工具，为城市轨道交通发展做出了重要的贡献。

二、轨道交通电机控制系统

电机控制系统是实现轨道交通电动化的关键组成部分，负责控制电机的启动、停止、转速、扭矩等各个参数。随着电力电子技术和控制理论的发展，电机控制系统的性能和可靠性得到了极大的提升，成为轨道交通领域的研究热点之一。电机控制系统通常由电机、控制器、传感器等部分组成，通过对电机的电磁过程进行控制，实现电机的高效、稳定运行。电机控制系统的基本原理是通过控制器对电机的电流、电压等参数进行精确控制，从而实现对电机的转速、扭矩等输出的调节。

根据电机的类型和控制方式的不同，电机控制系统可以分为直流电机控制系统和交流电机控制系统两大类。其中，直流电机控制系统具有调速范围广、控制精度高等优点，但缺点是维护成本较高；交流电机控制系统则具有结构简单、维护方便等优点，其缺点是调整性能相对较差。

电机控制系统的关键技术包括电力电子技术、控制理论、传感器技术等，这些技术的不断进步为电机控制系统的发展提供了强有力的支持。然而，电机控制系统仍面临着一些挑战，比如如何提高系统的稳定性和可靠性、降低成本、提高效率等。随着轨道交通的快速发展，电机控制系统的应用越来越广泛，已经成为轨道交通车辆的核心技术之一。未来，随着绿色出行和可持续发展的要求越来越高，电机控制系统将更加注重环保和高效，向轻量化、节能化方向发展。同时，随着人工智能、物联网等新兴技术的不断涌现和发展，电机控制系统的智能化和网络化也将得到进一步提升，为轨道交通领域的发展注入新的活力。

（一）列车牵引系统

列车牵引电机用于驱动列车前进，为列车前进提供所需的动力。根据牵引电机种类不同，其可分为直流牵引系统、交流牵引系统等。直流牵引系统采用直流牵引电机，牵引控制方式从凸轮变阻调速发展到斩波调阻变速，控制简单方便，但也存在着质量大、体积大、维修量大和能耗大等缺点。随着电子技术的发展，直流牵引系统的控制方式发展为斩波调压变速方式。交流牵引系统采用异步电动机和直线电动机两种。在牵引系统中，交流电动机相对于直流电动机有结构简单可靠、无电刷和换向器、体积小、质量小、维修方便、转速高、功率大、能自动防滑等优点，在城市轨道交通中广泛应用。

城市轨道交通车辆的运行速度并不高，所以通常采用直流供电，我国采用 DC 750 V 和 DC 1 500 V 两种电压制式。我国常用的供电方式有接触网供电和接触轨供电两种方式，根据其供电方式的不同，列车的受流方式分为接触网受流和第三轨受流。接触网是沿轨道线路架设的特殊输电线，为列车不间断地提供电能，列车通过车顶的受电弓与接触网滑动摩擦而获得电能，电网电压为 1 500 V 时多采用接触网供电。接触轨是除了列车行走的两条路轨以外的带电钢轨，列车受流器在带电钢轨上接触滑行受流，电网电压为 750 V 及以下时多采用第三轨供电。

根据牵引电传动系统的主电路，牵引系统主要包括以下设备：牵引逆变器、受流装置、高速断路器、接触器、线路滤波器、牵引逆变单元、牵引电机、制动电阻器、浪涌吸收器、接地装置等。牵引逆变器是牵引系统的主要组成部分，是最关键、最复杂的部分，是牵引系统的核心技术所在，它采用了正弦脉宽调制技术（SPWM）。

牵引时，电网 DC 1 500 V 电压通过受流装置、主熔断器、隔离开关、高速断路器、接触器、线路滤波器后，形成稳定且干净的直流电送入牵引逆变器，牵引逆变器将直流电逆变为频率和幅值可调的三相交流电，送入牵引电机，牵引电机将电能转化为动能。再生制动时以相反的路径使电网吸收电机反馈的能量。电阻制动时，牵引电机反馈的能量经过牵引逆变器输出给制动电阻，制动电阻通过发热将电能以热能的形式耗散到空气中。

（二）列车制动系统

列车制动系统是利用电机与制动系统配合，实现列车的减速和停车。轨道交通电机制动技术可分为再生制动、电阻制动、磁轨制动等。再生制动的原理是将列车的动能转化为电能，回馈给供电系统，具有节能、环保、提高能源利用率等优点，适用于频繁启动和停止的城市轨道交通系统。电阻制动的原理是通过电阻消耗列车的动能，产生制动力，其优点是简单可靠，维护成本低，缺点是能耗较高，不适用于长时间制动。磁轨制动的原理是利用电磁感应原理，在列车和轨道之间产生制动力，其优点是制动力大，适用于高速列车的紧急制动，缺点是设备成本高，维护较为复杂。

未来电机制动系统将朝着智能化、绿色环保、高效可靠等方向发展。所谓智能化，即电机制动系统将与列车的其他系统实现智能化联动，提高运行效率。同时，随着环保意识的提高，再生制动等绿色制动技术将得到更广泛的应用。此外，未来电机制动系统将更加注重高效性和可靠性，提高列车的整体运行水平。

（三）辅助机电设备系统

轨道交通辅助机电设备系统是指用于列车的空调、通风、照明、检修等辅助设备的电机控制系统。例如，在火灾等紧急模式情况下，如何快速准确实现车站、车辆的各类通风排烟风机的开闭控制，其对保障轨道交通安全运营具有重要作用。再如，随着自动化、智能化的发展，轨道交通将逐步进入智能运维时代。目前机房和数据中心主要采用传统"集中监控系统+专业工程师维护"的方式开展安全运维，维护人员日常巡检工作内容繁琐重复，机房辐射危害人体健康安全，运维人员岗位流动性大。因此，机房无人巡检机器人应运而生。机房无人巡检机器人系统综合了传感器技术、机器人技术、大数据分析技术，可一定程度上代替维护人员日常巡检工作，并达到巡检水平高度标准化。同时，其还可以全天候随时随地掌握机房和数据中心状况，实现远程视频监控、手动遥控、随工引导等功能。

三、电机维护与故障诊断

电机的正常运行对轨道交通的安全至关重要。通过及时的维护与故障诊断，可以预防和解决潜在问题，确保乘客和工作人员的安全。同时，有效的电机维护与故障诊断可以减少故障停机时间，保证轨道交通的顺畅运行，提高整体运营效率。此外，定期维护可以延长电机的使用寿命，降低更换成本，为轨道交通运营节省费用。

电机维护的常规方法包括：

（1）定期检查。对电机进行定期的外观检查、功能测试和内部探伤，以发现潜在的故障和隐患。

（2）清洁与润滑。保持电机的清洁，定期更换润滑剂，减少磨损，确保电机的正常运转。

（3）预防性维护。根据电机的使用情况和寿命预测，进行预防性的维护和更换，提前消除故障风险。

常见的电机故障类型包括电气故障、机械故障、热故障等，进行电机故障诊断的技术手段包括：

（1）振动分析。通过对电机运行时的振动数据进行采集和分析，可以判断电机的运行状态，发现异常振动和故障。

（2）声音诊断。通过对电机运行声音进行监听和频谱分析，可以识别出异常噪声和故障信号。

（3）智能诊断系统。利用人工智能和大数据技术，对电机的运行数据进行实时监测和智能分析，实现故障预警和诊断。

为了降低电机使用过程存在的各种风险，还需要注意以下几点：

（1）重视电机维护与故障诊断工作，提高维护人员的专业素质和技能水平。

（2）加强技术创新和研发投入，引进先进的维护与故障诊断技术和设备。

（3）建立完善的维护与故障诊断制度和管理体系，确保电机维护与故障诊断工作的规范化、标准化和科学化。

随着技术的不断进步，未来电机故障诊断和维护可能的发展趋势与前沿技术有：

（1）智能化诊断。随着人工智能技术的不断发展，智能化诊断将成为电机维护与故障诊断的重要趋势。通过机器学习和深度学习技术，能实现对电机故障的精准识别和预测。

（2）在线监测与实时预警。利用物联网技术，实现对电机运行状态的在线监测和实时预警。通过实时监测电机的各项指标，及时发现异常，提高维护与故障诊断的效率。

（3）高效节能技术。随着环保意识的提高和节能政策的推广，高效节能技术将在电机维护与故障诊断中得到更广泛的应用。通过优化电机的设计和维护方法，降低能耗，提高电机的运行效率。

四、轨道交通电机技术的现状与发展

随着轨道交通的快速发展，电机市场迎来巨大的增长机遇。目前，轨道交通电机的全球市场规模持续扩大，需求增长迅速，而我国市场占据重要地位，增长速度全球领先。同时，政府对新能源和节能减排的重视，为轨道交通电机市场提供了有力的政策支持。与此同时，国际竞争激烈，技术创新成为竞争的关键，需要进一步提高电机的效率、可靠性和耐久性。技术创新持续推动行业发展，永磁同步电机等新型电机将得到更加广泛的应用。随着市场竞争的加剧，企业需要加强技术研发和创新以提高竞争力。随着全球环保意识的提高，轨道交通电机的节能减排和绿色化发展成为行业的显著趋势。

未来，轨道交通电机的技术发展趋势包括：

（1）高效化、低碳化，即提高电机的效率，降低能源消耗。电机效率是轨道交通节能的关键因素，提升效率对减少能源消耗具有显著效果。节能技术不仅涉及电机设计，还与列车控制、制动能量回收等多方面密切相关。随着技术的发展，新型电机和节能技术正在逐步应用于轨道交通中。电机的设计、材料和制造工艺是影响效率的主要因素，而不同的驱动方式和控制策略也会对电机效率产生显著影响。同时，维护保养和运行状态监控对保持电机高效率运行也至关重要。因此，可以采用新材料和高效设计提升电机的运行效率；也可以通过制动能量回收系统，将制动能量转化为电能重新利用，从而提高效率；还可以运用先进的智能控制算法，优化列车的驱动和制动过程，达到进一步节能的目的。轨道交通电机系统将更加注重环保和可持续发展，减少对环境的影响。采用可再生能源和低碳技术的电机系统将成为未来发展的重要趋势。

（2）轻量化、多元化，即减轻电机的质量，提高列车的能效；注重多元化和定制化，满足个性化需求。新型材料、高效设计和控制技术的应用将使电机更加轻量化，并提高电机的性能和可靠性。未来轨道交通电机系统将更加注重多元化和定制化，满足不同线路和车辆的需求。电机制造商将提供更加灵活和个性化的产品和服务，以满足不同客户、不同场景的具体需求。

（3）智能化，协同化，即引入先进的控制技术，实现电机的智能化管理。未来轨道交通可能会实现全面的智能化，包括电机、制动、控制等多个系统的协同优化。如物联网和数据分析将被应用于电机系统的监控和维护，实现预测性维护和降低故障率。

为了实现以上目标，加强国际合作和交流将成为未来轨道交通电机系统发展的重要方向。通过国际合作，可以加速技术研发和应用，促进技术共享和创新，降低研发成本，提高整个行业的竞争力。同时，应注重轨道交通电机人才培养和教育，加强专业培训和教育投入，通过培养高素质人才，可以提升行业的创新能力和技术水平，为未来发展提供源源不断的动力。

项目一

常用低压电器

电器是用于接通或断开电路，或对电路及电气设备进行保护、控制和调节作用的电工器件。电器按照电压等级的不同，分为高压电器和低压电器。高压电器一般用在供配电系统中，如高压断路器、高压隔离开关、高压负荷开关、高压熔断器等。

低压电器是相对于高压电器而言，指的是工作在交流额定电压 1 200 V 以下、直流额定电压 1 500 V 以下的电路中的电器。一般用在低压控制系统中，实现对电路的通断、保护、控制或调节作用。常用的低压电器有刀开关、熔断器、按钮、接触器、继电器等。

1. 低压电器的分类

按用途可分为：

（1）配电电器：主要用于供配电系统中实现对电能的输送、分配和保护，如刀开关、低压断路器、熔断器等。

（2）控制电器：主要用于自动控制系统中对设备进行控制、检测和调节，如接触器、继电器、主令电器、电磁阀等。

按动作方式不同可分为：

（1）手动电器：用手操作驱动触点动作的电器，如刀开关、按钮、转换开关等。

（2）自动电器：通过外部信号的变化完成触点的动作，如接触器、继电器等。

按有无触头可分为：

（1）有触点电器：如按钮、接触器、电磁铁等。

（2）无触点电器：如接近开关、光电开关、熔断器等。

2. 低压电器的主要参数及选用原则

1）额定电压

额定电压是指在规定的条件下，保证电器长期正常工作时的电压值，通常指电器主触点的额定电压。有电磁机构的控制电器还规定了其线圈的额定电压。选用时，一般不允许超过电器的额定电压。

2）额定电流

额定电流是指在规定的条件下，保证电器长期正常工作时的电流值。它与规定使用的电压等级、电网频率、工作状态、工作制、使用类别等条件有关，同一电器在不同的使用条件下有不同的额定电流等级。选用时，一般不允许超过电器的额定电流。

3）通断能力

通断能力是指在规定的条件下，电器能可靠接通和分断的最大电流。通断能力与电器的额定电压、负载性质、灭弧方式等有很大关系。

4）电气寿命

电气寿命是指在规定的负载条件下，不需要维修或更换零件时的最大电气循环操作次数。

5）机械寿命

机械寿命是指在无负载时，电器能承受的最大手动循环操作次数。

此外，电器的技术参数还包括电器的操作频率、绝缘性能、防腐防潮等级、极限允许温升等。低压电器在选用时，要注意以下两点：

（1）了解备选电器的主要技术性能，如额定电压、额定电流、通断能力和使用寿命等。同时要了解该电器正常工作的基本环境条件，如环境温度、湿度、振动和粉尘等。

（2）了解控制对象的额定电压、额定电流、启动电流、额定功率、操作特性及工作方式等。同时，明确控制对象的工作环境及防腐、绝缘等级要求等。

低压电器是电气控制系统的基本组成单元，了解其电气符号、基本结构及工作原理，对于分析和理解电路，安装与调试电路都具有重要的作用。因此，本节将重点介绍几种常用的低压电器，为阅读和理解电气控制线路打好基础。

任务一 开关电器

一、任务目标

认识并掌握常用开关电器的结构、符号及使用。

二、相关知识

开关是最普通、使用最广泛的低压电器,其作用是分合电路、通断电流,常用的有刀开关、隔离开关、负荷开关、转换开关(组合开关)、低压断路器(自动空气开关)等。

(一)刀开关

1. 刀开关的结构和用途

刀开关在低压电路中,用于不频繁地手动接通、断开电路和作为电源隔离开关使用。普通刀开关主要由手柄、动触刀、静插座和绝缘底座组成,如图 1-1-1 所示。刀开关的刀片应垂直安装,手柄向上为合闸状态,向下为分闸状态,不得倒装或平装,避免由于重力自动下落,引起误动合闸。接线时,应将电源线接在上端,负载线接在下端。普通刀开关按转换方向分为 HD 单投和 HS 双投等系列。其中,HD 单投系列刀开关只有一个接触点,仅能控制一个电路的开与关。而 HS 系列为双投刀形转换开关,有两个接触点,可以同时控制两个电路的开与关。常用的 HD 系列刀开关有 HD11、HD12、HD13、HD14、HD17 系列等。

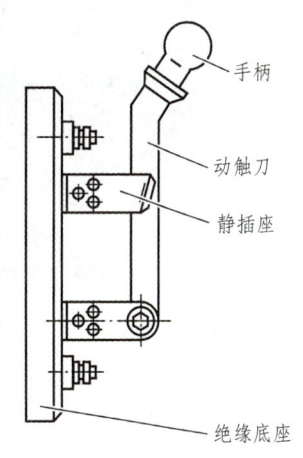

图 1-1-1 刀开关结构

2. 开启式负荷开关

开启式负荷开关又称胶盖瓷底开关,是主要用作电气照明电路和电热电路的控制开关。带熔断器式的负荷开关内部装设了保险丝,可以实现短路保护;外部有胶盖,使分断电路时产生的电弧不致飞出,同时防止极间飞弧造成相间短路。开启式负荷开关的型号用 HK 表示,实物外形如图 1-1-2 所示。开启式负荷开关安装注意事项和普通刀开关相同,电源进线应接在静插座一边的进线端,用电设备应接在动触刀一边的出线端,当刀开关断开时,闸刀和保险丝均不带电,以保证更换保险丝时的安全。

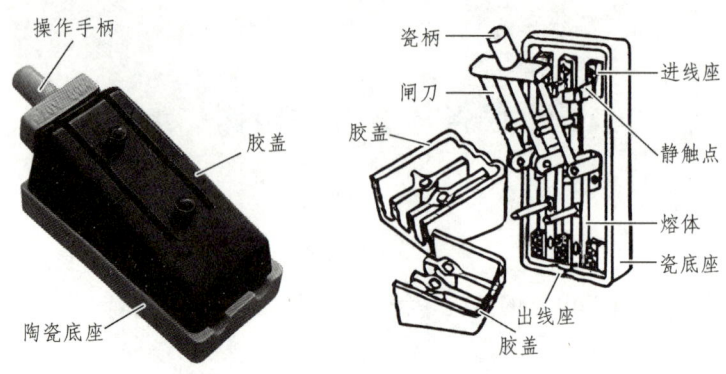

图 1-1-2　HK 系列开启式负荷开关外形与结构

3. 封闭式负荷开关

封闭式负荷开关又称铁壳开关，主要由三相动触刀、熔断器、灭弧装置、操作机构和金属外壳构成。三相动触刀固定在一根绝缘的方轴上，通过操作手柄操纵。其外形和结构如图 1-1-3 所示，型号为 HH。铁壳开关常用在农村和工矿的电力照明、电力排灌等配电设备中。

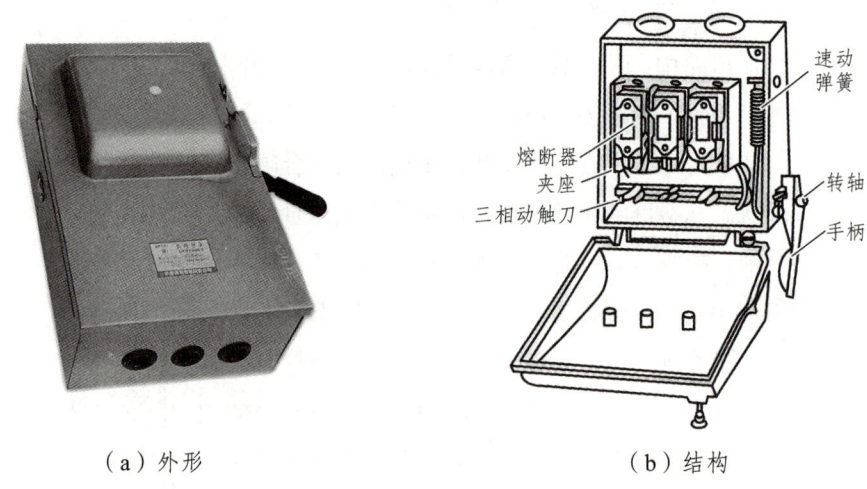

（a）外形　　　　　　　　　　　　（b）结构

图 1-1-3　封闭式负荷开关外形和结构

其操作机构采用储能合闸方式，在操作机构中装有速动弹簧，使开关能迅速通断电路，其通断速度与操作手柄的操作速度无关，有利于迅速断开电路，熄灭电弧。操作机构装有机械互锁，保证盖子打开时手柄不能合闸，当手柄处于闭合位置时，盖子不能打开，以保证操作安全。

4. 电气符号

刀开关按极数不同，一般可分为单级、双极、三级，其图形符号及文字符号如图 1-1-4 所示。

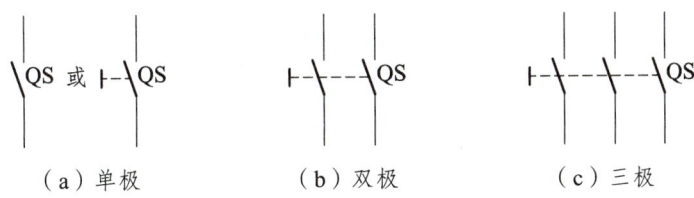

图 1-1-4 刀开关的电气符号

5. 刀开关的主要技术参数

刀开关的主要技术参数有通断能力、动稳定电流、热稳定电流等。

（1）通断能力是指在规定条件下，能在额定电压下接通和分断的电流值。

（2）动稳定电流是指电路发生短路故障时，刀开关并不因短路电流产生的电动力作用而发生变形、损坏或触刀自动弹出之类的现象，这一短路电流（峰值）即称为刀开关的动稳定电流。

（3）热稳定电流是指电路发生短路故障时，刀开关在一定时间内（通常为1 s）通过某一短路电流，并不会因温度急剧升高而发生熔焊现象，这一最大短路电流称为刀开关的热稳定电流。

6. 刀开关的选择与常见故障

1）刀开关选择的注意点

（1）根据使用场合选择刀开关的类型、极数及操作方式。

（2）刀开关额定电压应大于或等于线路电压。

（3）刀开关额定电流应大于或等于线路的额定电流。对于电动机负载，开启式刀开关额定电流可取电动机额定电流的2～3倍；封闭式刀开关额定电流可取电动机额定电流的1.5倍。

2）刀开关的常见故障及其处理方法

刀开关的常见故障及其处理方法如表1-1-1所示。

表1-1-1 刀开关的常见故障及其处理方法

故障现象	产生原因	修理方法
合闸后一相或两相没电	（1）插座弹性消失或开口过大； （2）熔丝熔断或接触不良； （3）插座、触刀氧化或有污垢； （4）电源进线或出线头氧化	（1）更换插座； （2）更换熔丝； （3）清洁插座或触刀； （4）检查进出线头
触刀和插座过热或烧坏	（1）开关容量太小； （2）分、合闸时动作太慢造成电弧过大，烧坏触点； （3）夹座表面烧毛； （4）触刀与插座压力不足； （5）负载过大	（1）更换较大容量的开关； （2）改进操作方法； （3）用细锉刀修整； （4）调整插座压力； （5）减轻负载或调换较大容量的开关
封闭式负荷开关的操作手柄带电	（1）外壳接地线接触不良； （2）电源线绝缘损坏碰壳	（1）检查接地线； （2）更换导线

（二）转换开关

转换开关也称组合式开关，多用在机床电气控制线路中，作为电源的引入开关，也可用作不频繁地接通和断开电路，换接电源和负载，以及控制 5 kW 及以下的小容量异步电动机的正反转和星三角启动。

1.1　转换开关

1. 结构及原理

转换开关是刀开关的一种发展变形，其区别是刀开关操作时是上下平面动作，转换开关则是左右旋转平面动作，并且可制成多触头、多挡位的开关。转换开关是由多节触片分层叠装而成，包括定位机构、弹簧、手柄、转轴、触头系统等零部件，可立体布置，减小了安装面积，结构简单、紧凑，操作安全可靠。两种常见的转换开关如图 1-1-5 所示。

图 1-1-5　常见的转换开关

转换开关的触点系统是由数个装嵌在绝缘壳体内的静触头座和可动支架中的动触头构成。动触头是双断点对接式的触桥，在附有手柄的转轴上，随转轴旋至不同位置使电路接通或断开。定位机构采用滚轮卡棘轮结构，配置不同的限位件，可获得不同挡位的开关。转换开关可以按线路的要求组成不同接法的开关，以适应不同电路的要求。常见转换开关的结构如图 1-1-6 所示。

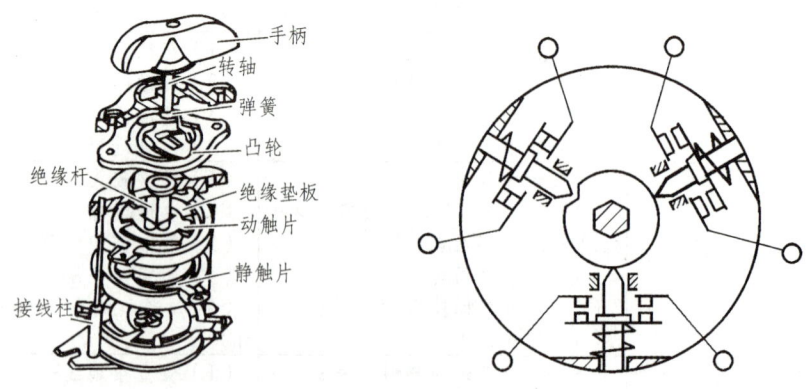

图 1-1-6　常见转换开关的结构

在控制和测量系统中，采用转换开关可进行电路的转换。例如，电工设备供电电源的倒换，电动机的正反转倒换，测量回路中电压、电流的换相等。用转换开关代替刀开关使用，不仅可使控制回路或测量回路简化，并能避免操作上的差错，还能够减少使用元件的数量。

2. 型号和电气符号

转换开关的种类很多，常用的有 LW2、LW5、LW6、LW8、LW9、LW12、LW16 和 HZ 等系列。其中，LW 系列也称万能转换开关，LW2 子系列用于高压断路器操作回路的控制，LW5、LW6 子系列多用于电力拖动系统中对线路或电动机实行控制，LW6 系列还可装成双列型式，列与列之间用齿轮啮合，并由同一手柄操作，此种开关最多可装 60 对触点。转换开关的额定电流有 10 A、25 A、60 A、100 A 等多种。

转换开关的图形文字符号为 SA。在图形符号中，触点下方虚线上的"."表示当操作手柄处于该位置时，该对触点闭合；如果虚线上没有"."，则表示当操作手柄处于该位置时该对触点处于断开状态。为了更清楚地表示转换开关的触点分合状态与操作手柄的位置关系，在机电控制系统中经常把万能转换开关的图形符号和触点分合表配合使用。在触点分合表中，用"×"来表示手柄处于该位置时触点处于闭合状态。图 1-1-7 所示是一种转换开关的电气符号和触点分合表。

转换开关的手柄操作位置是以角度表示的。不同型号的转换开关有不同的手柄和触点状态关系。对于图 1-1-7 所示的转换开关，当手柄打向左位时，触点 1-2、3-4 断开，触点 5-6、7-8 闭合；手柄打向 0 位时，只有触点 1-2 闭合，其余断开；手柄打向右位时，触点 3-4、5-6 闭合，其余断开。

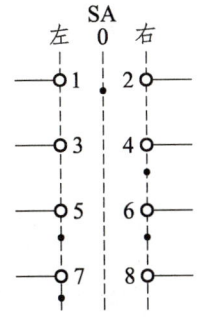

触点	位置		
	左	0	右
1-2		×	
3-4			×
5-6	×		×
7-8	×		

（a）图形及文字符号　　　（b）触头接线表

图 1-1-7　转换开关的电气符号

3. 转换开关的选用

（1）转换开关用作隔离开关时，其额定电流应为低于被隔离电路中各负载电流的总和；用于控制电动机时，其额定电流一般取电动机额定电流的 1.5～2.5 倍。

（2）应根据电气控制线路中实际需要，确定转换开关接线方式，正确选择符合接线要求的组合开关规格。

（3）转换开关本身是不带过载保护和短路保护。如果需要这类保护，就必须另设其他保护电器。

（4）当操作频率过高或负载功率因数较低时，转换开关要降低容量使用，且转换开关每小时的转换次数一般不超过 15~20 次，否则影响开关寿命。

（5）经常检查转换开关固定螺钉是否松动，以免引起导线压接松动，造成外部连接点放电、打火、烧蚀或断路。

（6）检修转换开关时，应注意检查开关内部的动、静触片接触情况，以免造成内部接点起弧烧蚀。

（三）低压断路器

低压断路器又称自动空气开关（俗称空开），用于低压配电电路中不频繁的通断控制和保护。在电路发生短路、过载或欠电压等故障时能自动分断故障电路，是一种兼具控制及保护功能的开关电器。由于空开具备保护功能，且动作后不需要更换元件，还有安装方便等优点，因此它基本取代了普通刀开关，在家庭照明、动力配电系统中被广泛使用。

低压断路器的种类很多，按照结构形式、使用场合及功能的不同，有塑料外壳式断路器（DZ 型）、框架式断路器（DW 型）、漏电保护型低压断路器、智能型低压断路器等几类，每一类又包括很多不同的系列。例如，塑料外壳式断路器有 DZ5、DZ10、DZ15 等系列；框架式断路器有 DW10、DW15、DW16 等系列；漏电保护型低压断路器也称漏电保护开关，常见的有 DZ47、DZL18、DZL20 等系列。几种常见的低压断路器的外形如图 1-1-8 所示。

（a）塑料外壳式断路器

（b）框架式断路器

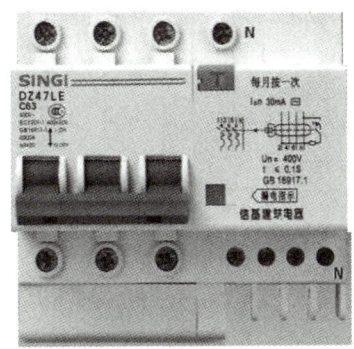 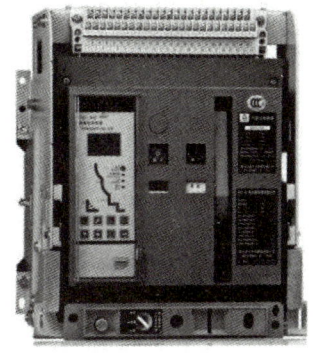

（c）漏电保护型低压断路器　　　　（d）智能型低压断路器

图 1-1-8　几种常见的低压断路器

1. 低压断路器的结构和工作原理

低压断路器的内部结构如图 1-1-9 所示，主要由触点系统、灭弧系统、各种脱扣器（包括自由脱扣机构、过电流脱扣器、失压脱扣器、热脱扣器、分励脱扣器）和操作机构等组成。

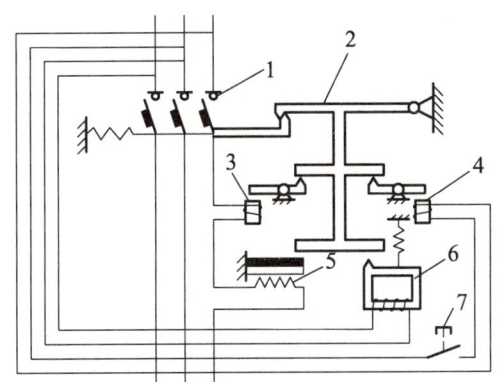

1—主触点；2—自由脱扣机构；3—过电流脱扣器；4—分励脱扣器；
5—热脱扣器；6—失压脱扣器；7—按钮。

图 1-1-9　低压断路器的结构示意图

断路器开关可由手动或电动操作机构合闸。触点闭合后，自由脱扣机构将触点锁扣在合闸位置上。电路正常工作时，电磁脱扣器线圈所产生的电磁力不能将衔铁吸合，主触点保持闭合。当电路工作电流大于整定电流时，过电流脱扣器所产生的电磁力使挂钩脱扣，动触点在弹簧的拉力下迅速断开，实现断路器的跳闸功能。过电流脱扣器用于线路的短路和过电流保护。当线路发生严重过载时，热元件发热使双金属片受热弯曲，推动热脱扣器动作使断路器分闸。热脱扣器用于线路的过载保护。当电路失压或断电时，失压脱扣器的吸合力小于弹簧的反作用力，弹簧使动铁心向上运动使挂钩脱扣，实现断路器的跳闸功能。失压脱扣器用于线路的欠压或失压保护。当需要远距离控制时，在远方按下按钮，分励脱扣器通电流产生电磁力，使其脱扣跳闸。分励脱扣器用于远程控制。

不同的断路器具有不同的保护功能，主要有短路、过载、欠压、失压、漏电保护等，使用时应根据需要合理选用。

2. 低压断路器的电气符号

低压断路器的图形符号及文字符号如图 1-1-10 所示，图（a）为简化符号，图（b）为完整电气符号。

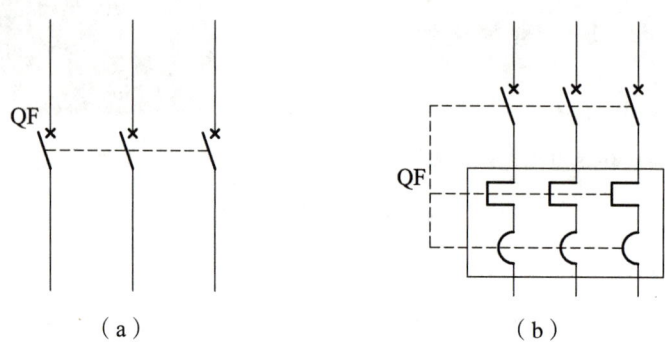

图 1-1-10　低压断路器的电气符号

3. 低压断路器的选择及常见故障

1）低压断路器的选用原则

（1）根据使用场合和保护要求来选择断路器类型。如照明电路、电动机控制一般选用塑壳式断路器；额定电流比较大或有选择性保护要求时选用框架式断路器；配电线路一般选用漏电保护型断路器。

（2）断路器的额定电压、额定电流应不小于线路的正常工作电压、工作电流。

（3）断路器的极限通断能力不小于线路可能出现的最大短路电流。

（4）欠电压脱扣器的额定电压等于线路额定电压。

（5）过电流脱扣器的额定电流不小于线路的最大负载电流。

2）低压断路器的常见故障及处理方法

低压断路器的常见故障及处理方法如表 1-1-2 所示。

表 1-1-2　低压断路器常见故障及其处理方法

故障现象	产生原因	处理方法
手动操作断路器不能闭合	（1）电源电压太低； （2）热脱扣的双金属片尚未冷却复原； （3）欠电压脱扣器无电压或线圈损坏； （4）储能弹簧变形，导致闭合力减小； （5）反作用弹簧力过大	（1）检查线路并调高电源电压； （2）待双金属片冷却后再合闸； （3）检查线路，施加电压或调换线圈； （4）调换储能弹簧； （5）重新调整弹簧反力

续表

故障现象	产生原因	处理方法
电动操作断路器不能闭合	（1）电源电压不符； （2）电源容量不够； （3）电磁铁拉杆行程不够； （4）电动机操作定位开关变位	（1）调换电源； （2）增大操作电源容量； （3）调整或调换拉杆； （4）调整定位开关
电动机启动时断路器立即分断	（1）过电流脱扣器瞬时整定值太小； （2）脱扣器某些零件损坏； （3）脱扣器反力弹簧断裂或落下	（1）调整瞬间整定值； （2）调换脱扣器或损坏的零部件； （3）调换弹簧或重新装好弹簧
分励脱扣器不能使断路器分断	（1）线圈短路； （2）电源电压太低	（1）调换线圈； （2）检修线路调整电源电压
欠电压脱扣器噪声大	（1）反作用弹簧力太大； （2）铁心工作面有油污； （3）短路环断裂	（1）调整反作用弹簧； （2）清除铁心油污； （3）调换铁心
欠电压脱扣器不能使断路器分断	（1）反力弹簧弹力变小； （2）储能弹簧断裂或弹簧力变小； （3）机构生锈卡死	（1）调整弹簧； （2）调换或调整储能弹簧； （3）清除锈污

三、任务实施

转换开关的拆装与接线

1.2 转换开关的拆装与接线

转换开关的触点底座采用热塑性材料制成，多层触点底座叠装，每层触点底座里装有一对或几对触点，凸轮安装在转轴上，手柄带动转轴和凸轮一起旋转，转动手柄到不同位置，利用凸轮顶开和靠弹簧恢复动触点，达到控制换接电路的目的。图1-1-11所示是LW5万能转换开关单层触头系统闭合和断开时的结构情况。

（a）闭合状态　　　　　　　　（b）断开状态

图1-1-11　LW5万能转换开关触头系统

下面以 LW5-16 万能转换开关为例，介绍其拆装方法和接线使用。

1. 拆卸步骤

（1）先观察器件特点，考虑拆卸方法和步骤，并做好记录。

（2）依次拆卸螺母、铭牌、上盖、轴套、下盖、静触头、压力弹簧、桥片、顶块、凸轮和凸轮安装座。

（3）用同样方法依次拆卸其他节的静触头、压力弹簧、桥片、顶块、凸轮和凸轮安装座。

（4）取出圆形限位舌板和限位挡板及紧固螺杆。

（5）拆开旋转手柄、锥体、转轴、面板和面板底板。

（6）取下定位装置上座、弹簧、弹簧座、齿轮。

（7）按摆放要求摆放好拆卸下来的元器件。

请注意，在整个拆卸的过程中不得通电。拆卸时，按要求放好所有元件，要注意零部件的存放，不要丢失。要记住各个零件之间的安装关系，不要强行拆卸或者硬撬元件，以免损坏电器，影响日后的使用效果。按照拆解顺序，在表 1-1-3 中记录各部分零件名称及数量等信息。建议零件从左向右放置，其顺序与表格填写一致。

表 1-1-3　元件统计表

编号	元件名称	数量	编号	元件名称	数量
1			9		
2			10		
3			11		
4			12		
5			13		
6			14		
7			15		
8			16		

2. 安装步骤

（1）装定位装置：下座→埋 4 个螺母→齿轮→弹簧座→弹簧→上座→埋 2 个螺母→面板底板（注意底板方向）→拧 4 个螺丝；面板盖的安装：往面板盖内装入黑色金属→红色金属，面板盖→面板底板；转轴→锥体→手柄→拧紧螺钉。

（2）旋入紧固螺杆，触点编号嵌入到凸轮安装座，注意奇、偶数和方向的统一。

（3）舌板→挡板，确认挡位数和位置准确性。

（4）凸轮安装座（编号须与面板方向一致）→凸轮（先装的控制小数侧触点，后装的控制大数侧触点，凸轮方向按通断表安装）→顶块（小数侧实心朝下，大数侧实心朝上）→桥片→弹簧→静触点（小数侧一折触点，大数侧二折触点），重复本步骤，完成所有凸轮安装座的安装。

（5）下盖→轴套→上盖→铭牌，拧紧螺母。

3．拆装注意事项

万能转换开关结构复杂，拆卸时应做好触头动作情况记录，防止装错造成返工；拆卸和安装压力弹簧时应防止崩掉；拆卸时按顺序一步一步地解体。

转换开关装配完成后，需进行试验。经检查无误，动作灵活，再用万用表欧姆挡检查各触点是否接触良好，才能使用。

4．转换开关控制电机正反转接线图

图 1-1-12 所示是万能转换开关控制三相电机正反转的接线图，表 1-1-4 所示是其对应的触点分合表。正转控制时，利用触头 1-2，5-6 以及 11-12 接通 U、V、W 三相电源；反转控制时，利用触头 3-4，5-6，以及 9-10 接通三相电源。同时，由于触点 1 和 3 短接，9 和 11 短接，2 和 10 短接，4 和 12 短接，使得正反转控制时，U 相电源交换到 W 相，W 相电源交换到 U 相，完成电源相序交换，最终形成反转。

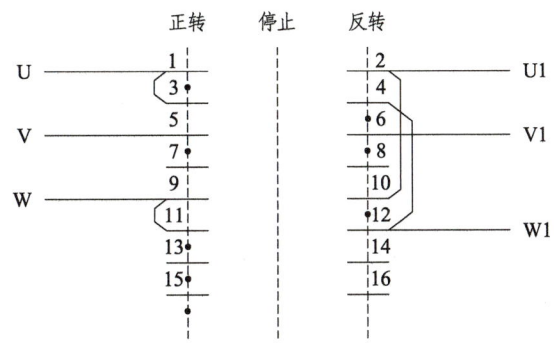

图 1-1-12　转换开关控制电机正反转接线

表 1-1-4　转换开关控制电机正反转触点分合表

触点	位置		
	正转	停止	反转
1-2	+		
3-4			+
5-6	+		+
7-8			
9-10			+
11-12	+		
13-14	+		
15-16	+		

5. 接线与调试

按图 1-1-13 所示的接线图进行线路连接，线路连接完成后，进行上电调试，并观察转换开关的控制情况。

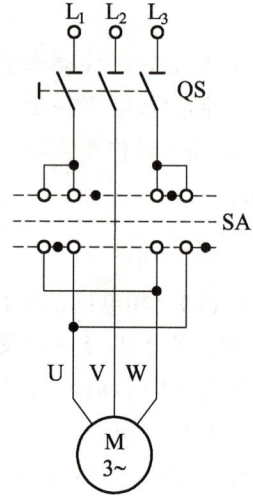

图 1-1-13　转换开关控制三相电机正反转电路

四、任务评价

表 1-1-5 任务评价表

专业班级		组　号		姓　名		学　号	
考核项目	考核要求	分数配比	自　评		互　评		得分
工作准备情况	（1）书、网络资源、笔记本、笔、图纸等材料准备齐全； （2）学习计划等按要求准备	10					
转换开关拆卸	（1）拆卸步骤规范、正确； （2）拆卸解体完整，无遗漏； （3）无零件丢失； （4）零部件摆放整齐、有序	20					
转换开关安装	（1）安装步骤规范、正确； （2）安装完整，无遗漏； （3）无零件丢失	20					
试验	（1）装配完成后，进行外观检查； （2）转动手柄灵活，触点动作无异常； （3）利用万用表检查触点接触情况	10					
转换开关控制正反转接线	接线正确，无短路、无虚接	20					
功能调试	合上电源，转动手柄在不同位置，观察正反转结果是否正常	10					
职业素养及安全文明操作	工作台工具摆放整齐，严格遵守安全操作规程，符合管理要求	10					
	总分						

学生互动交流及改进总结：

教师评语及签名：

五、知识拓展

隔离开关

隔离开关是一种主要用于隔离电源、倒闸操作、连通和切断小电流电路,无灭弧功能的开关器件。隔离开关在分位置时,触头间有符合规定要求的绝缘距离和明显的断开标志;在合位置时,能承载正常回路条件下的电流及在规定时间内异常条件(例如短路)下的电流。一般用作高压隔离开关,即额定电压在 1 kV 以上的隔离开关,它本身的工作原理及结构比较简单,但是由于使用量大,工作可靠性要求高,对变电所、电厂的设计、建立和安全运行的影响均较大。

隔离开关的主要特点是无灭弧能力,只能在没有负荷电流的情况下分、合电路,主要用于在电路检修、设备更换或故障处理时,确保工作人员的安全。常见的隔离开关有户内式、户外式、水平旋转式、垂直旋转式、插入式等。图 1-1-14 所示是两种常见的户内高压隔离开关和户外高压隔离开关。

(a)户内高压隔离开关　　　　　　　　(b)户外高压隔离开关

图 1-1-14　常见隔离开关

1. 隔离开关的主要特点

(1)隔离开关在电气设备检修时提供一个电气间隔,并且是一个明显可见的断开点,用以保障维护人员的人身安全。

(2)隔离开关不能带负荷操作,不能带额定负荷或大负荷操作,不能分、合负荷电流和短路电流,但是有灭弧室的可以带小负荷及空载线路操作。

(3)一般送电操作时,先合隔离开关,后合断路器或负荷类开关;断电操作时,先断开断路器或负荷类开关,后断开隔离开关。

(4)选用时和其他的电气设备相同,其额定电压、额定电流、动稳定电流、热稳定电流等都必须符合使用场合的需要。

2. 隔离开关的类型

按其安装方式的不同,隔离开关可分为户外隔离开关与户内高压隔离开关。户外隔

项目一　常用低压电器

离开关是指能承受风、雨、雪、污秽、凝露、冰及浓霜等作用，适于安装在露台使用的隔离开关。

按其绝缘支柱结构的不同，其可分为单柱式隔离开关、双柱式隔离开关、三柱式隔离开关。其中，单柱式隔离开关在架空母线下面直接将垂直空间用作断口的电气绝缘，因此具有的明显优点，就是节约占地面积，减少引接导线，同时分合闸状态特别清晰。在超高压输电情况下，变电所采用单柱式隔离开关后，节约占地面积的效果更为显著。

按电压等级的不同，其可分为低压隔离开关和高压隔离开关。刀开关是一种最常见的隔离电源的低压开关电器。隔离用刀开关一般属于无载通断电器，只能接通或分断可忽略的电流。也有的刀开关具有一定的通断能力，在其通断能力与所需通断的电流相适应时，可在非故障条件下接通或分断电气设备或成套设备中的一部分。高压隔离开关主要用在供配电系统的一次侧母线的通断控制。

3. 隔离开关的正确操作

（1）首先在操作隔离开关时，应先检查相应回路的断路器，确认在断开位置，以防止带负荷拉、合隔离开关。

（2）线路停、送电时，必须按顺序拉、合隔离开关。停电操作时，必须先拉断路器，后拉线路侧隔离开关，再拉母线侧隔离开关。送电操作顺序与停电顺序相反，这是因为发生误操作时，按上述顺序可缩小事故范围，避免因操作失误导致事故扩大到母线。

（3）操作中，如发现绝缘子严重破损、隔离开关传动杆严重损坏等严重缺陷时，不得进行操作。

（4）隔离开关操作时，应有值班人员在现场逐项检查其分、合闸位置，同期情况，触头接触深度等项目，确保隔离开关动作正确、位置正确。

（5）隔离开关一般应在主控室进行操作。当远控电气操作失灵时，可在现场就地进行手动或电动操作，但必须得到站长或技术负责人的许可，并在有现场监督的情况下才能进行。

（6）隔离开关、接地刀闸和断路器之间安装有防止误操作的电气、电磁和机构闭锁装置。倒闸操作时，一定要按顺序进行。如果闭锁装置失灵或隔离开关和接地刀闸不能正常操作时，必须严格按闭锁的要求条件检查相应的断路器、刀闸位置状态，只有核对无误后，才能解除闭锁进行操作。

任务二　主令电器

一、任务目标

认识并掌握常用主令电器的结构、符号及使用。

二、相关知识

主令电器是用在控制回路，发出指令以接通和分断控制电路的电器。常用的主令电器有控制按钮、行程开关、接近开关、倒顺开关、主令控制器等。

（一）按钮

按钮是一种短时接通和断开小电流电路的手动电器，常用于控制电路中，发出启动或停止等指令，以控制接触器、继电器等电器的线圈电流的接通或断开，再由它们去控制主电路。按钮的结构种类很多，可分为普通揿钮式、蘑菇头式、自锁式、自复位式、旋柄式、带指示灯式及钥匙式等。其外形如图1-2-1所示。

（a）蘑菇头式

（b）普通式

（c）指示灯式

（d）钥匙式

图1-2-1　常用按钮的外形

1. 按钮的结构和工作原理

控制按钮由按钮帽、复位弹簧、桥式触点和外壳等组成，通常做成复合式，即既有动断触点又有动合触点。按下按钮时，动断触点先断开，动合触点后接通；释放后，在复位弹簧的作用下，触点自动复位。通常，在无特殊说明的情况下，有触点电器的触点动作顺序均为"先断后合"。其结构如图 1-2-2 所示。

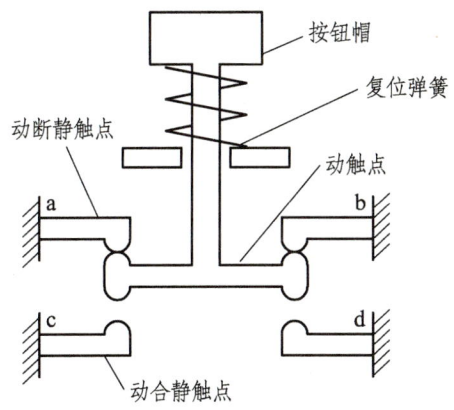

图 1-2-2 按钮结构示意图

2. 按钮的型号和电气符号

1）型号

按钮型号标志组成及其含义如图 1-2-3 所示。

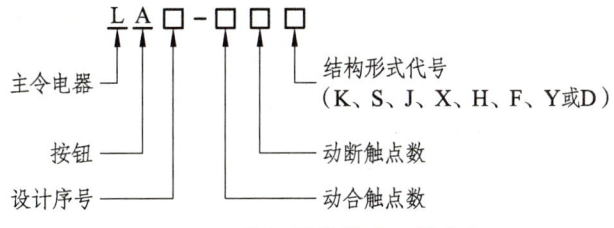

图 1-2-3 按钮型号组成及其含义

其中，结构形式代号的含义为：K 为开启式；S 为防水式；J 为紧急式；X 为旋钮式；H 为保护式；F 为防腐式；Y 为钥匙式；D 为带灯按钮。

2）电气符号

按钮的图形符号及文字符号如图 1-2-4 所示。

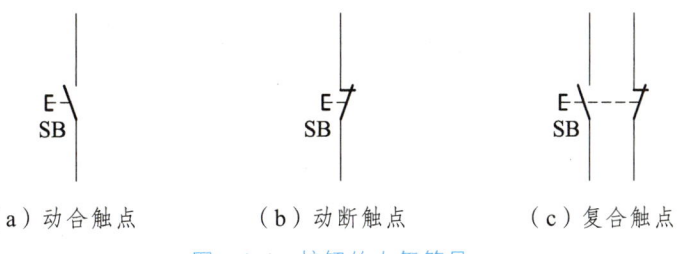

图 1-2-4 按钮的电气符号

3. 按钮的选择与常见故障

1）按钮的选择

（1）根据使用场合，选择控制按钮的种类，如开启式、防水式、防腐式等。

（2）根据用途，选用合适的形式，如钥匙式、紧急式、带灯式等。

（3）根据控制功能，确定不同的按钮数，如单钮、双钮、三钮、多钮等。

（4）根据工作状态指示和工作情况的要求，选择按钮的颜色。通常将按钮帽做成红、绿、黑、黄、蓝、白、灰等颜色。按国家相关标准，红色一般作"停止"或"急停"控制；绿色一般作"启动"控制；黑色一般作"点动"控制；蓝色一般作"复位"控制。

2）按钮的常见故障及处理方法

按钮的常见故障及处理方法如表1-2-1所示。

表1-2-1 按钮的常见故障及处理方法

故障现象	产生原因	处理方法
按下启动按钮时有触电感觉	（1）按钮的防护金属外壳与连接导线接触； （2）按钮帽的缝隙间充满铁屑，使其与导电部分形成通路	（1）检查按钮内连接导线； （2）清理按钮及触点
按下启动按钮，不能接通电路，控制失灵	（1）接线头脱落； （2）触点磨损松动，接触不良； （3）动触点弹簧失效，使触点接触不良	（1）检查启动按钮连接线； （2）检修触点或调换按钮； （3）重绕弹簧或调换按钮
按下停止按钮，不能断开电路	（1）接线错误； （2）尘埃或机油、乳化液等流入按钮形成短路； （3）绝缘击穿短路	（1）更改接线； （2）清扫按钮并相应采取密封措施； （3）调换按钮

（二）行程开关

在生产过程中，一些生产机械运动部件的行程或位置要受到限制，如有些生产机械的工作台要求在一定行程内自动往返运动，以便实现对工件的连续加工，提高生产效率，其控制示意图如1-2-5所示。实现这种控制需要用到行程开关，行程开关SQ1安装在左端，控制右向运行；SQ2安装在右端，控制左向运行。SQ3和SQ4分别为左右极限位置保护。

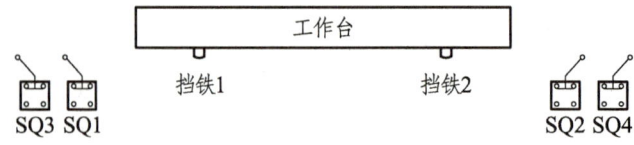

图1-2-5 行程开关控制示意图

行程开关又称限位开关或位置开关，它是主令电器的一种，其原理是将机械运动部件的位移信号转换为触点动作的电信号，通过控制电路发出接通、断开的转换命令，从而实现机械运行的自动控制。行程开关主要用于控制生产机械的运动方向和限位保护。

行程开关按结构可分为直动式、滚轮式、微动式等；按复位方式有自动复位式和非自动复位式两种。按钮式和单轮旋转式行程开关为自动复位式；双轮旋转式行程开关为非自动复位式，它没有复位弹簧，在挡铁离开后不能自动复位，必须由挡铁从反方向碰撞后，开关才能复位。图 1-2-6 是几种常见的行程开关实物。

（a）直动式　　　　　　（b）单轮旋转式　　　　　（c）双轮旋转式

图 1-2-6　几种常见的行程开关

1. 行程开关的工作原理

行程开关的工作原理与按钮类似，不同的是按钮靠手按压使触点动作，而行程开关是靠运动部件上的挡铁碰压行程开关的推杆或滚轮而动作。图 1-2-7 所示是直动式行程开关的外形和结构示意。

 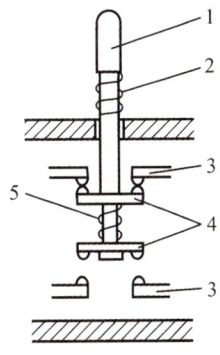

（a）外形　　　　　　　　（b）结构示意

1—推杆；2—复位弹簧；3—静触点；4—动触点；5—触点弹簧。

图 1-2-7　直动式行程开关实物与结构

2. 行程开关的型号和电气符号

1）型号

行程开关的型号标志组成及含义如图 1-2-8 所示。

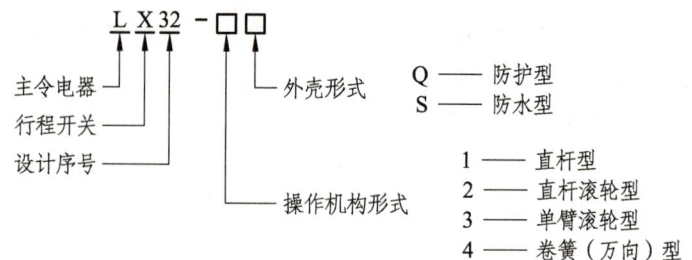

图 1-2-8　行程开关型号组成及其含义

2）电气符号

行程开关的图形符号及文字符号如图 1-2-9 所示。

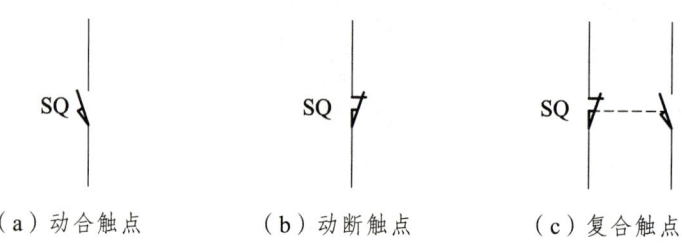

图 1-2-9　行程开关的电气符号

（三）接近开关

接近开关又称无触点行程开关，是理想的电子开关量传感器。当检测体接近开关的感应区域，开关就能无接触、无压力、无火花、迅速地发出电气指令，准确反映出运动机构的位置和行程，即使用于一般的行程控制，其定位精度、操作频率、使用寿命、安装调整的便捷性和对恶劣环境的适应能力，是一般机械式行程开关所不能比的。

接近开关既有行程开关、微动开关的特性，同时具有传感性能，且动作可靠，性能稳定，频率响应快，应用寿命长，抗干扰能力强，并具有防水、防震、耐腐蚀等特点。它广泛地应用于机床、冶金、化工、轻纺和印刷等行业，在自动控制系统中可作为限位、计数、定位控制和自动保护环节等。图 1-2-10 所示是几种常见的接近开关。

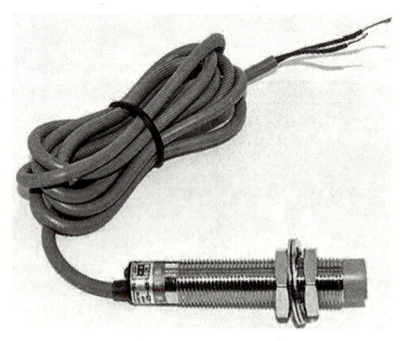
（a）电容式接近开关

（b）电感式接近开关

项目一 常用低压电器

（c）光电式接近开关　　　　　　（b）霍尔式接近开关

图 1-2-10　几种常见的接近开关

1. 接近开关的种类

按照工作原理的不同，接近开关可以分为电感式、电容式、光电式和霍尔式等。按照电路电流的类型，其又可以分为交流型和直流型。

1）电感式接近开关

电感式接近开关利用电感的变化来检测物体的位置。其感应头是一个具有铁氧体磁芯的电感线圈，只能检测金属体。当金属物体接近感应头时，振荡器在感应头表面产生一个交变磁场，从而引起电感的变化，使接近开关内部动作，从而达到"开"和"关"的控制。电感式接近开关具有较高的灵敏度和分辨率，能够检测到小至几毫米的物体。

2）电容式接近开关

电容式接近开关利用电容的变化来检测物体的位置。其感应头是一个圆形平板电极，与振荡电路的地线形成一个分布电容，当物体接近开关的感应区域时，电容发生变化，经过整形放大器输出电信号，从而引起电流的变化。通过检测电流的变化，可以确定物体的位置。电容式接近开关具有较广的检测范围，能够检测金属、非金属和液体等体积较大的物体。

3）光电式接近开关

利用光电效应制成的位置传感器称为光电式接近开关。光电式接近开关是根据投光器发出的光，在检测体上发生光亮增减，用光电变换元件组成的受光器检测物体的有无、大小的非接触式的控制器件。它是由光发射器和光接收器组成。其中，光发射器发射红外光或可见光，光接收器接收光并转换成电信号，以开关量形式输出。光电式接近开关可以分为对射式、反射式和漫射式。

4）霍尔式接近开关

利用霍尔效应来检测物体的位置的接近开关称为霍尔式接近开关。当物体接近开关的感应区域时，磁场发生变化，从而引起霍尔电压的变化。通过检测霍尔电压的变化，可以确定物体的位置。霍尔式接近开关具有较高的灵敏度和分辨率，能够检测到小至几微米的物体。

2. 接近开关的特点

（1）非接触式检测：接近开关不需要与物体直接接触，因此不会对物体产生磨损和损伤。

（2）高灵敏度和分辨率：某些类型的接近开关能够检测到小至几微米的物体，具有很高的灵敏度和分辨率。

（3）广泛的检测范围：不同类型的接近开关具有不同的检测范围，可以根据实际需要进行选择。

（4）可靠性和稳定性：接近开关具有较高的可靠性和稳定性，能够在恶劣的环境条件下工作。

（5）易于集成：接近开关可以方便地与其他传感器和控制系统集成在一起，实现自动化控制。

3. 接近开关的电气符号

接近开关的电气符号与行程开关一样，用 SQ 表示，其图形符号如图 1-2-11 所示。

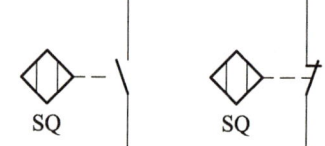

图 1-2-11　接近开关的电气符号

4. 接近开关的主要功能

（1）位置及距离检测：检测电梯、升降设备的停止、起动、通过位置；检测车辆的位置，防止两物体相撞检测；检测工作机械的设定位置，移动机器或部件的极限位置；检测回转体的停止位置，阀门的开或关位置。

（2）尺寸控制：金属板冲剪的尺寸控制装置；自动选择、鉴别金属件长度；检测自动装卸时堆物高度；检测物品的长、宽、高和体积。

（3）检测物体存在与否：检测生产包装线上有无产品包装箱；检测有无产品零件；区分金属与非金属零件。

（4）转速与速度控制：控制传送带的速度；控制旋转机械的转速；与各种脉冲发生器一起控制转速和转数。

（5）计数及控制：检测生产线上流过的产品数；高速旋转轴或盘的转数计量；零部件计数。

三、任务实施

接近开关的接线与应用

1.3　接近开关的接线与应用

接近开关有两线制和三线制之区别，三线制接近开关又分为 NPN 型和 PNP 型，它们的接线是不同的。两线制接近开关的接线比较简单，接近开关与负载串联后接到电源即可。三线制接近开关的接线：红（棕）线接电源正极端；蓝线接电源负极端；黄（黑）线为信号，应接负载。负载的另一端是这样接的：对于 NPN 型接近开关，应接到电源正端；对于 PNP 型接近开关，则应接到电源负极端。两线制和三线制接近开关的外部接线图如图 1-2-12 所示。

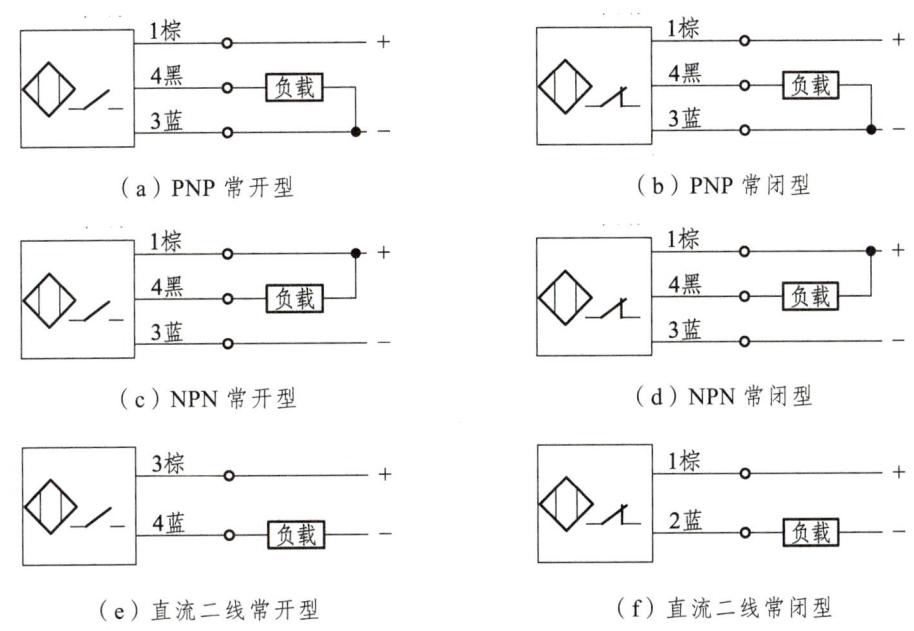

图 1-2-12　接近开关接线图

接近开关的负载可以是信号灯、继电器线圈或可编程控制器 PLC 的数字量输入模块。需要特别注意，接到 PLC 数字输入模块的三线制接近开关的型式千万不要选错。PLC 数字量输入模块一般可分为两类：一类的公共输入端为电源负极，电流从输入模块流出，此时一定要选用 NPN 型接近开关；另一类的公共输入端为电源正极，电流流入输入模块，此时一定要选用 PNP 型接近开关。

两线制接近开关受工作条件的限制，导通时开关本身产生一定压降，截止时又有一定的剩余电流流过，选用时应予考虑。三线制接近开关虽多了一根线，但不受剩余电流之类不利因素的困扰，工作更为可靠。

在实际应用中，我们通常需要将接近开关与其他元件或设备进行接线连接，以实现不同的功能和应用。接近开关的基本接线方法包括直接接线法、继电器接线法和 PLC 接线法。

1. 直接接线法

直接接线法是最简单的接近开关接线方法之一，即将接近开关的输出端子直接连接到待控制设备的输入端子上。这种方法适用于控制信号电流与待控制设备的输入端电流相同时，例如继电器、电磁阀等设备。具体的接线步骤如下：

（1）将接近开关的供电线（一般为蓝色线）连接到电源的正极（+）上。

（2）将接近开关的共用线（一般为黑色线）连接到待控制设备的接地线上。

（3）将接近开关的输出线（一般为棕色或红色线）连接到待控制设备的输入端子上。

（4）将待控制设备的电源线连接到电源的负极（-）上。

需要注意的是，待控制设备的输入端子必须与接近开关的输出信号匹配，例如，如果接近开关的输出信号为开关量信号（例如 0~24V），则待控制设备的输入端子必须能够接收和处理开关量信号。

2. 继电器接线法

继电器接线法是一种常用的接近开关接线方法，适用于控制信号电流与待控制设备的输入端电流不匹配的情况，例如控制高功率负载。通过继电器可以实现信号的放大和隔离，并保护接近开关不受高功率电流的影响。具体的接线步骤如下：

（1）将接近开关的供电线连接到电源的正极（+）上。
（2）将接近开关的共用线连接到继电器的通用端子上。
（3）将继电器的常开（NO）端子连接到待控制设备的电源线上。
（4）将继电器的控制线连接到接近开关的输出端子上，继电器的另一端连接到电源的负极（-）上。

需要注意的是，继电器的额定电流和待控制设备的电流必须匹配，以保证继电器的正常工作和可靠性。

3. PLC 接线法

可编程逻辑控制器（Programmable Logic Controller，PLC）接线法是一种适用于自动化控制系统的接近开关接线方法。PLC 是一种集控制、执行、通信和调度于一体的数字化电气设备，可以通过编程实现各种复杂的控制功能。具体的接线步骤如下：

（1）将接近开关的供电线连接到 PLC 的输入模块上。
（2）将接近开关的共用线连接到 PLC 的公共短路引脚上。
（3）将接近开关的输出线连接到 PLC 的输出模块上。
（4）通过编程设置 PLC 的输入输出模块，将接近开关的输出信号与待控制设备进行连接和控制。

需要注意的是，PLC 的输入输出模块要与接近开关的输入输出信号匹配，并根据实际需求进行编程和配置。

综上所述，接近开关的接线方法有直接接线法、继电器接线法和 PLC 接线法等多种方式，根据实际需求选择合适的接线方法可以实现不同的控制功能和应用。不同的接线方法有不同的特点和适用范围，需要根据具体情况进行选择和应用。通过正确的接线方法，可以确保接近开关的正常工作和可靠性，保障各种控制和自动化功能的实现。

4. 接近开关的典型应用电路

图 1-2-13 所示是 DC 24 V 三线制 NPN 型接近开关的一种典型应用电路。一般三线制的分 PNP 和 NPN 两种，即高电平和低电平两种，其中高电平 PNP 输出信号是 24 V，低电平 NPN 输出信号是 0 V。另外两根线是 DC 24 V 电源线。一般直流电有正负极，接线的时候要特别注意，不能接反。图 1-2-13 所示为 NPN 型接线方式，电源线接电源，

输出信号线为 0 V，接 KM3 负载一端，负载 KM3 另外一端接 24 V，这样才能形成回路。

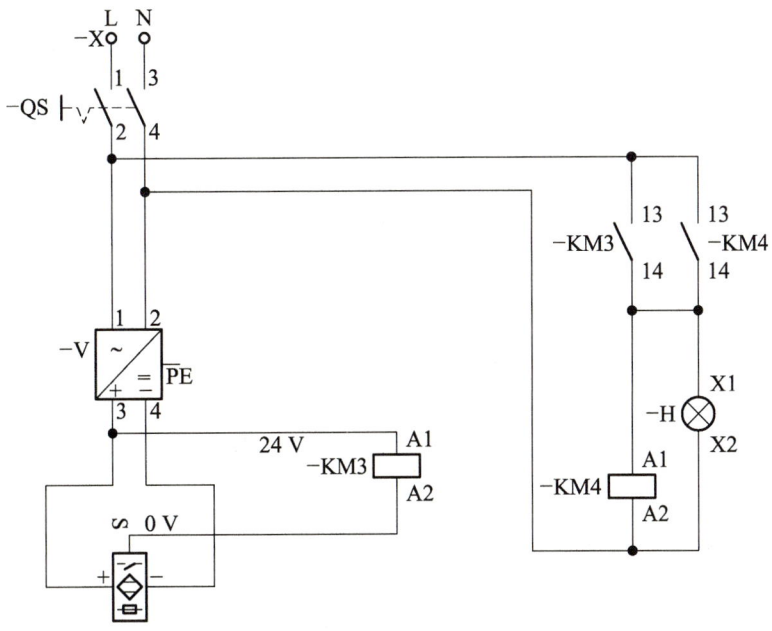

图 1-2-13　一种三线制 NPN 型接近开关典型应用电路

上图中 – V 是交流 220 V 电压变直流 24 V 电压的开关电源。当合上电源开关 QS，物体靠近接近开关，负载 KM3 得电，其辅助触点 KM3 导通使线圈 KM4 得电，其 KM4 的辅助触点自锁，指示灯点亮。物体离开接近开关，KM3 失电，KM3 辅助触点断开，KM4 自锁继续得电。断开电源开关 QS，电源失电，指示灯熄灭。

5．接线与调试

按图 1-2-13 所示电路进行线路连接，线路连接完成后，进行上电调试。用物体靠近接近开关，并观察接近开关、继电器、指示灯的控制情况。

四、任务评价

表 1-2-2　任务评价表

专业班级		组　号		姓　名		学　号	
考核项目	考核要求	分数配比		自　评		互　评	得分
工作准备情况	（1）书、网络资源、笔记本、笔、图纸等材料准备齐全； （2）学习计划等按要求准备	10					
接近开关控制继电器电路接线	（1）接线正确，无短路、无虚接； （2）线路走线合理，横平竖直，无交叉	50					
电路检测	（1）连接完成后，用万用表进行电路检测； （2）正确使用万用表	10					
功能调试	合上电源，用物体靠近接近开关，观察继电器和指示灯动作情况是否符合电路要求	20					
职业素养及安全文明操作	工作台工具摆放整齐，严格遵守安全操作规程，符合管理要求	10					
总分							
学生互动交流及改进总结：							
教师评语及签名：							

五、知识拓展

主令控制器

主令控制器又称主令开关，主要用于电气传动装置中，按一定顺序分合触头，达到发布命令或其他控制线路联锁、转换的目的。其适用于频繁对电路进行接通和切断，常配合磁力起动器对绕线式异步电动机的启动、制动、调速及换向实行远距离控制，广泛用于各类起重机械的拖动电动机的控制系统中。

主令控制器一般由触头系统、操作机构、转轴、齿轮减速机构、凸轮、外壳等几部分组成。其动作原理与万能转换开关相同，都是靠凸轮来控制触头系统的关合。但与万能转换开关相比，它的触点容量大一些，操纵挡位也较多。由于主令控制器的控制对象是二次电路，所以其触头工作电流不大。

不同形状凸轮的组合可使触头按一定顺序动作，而凸轮的转角是由控制器的结构决定的，凸轮数量的多少则取决于控制线路的要求。成组的凸轮通过螺杆与对应的触头系统联成一个整体，其转轴既可直接与操作机构联结，也可经过减速器与之联结。如果被控制的电路数量很多，即触头系统挡位很多，则将它们分为 2~3 列，并通过齿轮啮合机构来联系，以免主令控制器过长。主令控制器还可组合成联动控制台，以实现多点多位控制。配备万向轴承的主令控制器可将操纵手柄在纵横倾斜的任意方位上转动，以控制工作机械（如电动行车和起重工作机械）做上下、前后、左右等方向的运动，操作控制灵活方便。图 1-2-14 所示是某主令控制器的外观。

按其结构型式（凸轮能否调节）可分为两类：一类是凸轮可调式主令控制器；一类是凸轮固定式主令控制器。前者的凸轮片上开有小孔和槽，使之能根据规定的触头关合图进行调整；后者的凸轮只能根据规定的触头关合图进行适当的排列与组合。常用的主令控制器有 LK5 和 LK6 系列。LK5 系列有直接手动操作、带减速器的机械操作与电动机驱动等三种形式的产品；LK6 系列是由同步电动机和齿轮减速器组成定时元件，由此元件按预先规定的时间顺序周期性地分合电路。主令控制器的电气符号和转换开关的电气符号一致，也需要配合其通断表来帮助接线和使用。

图 1-2-14　某主令控制器外观

任务三　保护电器

一、任务目标

认识并掌握熔断器、热继电器等保护电器的结构、符号及使用。

二、相关知识

（一）熔断器

熔断器俗称保险丝，是一种结构简单、体积小巧、价格便宜、使用方便的保护电器，一般由熔体和安装熔体的绝缘管或绝缘座组成。熔断器一般串接在电路中，当电路正常工作时，熔断器相当于一根导线；当电路发生短路或严重过载时，熔体由于过热将熔断，从而切断电路，以保护用电设备。熔断器广泛用于低压配电线路和控制系统的过载和短路保护。根据使用电压等级不同，其可分为低压熔断器和高压熔断器。低压熔断器用于低压电路中，如家庭用电、工业控制电路等。而高压熔断器用于高压电路中，主要在电力系统中应用，如电力变压器、电力电容器等。

1. 低压熔断器

低压熔断器的种类很多，按结构形式及应用场合不同，一般分为瓷插式、螺旋式、有填料密封管式、无填料密封管式、自复式、快速熔断器等。常见低压熔断器的外形如图 1-3-1 所示。各种熔断器的特点和应用场合如表 1-3-1 所示。

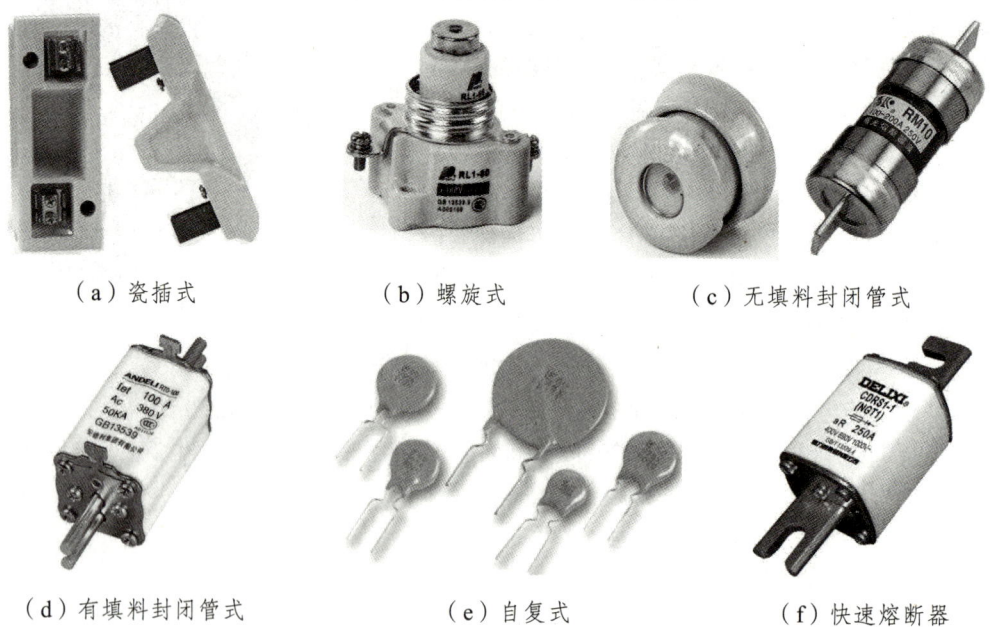

（a）瓷插式　　　　（b）螺旋式　　　　（c）无填料封闭管式

（d）有填料封闭管式　　（e）自复式　　　　（f）快速熔断器

图 1-3-1　常见熔断器的外形

表 1-3-1　常用熔断器的特点和应用场合

名称	类别	特点、用途
瓷插式	RC1A	价格便宜，更换方便。广泛用于照明和小容量电动机短路保护
螺旋式	RL	熔丝周围的石英砂可熄灭电弧，熔断管上端红点随熔丝熔断而自动脱落。体积小，多用于机床电气设备中
无填料封闭管式	RM	在熔体中人为引入窄截面熔片，提高断流能力。用于低压电力网络和成套配电装置中的短路保护
有填料封闭管式	RT	分断能力强，使用安全，特性稳定，有明显指示器。广泛用于短路电流较大的电力网或配电装置中
自复式	RZ	在故障短路电流产生的高温下，其中的局部液态金属钠迅速气化而蒸发，阻值剧增，即瞬间呈现高阻状态，从而限制了短路电流。当故障消失后，温度下降，金属钠蒸气冷却并凝结，自动恢复至原来的导电状态，无须更换熔体
快速熔断器	RLS	用于小容量硅整流元件的短路保护和某些过载保护
快速熔断器	RS	用于大容量硅整流元件的保护
快速熔断器	RS	用于晶闸管元件短路保护和某些适当过载保护

2. 高压熔断器

在输配电系统中，对容量小且不太重要的负荷，广泛采用高压熔断器作为高压输配电线路、电力变压器、电压互感器和电力电容器等电气设备的短路和过负荷保护。户内广泛采用 RN 系列的高压管式限流熔断器，户外则广泛使用 RW4、RW10F 等型号的高压跌落式熔断器，或 RW10-35 型的高压限流熔断器。图 1-3-2 所示是常见的高压熔断器实物。

（a）户内高压熔断器　　　（b）户外高压跌落式熔断器

图 1-3-2　高压熔断器

低压熔断器和高压熔断器具有以下区别：

（1）工作原理不同：高压熔断器的工作原理主要基于电弧放电。当电路中出现过载或短路时，电弧放电会产生高温，使熔断器内部的熔丝熔断，从而切断电流。而低压熔断器的工作原理则主要是热效应。当电路电流过大时，熔断器内部的熔丝会因发热而熔断，切断电流。

（2）结构特点不同：高压熔断器由于使用电压较高，其结构较为复杂，通常由高压熔丝、触头、绝缘子和支持架等组成。此外，高压熔断器还具有较高的机械强度和稳定性，能够承受较高的电压和电流。而低压熔断器的结构相对简单，主要由熔丝、触头和绝缘子等组成。

（3）应用场合不同：高压熔断器主要用于电力系统中的变压器、电机、电缆等设备的保护。由于高压熔断器的断开能力较强，能够承受较大的短路电流冲击，因此在电力系统中具有广泛的应用。而低压熔断器则主要用于家庭用电、工业控制电路等场合的保护。由于低压熔断器的体积小、价格低廉、易于更换等特点，因此在这些领域得到了广泛的应用。

3. 熔断器的型号和电气符号

1）型号

熔断器的型号标志组成及其含义如图 1-3-3 所示。

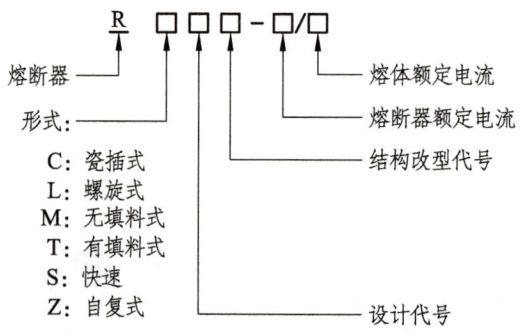

图 1-3-3　熔断器型号组成及其含义

2）电气符号

熔断器的图形符号和文字符号如图 1-3-4 所示。

4. 熔断器的主要参数

（1）额定电压：指熔断器长时间正常工作所能承受的电压。其值一般应等于或大于熔断器所接电路的工作电压，否则熔断器在长期工作中可能造成绝缘击穿或熔体熔断后电弧不能熄灭。

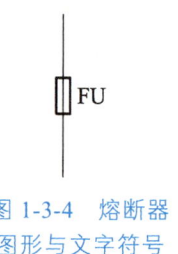

图 1-3-4　熔断器图形与文字符号

（2）熔断器额定电流：指保证熔断器能长期正常工作的电流。它由熔断器各部分长期工作所允许的温升决定。

（3）熔体额定电流：指熔体长期正常工作而不会熔断的电流。熔体的额定电流应小于等于熔断器的额定电流。

（4）极限分断能力：指熔断器在额定电压下所能分断的最大短路电流。它取决于熔断器的灭弧能力。

5. 熔断器的选择与计算

熔断器的选择主要由熔体的额定电流决定，基本原则如下：

（1）对于照明线路或电阻性负载，熔断器作过载和短路保护用，熔体的额定电流应大于或等于负载的额定电流，即 $I_{RN} \geqslant I_N$，式中，I_{RN} 为熔体的额定电流，I_N 为负载的额定电流。

（2）对于单台电动机的短路保护，熔体电流可按下式选取：

$$I_{RN} \geqslant (1.5 \sim 2.5)I_N$$

式中，I_N 为电动机额定电流。如果电动机需要频繁启动，式中系数可适当加大，具体应根据实际情况而定。

（3）对于多台电动机的短路保护，应保证出现尖峰电流时，熔断器不熔断。熔体电流可按下式选择：

$$I_{RN} \geqslant (1.5 \sim 2.5)I_{Nmax} + \sum I_N$$

式中，I_{Nmax} 为容量最大的一台电动机的额定电流，$\sum I_N$ 为其余各台电动机额定电流之和。

（4）快速熔断器熔体额定电流的选择。在小容量变流装置中（晶闸管整流元件的额定电流小于 200 A），熔体额定电流则应按下式计算：

$$I_{RN} = 1.57 I_{SCR}$$

式中，I_{SCR} 为晶闸管整流元件的额定电流。

6. 熔断器的安装与使用

熔断器在安装和使用过程中，应注意以下几点：

（1）用于安装和使用的熔断器应完好无损，并标有额定电压、额定电流值。

（2）熔断器安装时应保证熔体与夹头、夹头与夹座接触良好，瓷插式熔断器应垂直安装。螺旋式熔断器接线时，电源线应接在下接线座上，负载线应接在上接线座上，以保证能安全地更换熔管。

（3）熔断器内要安装合格的熔体，不能用小规格的熔体并联代替一根大规格的熔体。在多级保护的场合，各级熔体应相互配合，上级熔断器的额定电流等级以大于下级熔断器的额定电流等级两级为宜。

（4）更换熔体时必须切断电源，尤其不允许带负荷操作，以免发生电弧灼伤。管式熔断器的熔体应用专用的绝缘插拔器进行更换。

（5）对 RM10 系列熔断器，在切断过三次相当于分断力的电流后，必须更换熔断管，以保证能可靠地切断所规定分断能力的电流。

（6）熔体熔断后，应分析原因排除故障后，再更换新的熔体。在更换新的熔体时不能轻易改变熔体的规格，更不能使用铜丝或铁丝代替熔体。

（7）熔断器兼做隔离器件使用时，应安装在控制开关的电源进线端；若仅做短路保护用，应装在控制开关的出线端。

熔断器的常见故障及处理方法如表 1-3-2 所示。

表 1-3-2 熔断器的常见故障及处理方法

故障现象	产生原因	处理方法
电动机启动瞬间熔体即熔断	（1）熔体规格选择太小； （2）负载侧短路或接地； （3）熔体安装时损伤	（1）调换适当的熔体； （2）检查短路或接地故障； （3）调换熔体
熔丝未熔断但电路不通	（1）熔体两端或接线端接触不良； （2）熔断器的螺帽盖未旋紧	（1）清扫并旋紧接线端； （2）旋紧螺帽盖

（二）热继电器

热继电器是一种利用电流热效应原理工作的保护电器，主要用作电动机的过载保护和断相保护，防止电机由于过热而烧毁。常用热继电器的实物如图 1-3-5 所示。

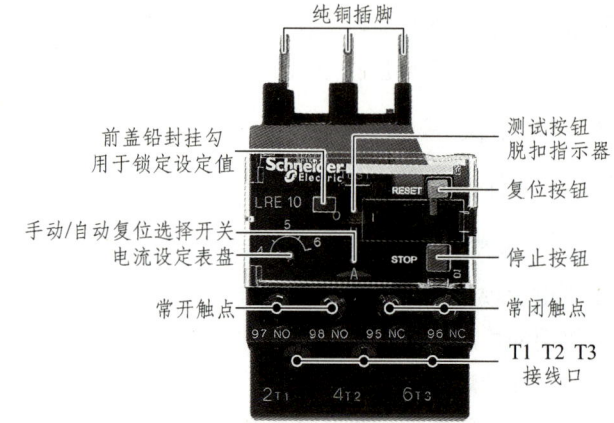

图 1-3-5 热继电器实物外形

1. 热继电器的结构和工作原理

热继电器主要由双金属片、热元件、复位按钮、传动杆、弹簧、调节旋钮、复位螺丝、触点和接线端子等组成，其结构示意图如图 1-3-6 所示。其中，双金属片由两种热膨胀系数不同的金属碾压而成，当双金属片受热时，会出现弯曲变形。工作时，将热元件串接于电动机的定子回路中，而辅助触点串接于电动机的控制电路中。

当电动机正常运行时，其工作电流通过热元件产生的热量不足以使双金属片变形到位，热继电器不动作。当电动机发生过电流且超过整定值时，双金属片发热膨胀而发生弯曲，经过一定时间后，使触点动作，并通过辅助触头控制电路切断电动机的工作电源，以实现过载保护。热继电器动作后一般不能自动复位，要等双金属片冷却后按下复位按钮复位。热继电器的动作电流可以借助旋转凸轮在不同位置来实现调节。由于热元件具有热惯性，因此热继电器不能做短路保护。

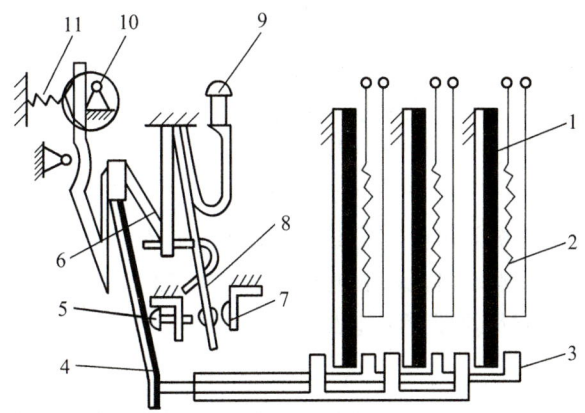

1—双金属片；2—热元件电阻丝；3—导板；4—补偿双金属片；5—螺钉；6—推杆；
7—静触点；8—动触点；9—复位按钮；10—调节凸轮；11—弹簧。

图 1-3-6　热继电器的结构示意图

2. 热继电器的型号和电气符号

1）型号

热继电器的型号标志组成及其含义如图 1-3-7 所示。

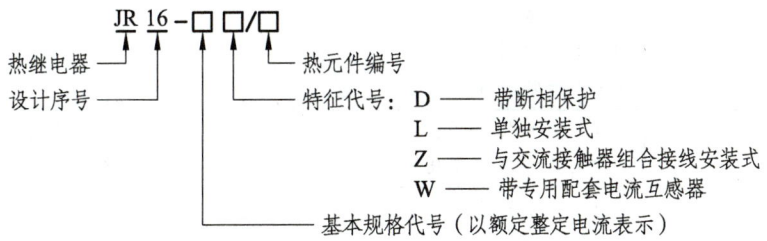

图 1-3-7　热继电器型号组成及其含义

2）电气符号

热继电器的图形符号及文字符号如图 1-3-8 所示。

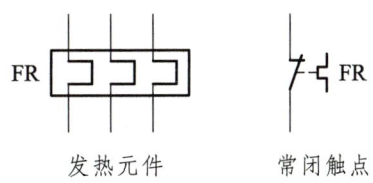

图 1-3-8　热继电器的电气符号

3. 热继电器的主要参数

（1）额定电流：指热继电器中可以安装的热元件的最大整定电流值。

（2）额定电压：指热继电器中热元件能够长期正常工作的最大电压值。

（3）整定电流：热元件能够长期工作而不致引起热继电器动作的最大电流值。

4. 热继电器的选择与常见故障

热继电器主要用于电动机的过载保护，使用中应考虑电动机的工作环境、启动情况、负载性质等因素，主要考虑以下几个方面来选择。

（1）热继电器的额定电压、电流一般略大于电动机的额定电压、电流。

（2）热元件的整定电流一般等于电动机的额定电流。对于过载能力差的电动机，热元件的整定电流可取电动机额定电流的 0.95~1.05 倍；对于启动频繁、需要拖动冲击性负载的电动机，热元件的整定电流可取电动机额定电流的 1.15~1.5 倍。

热继电器的常见故障及处理方法如表 1-3-3 所示。

表 1-3-3 热继电器的常见故障及处理方法

故障现象	产生原因	处理方法
热继电器误动作或动作太快	（1）整定电流偏小； （2）操作频率过高； （3）连接导线太细	（1）调大整定电流； （2）调换热继电器或限定操作频率； （3）选用标准导线
热继电器不动作	（1）整定电流偏大； （2）热元件烧断或脱焊； （3）导板脱出	（1）调小整定电流； （2）更换热元件或热继电器； （3）重新放置导板并试验动作灵活性
热元件烧断	（1）负载侧电流过大； （2）反复； （3）短时工作； （4）操作频率过高	（1）排除故障调换热继电器； （2）限定操作频率或调换合适的热继电器
主电路不通	（1）热元件烧毁； （2）接线螺钉未压紧	（1）更换热元件或热继电器； （2）旋紧接线螺钉
控制电路不通	（1）热继电器常闭触点接触不良或弹性消失； （2）手动复位的热继电器动作后，未手动复位	（1）检修常闭触点； （2）手动复位

三、任务实施

热继电器的拆装及检测

热继电器是一种常见的电气元件，它的作用是在电路中控制电流、保护电机。其内部结构包括电热元件、触点组、继电器外壳以及连接线路等部分。下面以图 1-3-9 所示的 JR-36 型热继电器进行拆装实验。

图 1-3-9 JR-36 型热继电器

1. 拆卸前的准备工作

（1）断电：在拆卸热继电器之前，需要先断开其连接的电源，以免发生电击和危险。

（2）确认拆卸对象：在实际操作中，需要先确认拆卸的具体热继电器，了解其型号及结构情况，避免拆错或弄错。

（3）工具准备：一般情况下，拆卸热继电器需要使用大小螺丝刀、扳手、镊子、电工刀等工具。

2. 拆卸的具体步骤

（1）拆卸外壳：拆卸连接端子螺钉，然后把接线口的线拿出来，拧下热继电器的后外壳螺丝，拆卸热继电器的外壳，并整齐摆放，如图1-3-10所示。

（2）拆卸电热元件：拆下传动推板，然后用手拆下电热元件，取下热继电器，如图1-3-11所示。

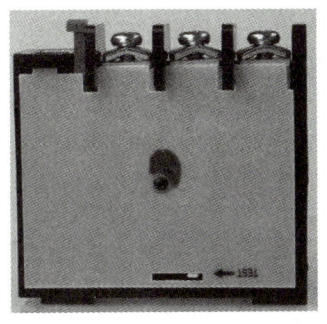

图1-3-10　JR-36型热继电器后外壳　　图1-3-11　JR-36型热继电器内部结构

（3）拆卸主触点组：把触点组的螺钉拆下，把触点组取下来，并把触点的表面清洁干净。

（4）拆卸复位装置：把复位装置、杠杆、弓簧及复位调节螺钉拆下，取下动静触点，并把触点的表面清洁干净。

（5）拆卸调节装置：拆下推杆、连杆、压簧及复位调节旋钮。

请注意，在整个拆卸的过程中，需要小心处理继电器电热元件、触点组及连接线路等部分，不要强行拆卸或者损坏，以免影响日后的使用效果。按照拆解顺序，在表1-3-4中记录各部分零件名称及数量等信息。建议零件从左向右放置，其顺序与表格填写一致。

表1-3-4　元件统计表

编号	元件名称	数量	编号	元件名称	数量
1			9		
2			10		
3			11		
4			12		
5			13		
6			14		
7			15		
8			16		

3. 清理维护和组装

在拆卸完成后，需要对拆卸下来的部分进行清洁和维护，以确保其使用寿命和稳定性。具体方法包括：

（1）清洗：使用清洁剂或酒精对拆下的热继电器进行清洗，以去除表面上的污渍和尘土等杂质。

（2）检查：检查触点组和连接线路等部位是否有损坏或腐蚀等情况，并及时进行维修或更换。

（3）组装：在清理和检查完成后，将热继电器的各部分组装回去，装配顺序一般按拆卸顺序逆序确定，并确认组装是否正确。

4. 热继电器的检测

（1）用万用表电阻挡测量热元件电阻值，显示电阻值约为 $0\ \Omega$。

（2）当热继电器不动作时，用万用表电阻挡测量常闭触点输入端和输出端是否接通，显示电阻值约为 $0\ \Omega$。常开触点输入端和输出端是否不通，显示电阻值为无穷大。

（3）当热继电器动作时（按住过载测试钮），用万用表电阻挡测量输入端和输出端之间的接触电阻，显示电阻为无穷大。

四、任务评价

表 1-3-5　任务评价表

专业班级		组　号		姓　名		学　号	
考核项目	考核要求	分数配比	自　评		互　评		得分
工作准备情况	（1）书、网络资源、笔记本、笔、图纸等材料准备齐全； （2）学习计划等按要求准备；	10					
热继电器拆卸	（1）拆卸步骤规范、正确； （2）拆卸解体完整、无遗漏； （3）无零件丢失； （4）零部件摆放整齐、有序	30					
热继电器安装	（1）安装步骤规范、正确； （2）安装完整，无遗漏； （3）无零件丢失	40					
热继电器检测	（1）装配完成后，进行外观检查； （2）按下手动复位按钮，推杆动作灵活无阻碍； （3）利用万用表检查触点接触情况及阻值	10					
职业素养及安全文明操作	工作台工具摆放整齐，严格遵守安全操作规程，符合管理要求	10					
		总分					
学生互动交流及改进总结：							
教师评语及签名：							

五、知识拓展

漏电保护电器

漏电保护装置又称为剩余电流保护装置，简称 RCD，是一种低压安全保护电器，常用在喷泉、游泳池、手持电动工具、医用设备等场合。电气设备漏电时，将呈现出异常的电流信号。漏电保护装置通过检测此异常电流信号，经信号处理，促使执行机构动作，借助开关设备迅速切断电源，达到漏电保护的目的。

根据故障电流动作的漏电保护装置是电流型漏电保护装置。漏电保护电器按其保护功能和用途，一般可分为漏电保护继电器、漏电保护开关和漏电保护插座三类，如图 1-3-12 所示。

 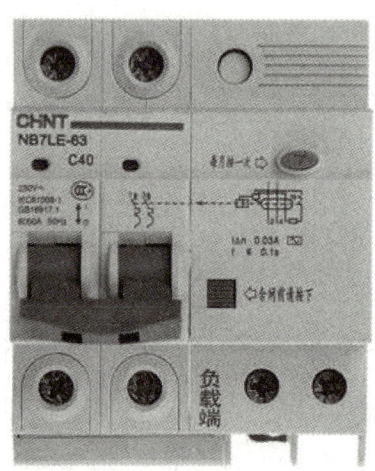

（a）漏电保护继电器　　　　　　　（b）漏电保护开关

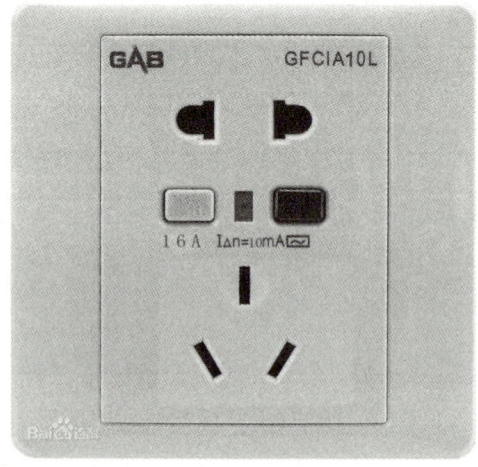

（c）漏电保护插座

图 1-3-12　常见漏电保护电器

1. 漏电保护开关的工作原理

漏电保护开关的结构在普通空气开关的基础上，增加了零序电流互感器、漏电脱扣器（磁力开关）、漏电测试控制电路（S-R 电路）等，其基本结构如图 1-3-13 所示。其工作原理是：当电气设备发生漏电时，出现两种异常现象：一是电流的平衡遭到破坏，出现零序电流；二是正常时不带电的金属外壳出现对地电压（正常时，金属外壳与大地均为零电位）。零序电流互感器的作用是漏电保护器通过它检测到零序电流，零序电流互感器的二次侧有电流流过，电磁脱扣器中有电流流过，当电流达到整定值时，脱扣器动作，开关跳闸，切断故障电路，从而起到保护作用。

1.4 漏电保护开关

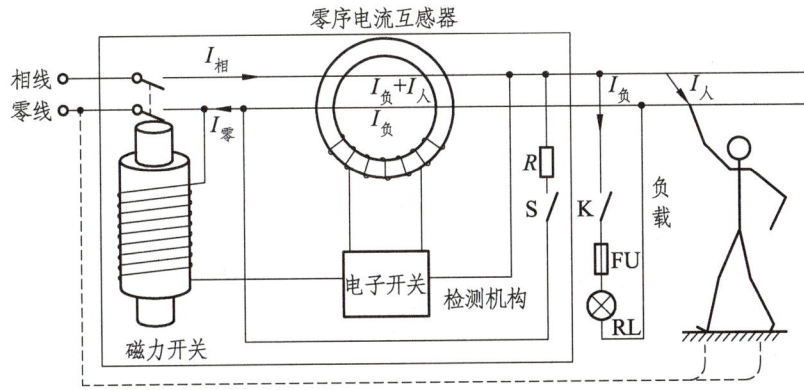

图 1-3-13 漏电保护开关结构及原理

2. 漏电保护电器主要参数

1）额定漏电动作电流

使漏电保护器必须动作的最小漏电电流，体现了漏电保护器的保护灵敏度，优先系列值为：6 mA，10 mA，30 mA，50 mA，100 mA，300 mA，500 mA，1 A，3 A，5 A，10 A，20 A。额定漏电动作电流有的是固定的，有的分级可调或连续可调。

2）额定漏电动作时间

额定漏电动作时间是指从发生漏电到保护器动作之间的最长时间。当额定漏电动作电流等于或小于 30 mA 时要求小于 0.1 s，当额定漏电动作电流大于 30 mA 时要求小于 0.2 s。

3. 漏电保护电器使用注意事项

（1）进线端和出线端不得接反。

（2）相线和零线不得接反。

（3）不能漏接线。

（4）经常测试漏电保护器功能是否正常。

（5）漏电保护器动作后需要检查出故障原因并排除故障后才能重新合闸。

任务四 接触器

一、任务目标

认识并掌握交直流接触器的结构、符号及使用。

二、相关知识

（一）交流接触器

1.5　交流接触器

交流接触器是一种用来接通或断开大电流电路的控制电器。它可以频繁地接通或分断主电路，实现对电动机、电热设备、电容器组、风机等电力负载的远距离自动控制。另外，交流接触器还具有欠压和失压释放保护功能。

交流接触器具有控制容量大、过载能力强、寿命长、安全可靠、维护简单等一系列优点，因此，它被广泛应用于电气控制系统中。交流接触器按结构及工作原理不同可分为电磁式、真空式、油浸式等。目前，使用最广泛的是电磁式交流接触器。图 1-4-1 所示是常见的电磁式交流接触器的实物。

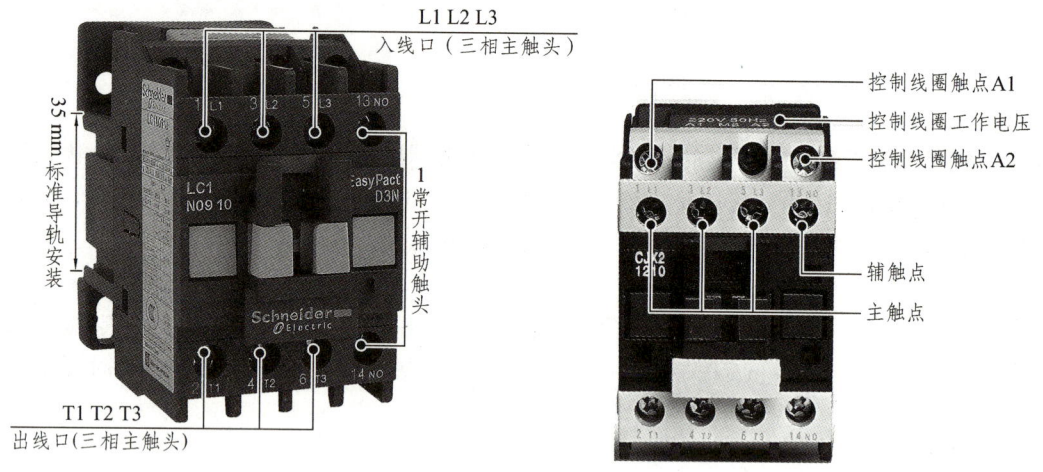

图 1-4-1　常见电磁式交流接触器的外形

1. 交流接触器的结构和工作原理

交流接触器主要由电磁机构、触点系统、灭弧装置和其他部件等组成，其结构拆分如图 1-4-2 所示。

项目一　常用低压电器

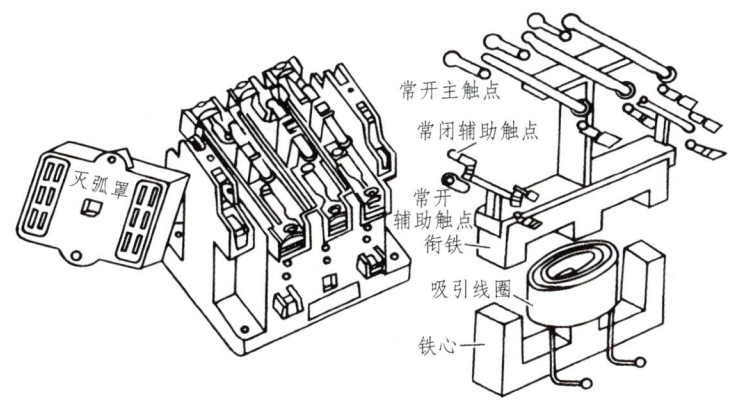

图 1-4-2　交流接触器的结构拆分图

1）电磁机构

电磁机构由线圈、动铁心（衔铁）和静铁心组成，其作用是将电磁能转换成机械能，产生电磁吸力带动触点动作。

2）触点系统

触点系统包括主触点和辅助触点。主触点用于通断主电路，通常为三对常开触点。辅助触点用于控制电路，一般有常开、常闭各两对。

3）灭弧装置

触点在分断大电流的瞬间，会产生很强的电弧，在高温电弧下触点极易灼伤，并使电流切断延迟。因此，为了保护电磁机构及电路安全，交流接触器一般都有灭弧系统。对于小容量的接触器，常采用双断口触点灭弧、电动力灭弧、相间弧板隔弧及陶土灭弧罩灭弧。对于大容量的接触器，采用纵缝灭弧罩及栅片灭弧。高压接触器多采用真空灭弧。

4）其他部件

其他部件包括反作用弹簧、缓冲弹簧、触点压力弹簧、短路环、传动机构及外壳等。交流接触器在运行过程中，线圈中通入的交流电在铁心中产生交变磁通，因而铁心与衔铁间的吸力是变化的。这会使衔铁产生振动，发出噪声。为消除这一现象，在交流接触器的铁心两端各开一个槽，槽内嵌装短路铜环，如图 1-4-3 所示。工作时，线圈电流产生磁通 ϕ_1，在 ϕ_1 的作用下，短路环中感应产生磁通 ϕ_2，两个磁通相互作用，从而保证了衔铁的可靠吸合，并消除了振动及噪声。

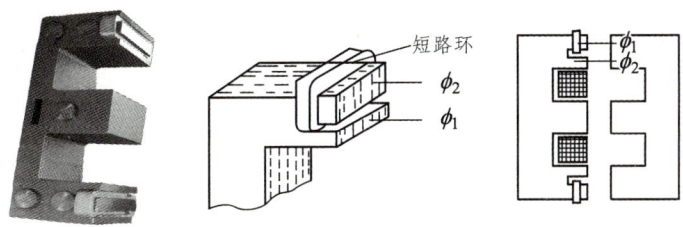

图 1-4-3　短路环

电磁式交流接触器的工作原理是：线圈通电后，在铁心中产生电磁力，并克服弹簧反作用力使衔铁吸合，从而带动触点机构动作，使得常闭触点断开，常开触点闭合；线圈失电或电压显著降低时，电磁力小于弹簧反作用力，使衔铁释放，触点机构复位。其工作原理示意图如图1-4-4所示。

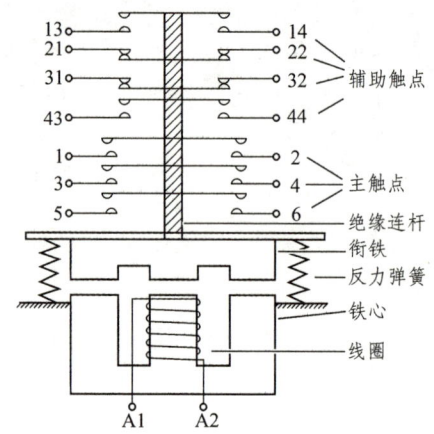

图1-4-4　电磁式交流接触器工作原理示意图

2. 交流接触器的型号和电气符号

1）型号

交流接触器的型号标志组成及其含义如图1-4-5所示。

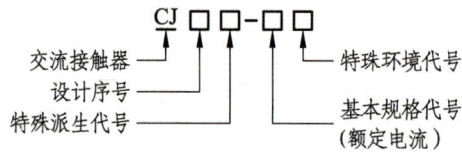

图1-4-5　交流接触器型号组成及其含义

2）电气符号

交流接触器的图形符号及文字符号如图1-4-6所示。

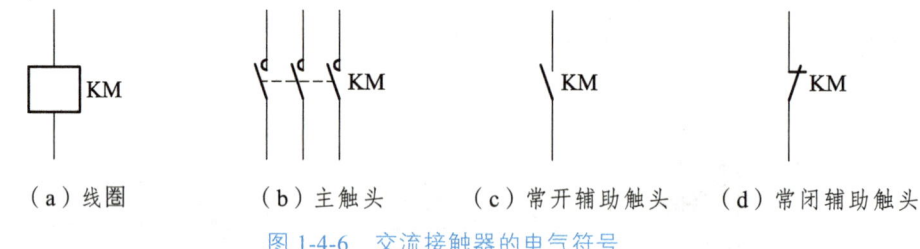

图1-4-6　交流接触器的电气符号

3. 交流接触器的主要参数

1）额定电压

交流接触器的额定电压有两种，一是指主触点的额定电压，主要有220 V、380 V、660 V、1 140 V等；二是指线圈的额定电压，主要有36 V、127 V、220 V、380 V等。

2）额定电流

额定电流指主触点的额定工作电流。它是在一定的条件下（额定电压、使用类别和操作频率等）规定的，常用的额定电流等级有 10 A、20 A、40 A 等。

3）通断能力

可分为最大接通电流和最大分断电流。最大接通电流是指触点闭合时不会造成触点熔焊时的最大电流值；最大分断电流是指触点断开时能可靠灭弧的最大电流。

4）动作值

动作值是指接触器的吸合电压和释放电压。规定接触器的吸合电压大于线圈额定电压的 85% 时应可靠吸合；释放电压不高于线圈额定电压的 70%。

5）额定操作频率

接触器的额定操作频率是指每小时允许的操作次数，一般为 300 次/h、600 次/h、1 200 次/h。

6）机械寿命和电气寿命

机械寿命是指接触器所能承受的无载操作次数。电气寿命是指在规定的正常工作条件下，能承受的有载操作次数。

4. 交流接触器的选用与常见故障

1）交流接触器的选择原则

（1）根据负载性质选择接触器的结构形式及使用类别，且触点数应满足主电路和控制电路的要求。

（2）主触点的额定工作电压、额定工作电流应大于或等于负载电路的额定电压和额定电流。

（3）线圈的额定电压应与控制电路电压相一致。当控制线路简单，使用电器较少时，为节省变压器，可直接选用 380 V 或 220 V 的交流线圈；当线路复杂，使用电器超过 5 个时，从人身和设备安全角度考虑，线圈电压要选低一些，可用 36 V 或 110 V 交流线圈。

2）交流接触器的检测

（1）检查交流接触器的外观是否完整无缺，各接线端和螺钉是否完好。

（2）主触头的检测。将万用表调到蜂鸣挡，并将两支表笔分别接在交流接触器一对主触头的进出端，没有蜂鸣声；按下触头后，有蜂鸣声则说明交流接触器的主触点能够正常工作，否则表示存在故障或损坏。

（3）辅助触头的检测。将万用表调到蜂鸣挡，用万用表的两支表笔分别接到交流接触器的一对辅助触点的两端。对动合触点，没有蜂鸣声，按下触头，有蜂鸣声；对动断触点，有蜂鸣声，按下触头，没有蜂鸣声。说明交流接触器的这对辅助触点可以正常工作，否则表示有损坏。

（4）线圈的检测。将万用表调到"1K"电阻挡，用万用表的两支表笔分别接到交流接触器线圈的两端，测量到某一规定的数值，说明线圈是好的，否则有损坏。

3）交流接触器的常见故障及处理方法

交流接触器的常见故障及其处理方法如表 1-4-1 所示。

表 1-4-1　交流接触器的常见故障及处理方法

故障现象	产生原因	处理方法
接触器不吸合或吸不牢	（1）电源电压过低； （2）线圈断路； （3）线圈技术参数与使用条件不符； （4）铁心机械卡阻	（1）调高电源电压； （2）调换线圈； （3）调换线圈； （4）排除卡阻物
线圈断电，接触器不释放或释放缓慢	（1）触点熔焊； （2）铁心表面有油污； （3）触点弹簧压力过小或复位弹簧损坏； （4）机械卡阻	（1）排除熔焊故障，修理或更换触点； （2）清理铁心极面； （3）调整触点弹簧力或更换复位弹簧； （4）排除卡阻物
触点熔焊	（1）操作频率过高或过负载使用； （2）负载侧短路； （3）触点弹簧压力过小； （4）触点表面有电弧灼伤； （5）机械卡阻	（1）调换合适的接触器或减小负载； （2）排除短路故障更换触点； （3）调整触点弹簧压力； （4）清理触点表面； （5）排除卡阻物
铁心噪声过大	（1）电源电压过低； （2）短路环断裂； （3）铁心机械卡阻； （4）铁心极面有油垢或磨损不平； （5）触点弹簧压力过大	（1）检查线路并提高电源电压； （2）调换铁心或短路环； （3）排除卡阻物； （4）用汽油清洗极面或更换铁心； （5）调整触点弹簧压力
线圈过热或烧毁	（1）线圈匝间短路； （2）操作频率过高； （3）线圈参数与实际使用条件不符； （4）铁心机械卡阻	（1）更换线圈并找出故障原因； （2）调换合适的接触器； （3）调换线圈； （4）排除卡阻物

（二）直流接触器

直流接触器主要用于远距离接通和分断直流电路以及频繁地启动、停止、反转和反接制动直流电动机，也用于频繁地接通和断开起重电磁铁、电磁阀、离合器的电磁线圈等。直流接触器主触头通断的电流较大，多采用滚动接触的指形触头；辅助触头通断的电流较小，常采用点接触的双断点桥式触头。图 1-4-7 所示是某直流接触器的外观。

直流接触器的电气符号通常用字母 CZ 表示，其图形、文字符号和直流接触器一致。直流接触器和交流接触器一样，也是由电磁系统、触头系统和灭弧装置等部分构成。其基本结构原理如图 1-4-8 所示。

项目一　常用低压电器

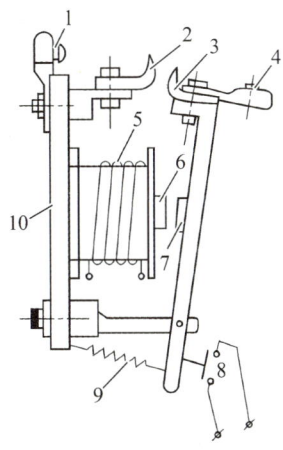

1、4—接线柱；2—静触头；3—动触头；5—线圈；
6—铁心；7—衔铁；8—辅助触头；
9—弹簧；10—底板。

图1-4-7　某直流接触器外观　　图1-4-8　直流接触器的结构原理图

1. 电磁系统

直流接触器的电磁系统由线圈、铁心和衔铁组成。由于线圈中通的是直流电，铁心中无磁滞和涡流损耗，铁心不发热，所以铁心可用整块铸铁或铸钢制成，且无须安装短路环。线圈的匝数较多，电阻大，线圈本身发热，因此线圈做成长而薄的圆筒状，且不设线圈骨架，使线圈与铁心直接接触，以便散热。

2. 触头系统

直流接触器的触头也分为主触头和辅助触头。主触头一般做成单极或双极，因主触头接通或断开的电流较大，故采用滚动接触的指形触头，以延长触头的使用寿命。辅助触头的通断电流较小，常采用点接触的双断点桥式触头。

3. 灭弧装置

直流接触器的主触头在分断较大电流时，会产生强大的电弧。在同样的电气参数下，熄灭直流电弧比熄灭交流电弧要困难，因此，直流接触器的灭弧一般采用磁吹式灭弧装置。

交流接触器和直流接触器主要有以下区别：

（1）铁心结构不同。交流接触器的线圈中通的是交流电，工作时在铁心中会产生涡流和磁滞损耗。为了减少涡流损耗，交流接触器的铁心由相互绝缘的硅钢片叠压铆成，且常做成E形；直流接触器的线圈中通的是直流电，正常工作时铁心中不会产生涡流和磁滞损耗，铁心不发热。因此，铁心可用整块铸铁或铸钢制成，且大多做成U形。交流接触器为消除电磁铁产生的振动和噪声，在静铁芯的端面上嵌有短路环，而直流接触器则不需要。

- 55 -

（2）灭弧系统不同。交流接触器采用将长电弧分割成短电弧的栅片灭弧装置；直流接触器采用靠拉长电弧和冷却电弧来灭弧的磁吹灭弧装置。这是由于直流电弧没有自然过零点，在同样的电气参数下，熄灭直流电弧比交流电弧要困难得多，往往会产生强烈的电弧，容易烧伤触点和延时断电。因此，直流接触器的灭弧装置一般比交流接触器的灭弧装置复杂。

（3）线圈匝数不同。交流接触器的线圈匝数较少，电阻值较小，铜损较小；直流接触器的线圈匝数较多，电阻值较大，铜损较大，是接触器发热的主要部件。为了使线圈散热良好，通常将线圈绕制成长而薄的圆筒状，而且不设骨架，使线圈与铁芯间距很小，以借助铁芯来散发热量。

三、任务实施

交流接触器的拆装与检测

1.6 交流接触器的拆装与检测

交流接触器是一种常见的电气元件，可以频繁地接通断开大电流的电路，实现远距离控制。交流接触器一般的控制对象是电动机，也可以用于电容器、电焊机和电热器等设备。交流接触器主要由电磁机构、触点系统、灭弧装置和其他部件构成。电磁机构主要是由线圈、静铁心和动铁心构成；触点系统由主触点和辅助触点构成，主触点串接在主电路中，一般有三对常开主触点，辅助触点可以分为常开辅助触点和常闭辅助触点，用于控制电路。下面以 CJT1-10 型交流接触器为例进行拆装和检测实验，如图 1-4-9 所示。

图 1-4-9 CJT1-10 型交流接触器

1. 拆卸前的准备工作

（1）断电：在拆卸接触器之前，需要先断开其连接的电源，以免发生电击和危险。

（2）确认拆卸对象：在实际操作中，需要先确认拆卸的具体接触器，了解其型号及结构，避免拆错。

（3）工具准备：一般情况下，拆卸交流接触器需要使用大小螺丝刀、镊子、电工刀等工具。

2. 拆卸的具体步骤

（1）松开固定螺丝，取下底盖。
（2）取出静铁芯、铁架和缓冲弹簧。
（3）拔出线圈接线头，取出线圈。
（4）取出反作用弹簧。
（5）卸下灭弧罩。
（6）取出在动触桥上主触点的动触点片与压力弹簧片。
（7）托起动触桥上辅助动合触点的静触点片，同时取出动触桥。
（8）取出动触桥上辅助触点的动触点片。
（9）松开螺钉，取下主触点的静触点片或辅助触点的静触点片。

请注意，在整个拆卸的过程中不得通电。拆装时，按要求放好所有元件，要注意零部件的存放，不要丢失，要记住各个零件之间的安装关系。不要强行拆卸或者硬撬元件，以免损坏电器，影响日后的使用效果。按照拆解顺序，在表 1-4-2 中记录各部分零件名称及数量等信息。建议零件从左向右放置，其顺序与表格填写一致。

表 1-4-2　元件统计表

编号	元件名称	数量	编号	元件名称	数量
1			9		
2			10		
3			11		
4			12		
5			13		
6			14		
7			15		
8			16		

3. 清理维护

在拆卸完成后，需要对拆卸下来的部分进行清洁和维护，以确保其使用寿命和稳定性。

（1）清洗：使用清洁剂或酒精对拆下的热继电器进行清洗，以去除表面上的污渍和尘土等杂质。

（2）检查：检查触点组、线圈等部位是否有损坏或腐蚀等情况，并及时进行维修或更换。

4. 装配的具体步骤

交流接触器装配的步骤与拆卸的步骤相反，具体如下：

（1）紧固主触点的静触点片或辅助动断触点的静触点片。

（2）装好动触点桥上辅助触点的动触点片。

（3）将动触点桥装入接触器壳内并紧固，将辅助动合触点的静触点片插入并紧固。松开动触点桥，使动触点桥上的辅助动合触点的动触点片与动合触点的静触点片接触良好。

（4）装上主触点的动触点片和压力弹簧片。

（5）放入反作用弹簧。

（6）放入线圈，并插好接线插头。

（7）放入反冲弹簧和静铁芯架，放上静态铁芯。

（8）放入底盖，紧固螺丝。

（9）压放动触桥，观察动触桥动作的灵活性及动断触点接触是否良好。

5. 交流接触器的检测

（1）外观检查：检查交流接触器是否完整无缺，是否外观有破损，各接线端和螺钉是否完好。

（2）主触点的检测：将万用表调到蜂鸣挡，用万用表的两支表笔分别接到交流接触器的一对主触点的两端，没有蜂鸣声；将动铁心按下后，有蜂鸣声，则说明交流接触器的主触点可以正常工作，否则就是有损坏。

（3）辅助触点的检测：将万用表调到蜂鸣挡，用万用表的两支表笔分别接到交流接触器的一对辅助常开触点的两端，没有蜂鸣声；按下触头，有蜂鸣声。同理，将万用表接到一对辅助常闭触点两端，有蜂鸣声，按下触头，没有蜂鸣声。说明辅助触点可以正常工作，否则就是有损坏。

（4）线圈的检测：将万用表调到"R*1k"电阻挡，用万用表的两支表笔分别接到交流接触器线圈的两端，测量电阻数值。对于CJT1-10型号交流接触器，如果线圈电阻大约为 640 Ω，说明线圈是好的，否则有损坏。

四、任务评价

表 1-4-3　任务评价表

专业班级		组　号		姓　名		学　号	
考核项目	考核要求	分数配比		自　评		互　评	得分
工作准备情况	（1）书、网络资源、笔记本、笔、图纸等材料准备齐全； （2）学习计划等按要求准备	10					
接触器拆卸	（1）拆卸步骤规范、正确； （2）拆卸解体完整，无遗漏； （3）无零件丢失； （4）零部件摆放整齐、有序	30					
接触器安装	（1）安装步骤规范、正确； （2）安装完整，无遗漏； （3）无零件丢失	30					
接触器检测	（1）装配完成后，进行外观检查； （2）按下触头系统，触头动作灵活无阻碍； （3）利用万用表检查线圈、触点情况及阻值	20					
职业素养及安全文明操作	工作台工具摆放整齐，严格遵守安全操作规程，符合管理要求	10					
		总分					
学生互动交流及改进总结：							
教师评语及签名：							

五、知识拓展

灭弧装置

1. 电弧的产生

当动、静触头分开瞬间,两触头间距极小,电场强度极大,在高热及强电场的作用下,金属内部的自由电子从阴极表面逸出,奔向阳极,这些自由电子在电场中运动时撞击中性气体分子,使之激励和游离,产生正离子和电子,这些电子在强电场作用下继续向阳极移动,同时撞击其他中性分子,因此,在触头间隙中产生了大量的带电粒子,使气体导电形成了炽热的电子流,即电弧。电弧产生高温并伴有强光,可将触头烧损,并使电路的切断时间延长,严重时可引起事故或火灾。

电弧分直流电弧和交流电弧。产生电弧的原因主要有以下几个方面:

(1) 强电场放射。触头在通电状态下开始分离时,其间隙很小,电路电压几乎全部降落在触头间很小的间隙上,使该处电场强度很高。强电场将触头阴极表面的自由电子拉出到气隙中,使触头间隙的气体中存在较多的电子,这种现象称为强电场放射。

(2) 撞击电离。触头间的自由电子在电场作用下,向正极加速运动,经一定路程后获得足够大的动能,在其前进途中撞击气体原子,将气体原子分裂成电子和正离子。电子在向正极运动过程中将撞击其他原子,使触头间隙中气体电荷越来越多,这种现象称为撞击电离。

(3) 热电子发射。撞击电离产生的正离子向阴极运动,撞击在阴极上使阴极温度逐渐升高,并使阴极金属中电子动能增加,当阴极温度达到一定程度时,一部分电子有足够动能将从阴极表面逸出,再参与撞击电离。由于高温使电极发射电子的现象称为热电子发射。

(4) 高温游离。电弧间隙中的气体温度升高,使气体分子热运动速度加快,当电弧温度达到或超过 3 000 °C 时,气体分子发生强烈的不规则热运动并造成相互碰撞,使中性分子游离成为电子和正离子。这种因高温使分子撞击所产生的游离称为高温游离。

由以上分析可知,在触头刚开始分断时,首先是强电场放射。当触头完全打开时,由于触头间距离增加,电场强度减弱,维持电弧存在主要靠热电子发射、撞击电离和高温游离,而其中高温游离作用最大。但是在气体分子电离的同时,还存在消电离作用。消电离是指正负带电粒子相互结合成为中性粒子的同时,又减弱电离的过程。复合消电离只有在带电粒子运动速度较低时才有可能。因此冷却电弧,或将电弧挤入绝缘的窄缝里,迅速导出电弧内部热量,降低温度,减小离子的运动速度,才能加强复合过程。同时,高度密集的高温离子和电子,要向周围密度小、温度低的介质中扩散,使弧隙中的离子和电子浓度降低,电弧电流减小,使高温游离大为减弱。

2. 灭弧的基本方法

（1）快速拉长电弧，以减弱电场强度，使电弧电压不足以维持电弧的燃烧，从而熄灭电弧。

（2）用电磁力使电弧在冷却介质中运动，降低弧柱周围的温度，使离子运动速度减慢，离子复合速度加快，从而使电弧熄灭。

（3）将电弧挤入绝缘壁组成的窄缝中以冷却电弧，加快离子复合速度，使电弧熄灭。

（4）将电弧分成许多串联的短弧，增加维持电弧所需的临极电压降。

交流电弧主要是电流过零点后如何防止重燃的问题，因此交流电弧比较容易熄灭；而直流电流没有过零的特性，产生的电弧相对不容易熄灭，因此一般还需附加其他的灭弧措施。

3. 常用的灭弧装置

1）双断口电动力灭弧

电动力灭弧原理如图 1-4-10 所示。这是一种桥式结构双断口触头，当触头断开电路时，在断口处产生电弧，电弧电流在两电弧之间产生图中所示的磁场，根据左手定则，电弧电流将受到指向外侧的电动力 F 的作用，使电弧向外运动并拉长。这时电弧迅速进入冷却介质，加快了电弧冷却。这种双断口触头在分断时形成两个断点，将一个电弧分为两个电弧来消减电弧的作用，以利灭弧。这种灭弧装置常用于小容量交流接触器中。

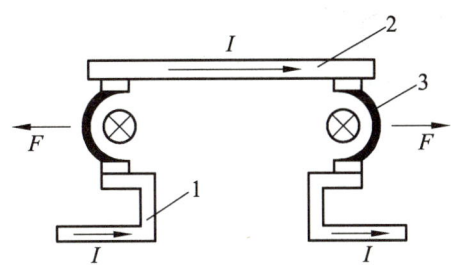

1—静触头；2—动触头；3—电弧。

图 1-4-10 双断口电动力灭弧

2）磁吹灭弧装置

磁吹灭弧装置的工作原理如图 1-4-11 所示，在触头电路中串入一磁吹线圈。当触头电流通过磁吹线圈时产生磁场，该磁场由导磁夹板引向触头周围，磁吹线圈产生的磁场与电弧电流产生的磁场相互叠加，这两个磁场在电弧下方方向相同，在电弧上方方向相反，所以电弧下方的磁场强于上方的磁场，在下方磁场作用下，电弧受力方向为图示方向，故电弧被拉长并吹入灭弧罩 6 中。引弧角 4 与静触头 8 相连接，其作用是引导电弧向上运动，将热量传递给灭弧罩，促使电弧熄灭。这种装置是利用电弧电流本身灭弧的，故电弧电流越大，灭弧能力越强。这种方法广泛用于直流接触器中。

3）栅片灭弧装置

栅片灭弧原理如图 1-4-12 所示。灭弧栅由多片镀铜的薄钢片制成，它们置于灭弧罩内触头的上方，彼此之间相互绝缘，片间距离为 2~5 mm。当触头分断电路时，在触头之间产生电弧，电弧电流产生磁场，由于钢片磁阻比空气磁阻小得多，使灭弧栅上方的磁通非常稀疏，而灭弧栅处的磁通非常密集，这种上疏下密的磁场将电弧拉入灭弧栅中。电弧进入灭弧栅后，被栅片分割成许多短电弧，当交流电压过零时电弧自然熄灭。两栅片间必须有 150~250 V 的电压，电弧才能重燃。一方面电源电压不足以维持电弧；另一方面由于栅片的散热作用，电弧自燃熄灭后很难重燃。由于栅片灭弧装置的灭弧效果在电流为交流时要比直流时强得多，因此在交流接触器中常采用栅片灭弧装置。

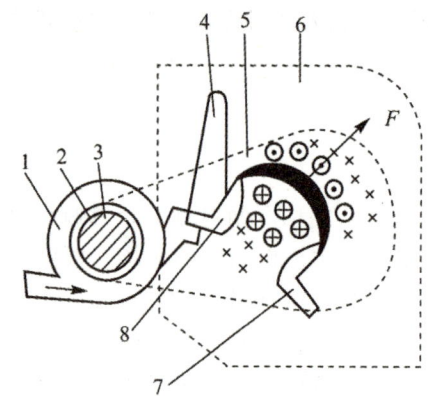

1—磁吹线圈；2—绝缘套；3—铁心；4—引弧角；
5—导磁夹板；6—灭弧罩；7—动触头；
8—静触头。

图 1-4-11　磁吹灭弧装置工作原理图

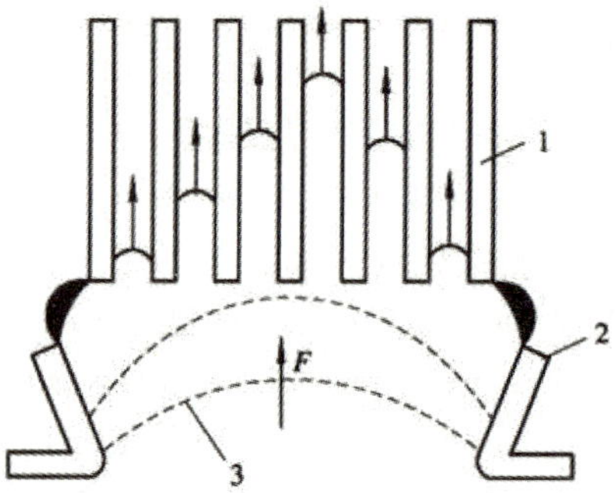

1—灭弧栅片；2—触头；3—电弧。

图 1-4-12　栅片灭弧工作原理图

4）灭弧罩

灭弧罩由陶土、石棉、水泥或耐弧塑料制成，在灭弧罩内有一个或数个纵缝，缝的下部宽、上部窄。当触头断开时，电弧在电动力的作用下进入灭弧罩，与灭弧罩接触，使电弧迅速冷却而熄灭。同时，灭弧罩还可以分隔各路电弧，以防止发生短路，这种灭弧装置可用于交流和直流灭弧。

实际应用中，为加强灭弧效果，通常不是采用单一的灭弧方法，而是同时采用两种或多种方法灭弧。

任务五　继电器

一、任务目标

认识并掌握电压继电器、电流继电器、中间继电器、时间继电器、速度继电器等的结构、符号及使用。

二、相关知识

继电器是一种根据外界输入信号（电信号或非电信号）的变化来接通或断开小电流电路的自动控制器件，主要用在控制回路中，用于线路的控制和保护，以及信号的传递和转换。

继电器的输入信号有电压、电流、温度、速度、时间、压力等。继电器主要由感测机构、中间机构、执行机构三部分组成。感测机构把感测到的参量传递给中间机构，并和整定值相比较，当满足预定要求时，执行机构便动作，从而接通或断开电路。

继电器的种类很多，按输入信号可分为电压继电器、电流继电器、时间继电器、温度继电器、速度继电器、压力继电器等；按工作原理分为电磁式继电器、电动式继电器、电子式继电器等；本任务将介绍几种常用的继电器。

（一）电磁式继电器

电磁式继电器主要由电磁机构和触点系统组成，其典型结构如图1-5-1所示。工作时，线圈通电，电磁铁动作带动触点系统动作，从而控制电路改变。线圈失电或欠压时，触点复位。可通过反作用调节螺钉，改变继电器的动作值大小，从而改变电路动作的整定值。

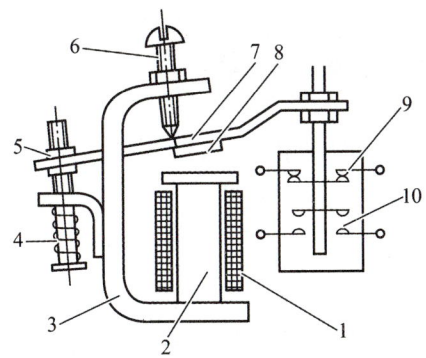

1—线圈；2—铁心；3—磁轭；4—弹簧；5—调节螺母；6—反作用调节螺钉；
7—衔铁；8—非磁性垫片；9—动断触点；10—动合触点。

图1-5-1　电磁式继电器结构示意图

电磁式继电器主要有电压继电器（包括过电压继电器、欠电压继电器）、电流继器（包括过电流继电器、欠电流继电器）和中间继电器等。其结构及工作原理与接触器基本相同，主要用于控制电路的小电流切换，没有灭弧装置，也无主触点和辅助触点之分。几种常用的电磁式继电器的实物如图 1-5-2 所示。

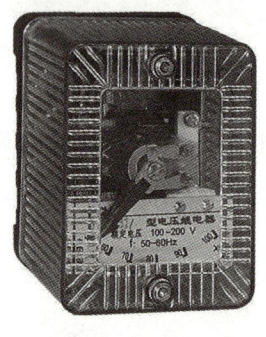 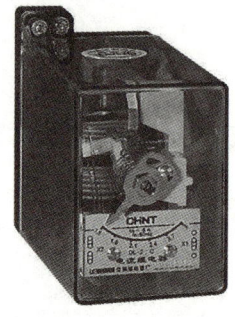 

（a）电压继电器　　　　　（b）电流继电器　　　　　（c）中间继电器

图 1-5-2　几种电磁式继电器实物

1. 电压继电器（KV）

电压继电器是根据电压大小的变化而动作的继电器。它的线圈匝数多，导线细，阻抗大。工作时其线圈应并联在被测电路中，以感测负载两端电压的变化。根据动作电压值的不同，可分为过电压继电器和欠电压继电器。

过电压继电器：线圈电压高于整定值时动作。当电路正常工作时，衔铁是释放的；当电路发生过电压故障时，衔铁立即吸合，实现保护。

欠电压继电器：也称零电压继电器，线圈电压低于整定值时动作。当电路正常工作时，衔铁是吸合的；当电路电压过低现象时，衔铁立即释放，实现保护。

2. 电流继电器（KI）

电流继电器是根据电流大小的变化而动作的继电器。它的线圈匝数少，导线粗，阻抗小。工作时其线圈应串联在被测电路中，以感测负载电流的变化。根据动作电流值的不同，可分为过电流继电器和欠电流继电器。

过电流继电器：线圈电流高于整定值时动作。当电路正常工作时，衔铁是释放的；当电路发生过载或短路故障时，衔铁立即吸合，实现保护。

欠电流继电器：线圈电流低于整定值时动作。当电路正常工作时，衔铁是吸合的；当电路电流出现过低现象时，衔铁立即释放，实现保护。

3. 中间继电器（KA）

中间继电器通常用来传递信号和同时控制多个电路，也可用于直接控制小容量电动机或其他电气执行元件。中间继电器在结构上是一种动作值与释放值不能调节的电压继电器，但触点数多，触点容量比电压继电器大。中间继电器与交流接触器的主要区别是触点数目多，但触点容量小，只允许通过小电流。

几种常见的电磁式继电器的图形和文字符号如图 1-5-3 所示。

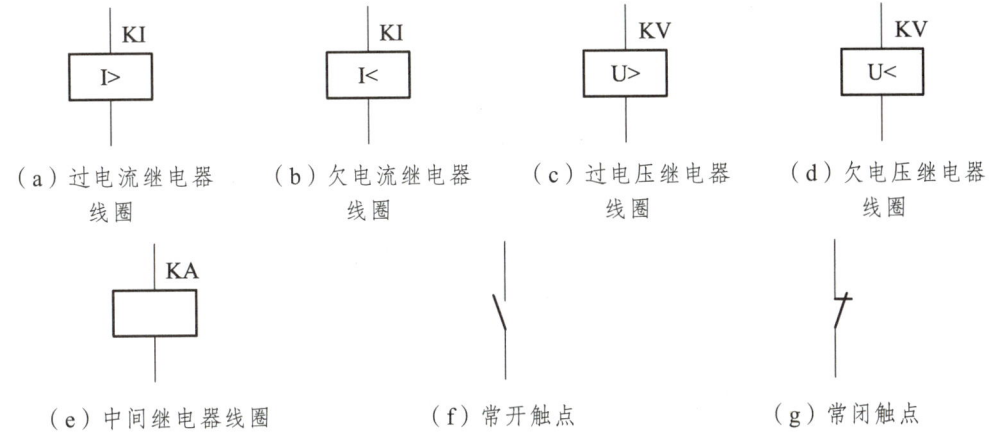

图 1-5-3 电磁式继电器的电气符号

(二) 时间继电器

时间继电器是一种利用电磁原理或机械动作原理实现触点延时接通或断开的自动控制器件。时间继电器用于控制电路的延时动作，即当时间继电器的线圈得电后，其延时触点需要经过一定的时间后，才能动作。

1.7　时间继电器

1. 时间继电器的分类

时间继电器的种类很多，按动作原理可分为电磁式、空气阻尼式、电动式和电子式等；按延时方式可分为通电延时型和断电延时型时间继电器。对于通电延时型时间继电器，当接收输入信号后延迟一定时间，输出信号才发生变化；当输入信号消失后，输出信号瞬时复原。对于断电延时型时间继电器，当接收输入信号时，瞬间产生相应的输出信号，当输入信号消失后，延迟一定时间，输出信号才会复原。

两种常见的时间继电器如图 1-5-4 所示。

(a) 空气阻尼式时间继电器

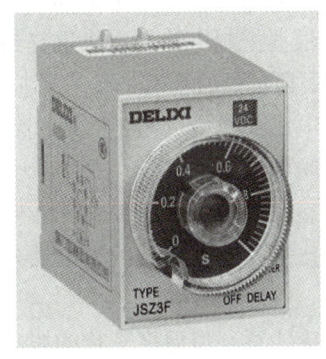

(b) 电子式时间继电器

图 1-5-4　常见时间继电器的实物图

2. 时间继电器的型号和电气符号

1）型号

时间继电器的型号标志组成及其含义示例如图 1-5-5 所示。

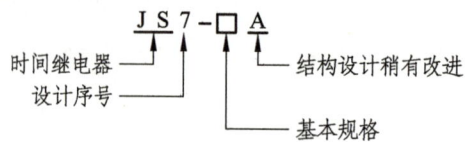

图 1-5-5　时间继电器型号组成及其含义

2）电气符号

时间继电器的图形符号及文字符号如图 1-5-6 所示。

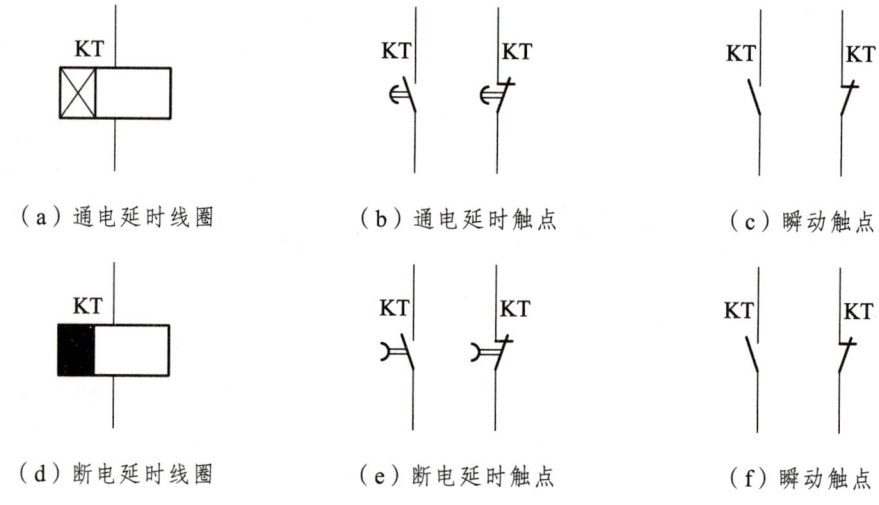

图 1-5-6　时间继电器的电气符号

3. 时间继电器的选用及常见故障

选用时间继电器时应考虑如下要求：

（1）根据控制电路的要求选择通电延时型时间继电器或断电延时型时间继电器。

（2）根据对延时精度的要求不同选择时间继电器类型。对延时精度要求不高的场合，一般选用电磁式或空气阻尼式时间继电器；对延时精度要求高的场合，应选用电子式或电动式时间继电器。

（3）应注意电源参数变化的影响。对于电源电压波动大的场合，选用空气阻尼式时间继电器比采用电子式时间继电器好；而在电源频率波动大的场合，不宜采用电动式时间继电器。

（4）应注意环境温度变化的影响。在环境温度变化较大的场合，不宜采用电子式时间继电器。

（5）应注意操作频率的影响，因为操作频率过高不仅会影响电气寿命，还可能导致延时误动作。

（6）考虑延时触头种类、数量和瞬动触头种类、数量是否满足控制要求。

时间继电器在使用过程中，也可能出现各种故障。表 1-5-1 介绍了其常见故障及其处理方法。

表 1-5-1 时间继电器的常见故障及处理方法

故障现象	产生原因	处理方法
延时触点不动作	（1）电磁铁线圈断线； （2）电源电压低于线圈额定电压； （3）电动式时间继电器的同步电动机线圈断线； （4）电动式时间继电器的棘爪无弹性，不能刹住棘齿； （5）电动式时间继电器游丝断裂	（1）更换线圈； （2）更换线圈或调高电源电压； （3）调换同步电动机； （4）调换棘爪； （5）调换游丝
延时时间缩短	（1）空气阻尼式时间继电器的气室装配不严，漏气； （2）空气阻尼式时间继电器的气室内橡皮膜损坏	（1）修理或调换气室； （2）调换橡皮膜
延时时间变长	（1）空气阻尼式时间继电器的气室内有灰尘，使气道阻塞； （2）电动式时间继电器的传动机构缺润滑油	（1）清除气室内灰尘，使气道畅通； （2）加入适量的润滑油

（三）速度继电器

速度继电器是用来反映转速与转向变化的继电器，它可以按照被控电动机转速的大小使控制电路接通或断开。速度继电器通常与接触器配合，实现对电动机的反接制动。速度继电器实物如图 1-5-7 所示。

图 1-5-7 速度继电器实物

1. 结构和工作原理

从结构上看，速度继电器主要由转子、转轴、定子和触点等部分组成。转子是一个圆柱形永久磁铁，定子是一个笼形空心圆环，并装有笼形绕组。其内部结构如图 1-5-8 所示。

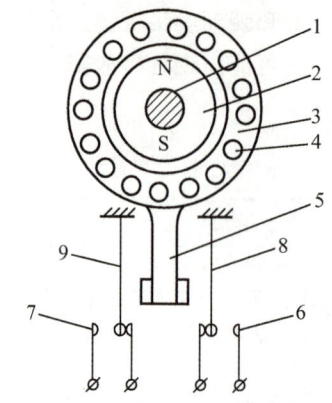

1—转轴；2—转子；3—定子；4—绕组；5—摆杆；
6、7—静触点；8、9—簧片。

图 1-5-8　速度继电器的结构原理图

工作时，速度继电器的转轴和电动机的轴通过联轴器相连，当电动机转动时，速度继电器的转子随之转动，定子内的绕组便切割磁力线，产生感应电流，此电流与转子磁场作用产生转矩，使定子随转子方向开始转动。电动机转速达到某一值时，产生的转矩能使定子转到一定角度从而使摆杆推动动断触点动作；当电动机转速低于某一值或停转时，定子产生的转矩会减小或消失，触点在簧片的作用下复位。

速度继电器有两组触点，每组各有一对动合触点和动断触点，可分别控制电动机正、反转的反接制动。通常当速度继电器转轴的转速达到 120 r/min 时，触点动作；当转速低于 100 r/min 时，触点复位。

2. 型号和电气符号

1）型号

速度继电器的型号标志组成及其含义如图 1-5-9 所示。

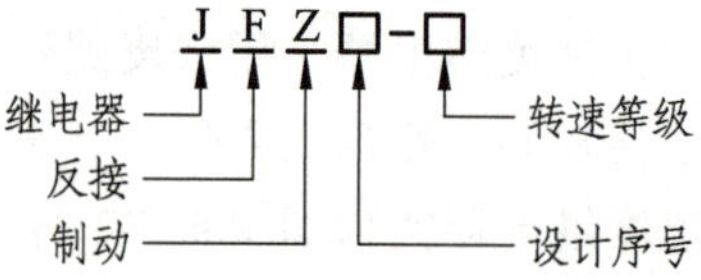

图 1-5-9　速度继电器型号组成及其含义

2）电气符号

速度继电器的图形符号及文字符号如图 1-5-10 所示。

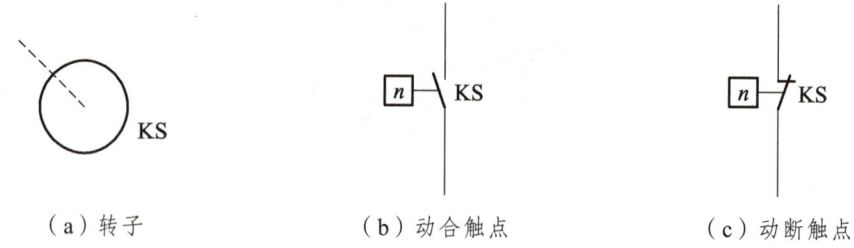

（a）转子　　　　　（b）动合触点　　　　　（c）动断触点

图 1-5-10　速度继电器的电气符号

3. 速度继电器的选用及常见故障

速度继电器主要根据电动机的额定转速、控制要求来选用。使用时，速度继电器的

项目一　常用低压电器

转轴应与电动机同轴连接；安装接线时，正反向的触头不能接错，否则不能起到反接制动作用。

速度继电器的常见故障及处理方法如表 1-5-2 所示。

表 1-5-2　速度继电器的常见故障及处理方法

故障现象	产生原因	处理方法
制动时速度继电器失效，电动机不能制动	（1）速度继电器摆杆断裂； （2）速度继电器常开触点接触不良； （3）弹性动触片断裂或失去弹性	（1）更换摆杆； （2）清理触点； （3）更换弹性动触片

三、任务实施

中间继电器检测与应用

中间继电器一般是由线圈，弹簧，动、静触头，固定铁芯等部件构成，多用于控制回路中，进行信号（电压、电流、压力、液位等）的传递和控制。工作中，当中间继电器线圈得电的时候，衔铁吸合，相应的中间继电器的常开触点变为常闭触点，常闭触点变为常开触点，用来进行信号的反馈或者二次回路的控制。中间继电器触头系统承受的电流和电压值有限，所以一般只通过小电流、小电压来控制主回路交流接触器的线圈，间接地控制主回路大电压。

中间继电器常用的线圈电压有：DC 24 V，AC 220 V，AC 380 V 三个等级。自动控制系统中常采用图 1-5-11 所示的小型中间继电器。其下部为接线底座，上部为电磁系统。掌握其检测与接线方法是学习电气线路的一项基本技能。

1.8　中间继电器检测与应用

图 1-5-11　某小型中间继电器

1. 中间继电器的检测

（1）观察中间继电器外观：检查中间继电器的外观是否有损伤或电气绝缘失效的现象，观察触点是否有氧化或闭合不紧密等，如果有，说明中间继电器需要更换。

（2）测量中间继电器激励电路：在通电情况下，使用万用表的电压挡位，将万用表的两个探头分别接触中间继电器的激励线圈两个端点，读取电压值。若电压为零或电压较低，则说明中间继电器激励电路存在问题。在断电情况下，使用万用表的电阻挡位，测量激励线圈阻值，若过小或过大，则说明线圈有问题。

（3）测量中间继电器触点电阻：使用万用表的电阻挡位，将万用表的两个探头分别接触中间继电器触点的两个闭合端点，读取电阻值。若电阻值过大、电阻不稳定或产生明显的噪声，说明中间继电器的触点失效或老化。

（4）测量中间继电器动作时间：使用计时器或示波器等工具，记录中间继电器开关的动作时间，检查是否符合要求。若动作时间过长或动作不稳定，则说明中间继电器存在问题。

2. 中间继电器的应用

中间继电器实质上是一种电压继电器，但它的触点数量较多，容量较小，是作为控制开关使用的电器。一般的电路常分成主电路和控制电路两部分，接触器主要用于主电路，继电器主要用于控制电路；通过继电器可实现用一路控制信号控制另一路或几路信号的功能，完成启动、停止、联动等控制，主要控制对象是接触器；接触器的触头比较大，承载能力强，通过它来实现弱电到强电的控制，控制对象是电器。中间继电器的接线方式有多种，具体根据不同的应用场景和继电器型号而有所不同。图 1-5-12 所示是某 11 脚中间继电器的底座及其线圈、常开常闭触点位置情况。

由图 1-5-12 可知，触点 10 和 11 是线圈接线端，在底座一端的下方；触点 7、8、9 为公共端，在靠近线圈一侧的上方位置；触点 4、5、6 为常开点，在底座另一端的上方位置；触点 1、2、3 为常闭点，在底座另一端的下方位置。其中，底座对角位置为一对触点。例如，1 和 7 为一对常闭触点，而 4 和 7 则为一对常开触点，其他触点一样，依次类推。

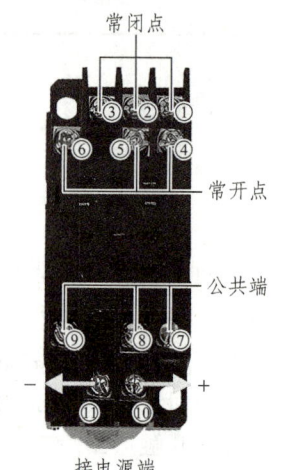

图 1-5-12 某中间继电器的底座和触点位置图

图 1-5-13 所示是利用中间继电器控制电灯的一种原理图。请结合中间继电器的功能及触点关系情况，分析其工作原理，并将结论写在实验报告中。并根据实验器材和参数要求，进行电路连接，上电调试观察其功能，证实自己的分析结论。

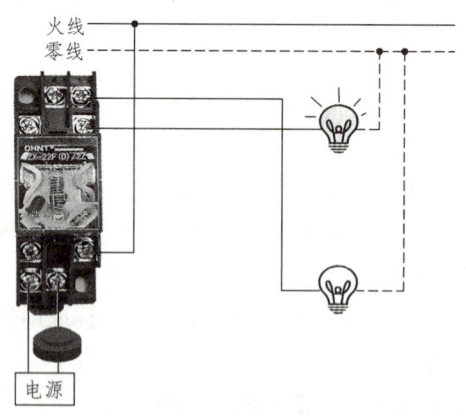

图 1-5-13 中间继电器控制电灯原理图

四、任务评价

表 1-5-3　任务评价表

专业班级		组　号		姓　名		学　号	
考核项目	考核要求	分数配比	自　评	互　评	得分		
工作准备情况	（1）书、网络资源、笔记本、笔、图纸等材料准备齐全； （2）学习计划等按要求准备	10					
中间继电器电路检测	（1）正确使用万用表； （2）能利用万用表正确测量激励线圈阻值或工作电压值； （3）能利用万用表正确测量触点电阻； （4）能利用示波器分析其触点动作时间情况	30					
应用电路分析	（1）正确分析图 1-5-13 所示电路工作原理； （2）正确描述其功能	20					
电路连接	（1）正确连接线路； （2）走线美观，无短路、虚接等	20					
电路检测与调试	（1）能正确检测电路； （2）上电调试结果正确	10					
职业素养及安全文明操作	工作台工具摆放整齐，严格遵守安全操作规程，符合管理要求	10					
总分							

学生互动交流及改进总结：

教师评语及签名：

五、知识拓展

电磁阀

1.9　电磁阀

电磁阀是一种基于电磁感应原理工作的装置，主要用于控制流体（如气体或液体）的流动，它由电磁铁和阀体两部分组成，主要包括线圈、阀芯和阀体。其工作原理可以概括为：通电时，电流通过电磁线圈产生磁场，磁场作用于阀芯，吸引或推开阀芯，使阀芯移动，从而改变阀体的进出口状态，实现流体的通断控制或流量调节。断电时，电磁力消失，阀在弹簧力的作用下复位，关闭阀门，保持流体流动的稳定性。电磁阀在自动化控制系统中发挥着重要作用，能够根据传感器、控制器等信号进行自动控制，实现对流体的自动开关、流速控制等功能，提高生产效率和设备的稳定性。

1. 电磁阀的结构及电气符号

电磁阀分为气动阀和液压阀，其结构和用法都是一样的，气动阀在非标自动化等工业环境中应用较多，液压阀在数控 CNC 中使用较多，掌握电磁阀的使用可以说是自动化学习入门的必修课。下面以气动阀为例，带领大家认识电磁阀的工作原理和使用方法。

图 1-5-14 所示是某品牌的两位五通电磁阀。图中，P 是气源进气孔，要接气泵或者其他气源；P 孔两边有两个排气孔，R 是 A 的排气孔，S 是 B 的排气孔，为了减少噪声可以接消音器。上面是两个出气孔 A 和 B，接到气缸执行单元；后端还包括手动调节按钮、线圈、固定螺母等部件。

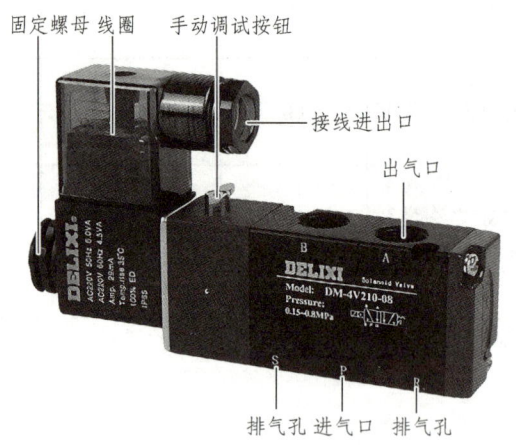

图 1-5-14　两位五通电磁阀

电磁阀的电气符号如图 1-5-15 所示。其中：

（1）折线表示弹簧，方块表示线圈，旁边有个小三角形表示先导式电磁阀。

（2）用方框表示阀的工作位置，有几个方框就表示有几"位"。可以观察电磁阀上的正方形个数，判断阀芯的工作位置。有几个框就是几位。例如，图 1-5-15 中有红色和绿色表示的两个方框，表示是两位阀。

（3）一个方框外部连接的接口数有几个，就表示几"通"。图 1-5-15 中红色框有 A、B、R_1、S_1、P 共 5 个接口，表示该电磁阀为 5 通。其中，进气口用"P"表示，排气口用"R"和"S"表示，与执行元件连接的气口用"A"和"B"表示。

（4）方框内的箭头表示当前位置气路处于接通状态，但箭头方向不一定表示流体的实际方向。

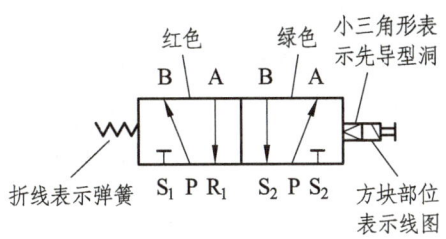

图 1-5-15　两位五通电磁阀电气符号

2. 电磁阀的分类

（1）电磁阀按工作原理可以分为两种，早先发明直动式电磁阀，后逐渐发展到先导式电磁阀。直动式电磁阀就是直接利用线圈产生电磁力，直接推动电磁阀阀芯实现气路之间的通断。先导式电磁阀就是通过线圈产生电磁力的作用下先打开先导阀以打开气道，让气压推动电磁阀阀芯动作实现气路之间的通断。这样只要很小的电磁力就可以改变阀内的通路，然后达到改变主阀芯位置的目的，降低使用功率。

（2）电磁阀从阀结构和材料上的不同，分为直动膜片结构、分步直动膜片结构、先导膜片结构、直动活塞结构、分步直动活塞结构、先导活塞结构。

（3）电磁阀按照功能，可分为水用电磁阀、蒸汽电磁阀、制冷电磁阀、低温电磁阀、燃气电磁阀、消防电磁阀、氨用电磁阀、气体电磁阀、液体电磁阀、微型电磁阀、脉冲电磁阀、液压电磁阀、油用电磁阀、直流电磁阀、高压电磁阀、防爆电磁阀等。

3. 电磁阀的接线和使用

电磁阀阀头供电一般有 12 V，24 V，220 V，功率有大有小，可根据设备自身需求选择，通常气体阀功率 2 W、电压 24 V，液压电磁阀功率 30 W，其阀头接线如图 1-5-16 所示。同时，注意电源接线的正负极，接反会导致阀不工作。

图 1-5-17 所示是简单的电磁阀控制气路接线图。其中，气源一般连接空气压缩机，控制器一般是 PLC，动作通过电磁阀执行单元输出。

使用时，需要注意电磁阀的手动按钮。电磁阀的手动按钮的设计是为了便于调试，分别安装在线圈附近的位置，有些是按压，有些是拨动，按压后它会拨动阀芯（直动式拨动电磁阀的主阀芯，先导式拨动先导阀芯），达到与电磁阀线圈通电拨动阀芯同等的效果。

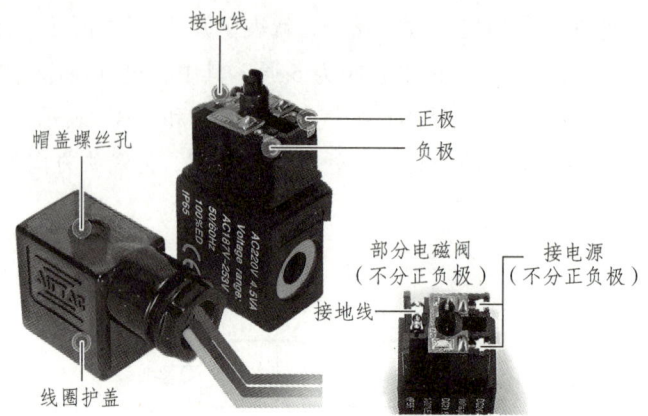

图 1-5-16　电磁阀阀头接线

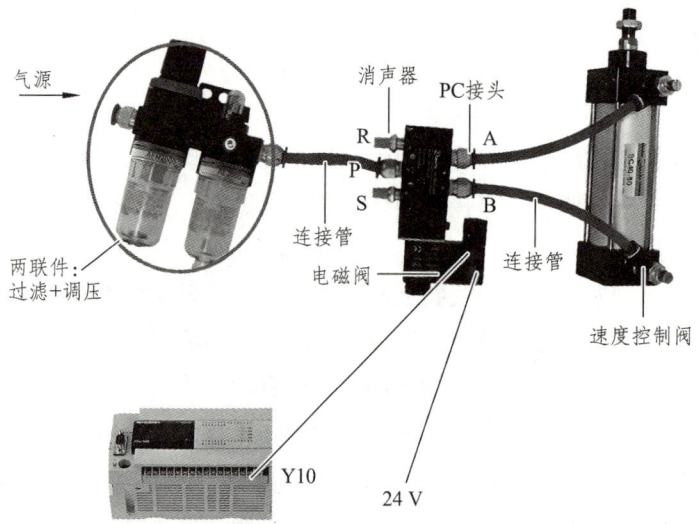

图 1-5-17　电磁阀控制气路图

项目一练习题

一、填空题

1. 常用的低压电器是指工作电压在交流_____V以下、直流_____V以下的电器。
2. 行程开关也称_____开关,可将_____信号转化为电信号,通过控制其他电器来控制运动部分的行程大小、运动方向或进行限位保护。
3. 按钮常用于控制电路,_____色表示启动,_____色表示停止。
4. 熔断器是由_____和_____两部分组成的。
5. 交流接触器共有_____个触头,其中主触头为_____个,辅助触头为_____个。
6. 一般速度继电器的动作转速为_____r/min,复位转速为_____r/min。
7. 通常电压继电器_____联在电路中,电流继电器_____联在电路中。
8. 熔断器的类型有瓷插式、_____和_____三种。
9. 接触器的额定电压是指_____上的额定电压。
10. 机械式行程开关常见的有_____和_____两种。
11. 万能转换开关是_____的主令电器。
12. 熔体为一次性使用元件,再次工作必须_____。
13. 热继电器是利用_____来工作的电器。
14. 低压电器按操作方式分为_____和_____。
15. 触头的形式有_____、_____、_____三种。
16. 电磁式中间继电器实质上是一种电磁式_____继电器。
17. 热继电器主要用作电机_____保护;熔断器主要用作_____保护。
18. 通常漏电保护器与低压断路器组合构成_____。
19. 封闭式负荷开关俗称_____;开启式负荷开关俗称_____。
20. 接触器的电磁机构由_____、_____和_____3部分组成。

二、选择题

1. 低压断路器的型号为 DZ10-100,其额定电流是(　　)。
   A. 10 A　　　　B. 100 A　　　　C. 10～100 A　　　　D. 大于 100 A
2. 交流接触器的作用是(　　)。
   A. 频繁通断主回路　　　　　　B. 频繁通断控制回路
   C. 保护主回路　　　　　　　　D. 保护控制回路
3. 时间继电器的作用是(　　)。
   A. 短路保护　　　　　　　　　B. 过电流保护
   C. 延时通断主回路　　　　　　D. 延时通断控制回路
4. 若将空气阻尼式时间继电器由通电延时型改为断电延时型,需要将(　　)。

A. 延时触头反转 180°   B. 电磁系统反转 180°
C. 电磁线圈两端反接   D. 活塞反转 180°

5. 通电延时时间继电器，它的延时触点动作情况是（   ）。
   A. 线圈通电时触点延时动作，断电时触点瞬时动作
   B. 线圈通电时触点瞬时动作，断电时触点延时动作
   C. 线圈通电时触点不动作，断电时触点瞬时动作
   D. 线圈通电时触点不动作，断电时触点延时动作

6. 热继电器的整定值为 6.8 A，则动作范围应选用（   ）。
   A. 0.4～0.64 A   B. 0.64～1 A   C. 4～6.4 A   D. 6.4～10 A

7. 热继电器中双金属片的弯曲作用是由于双金属片（   ）。
   A. 温度效应不同   B. 强度不同
   C. 膨胀系数不同   D. 所受压力不同

8. 有型号相同，线圈额定电压均为 380 V 的两只接触器，若串联后接入 380 V 回路，则（   ）。
   A. 都不吸合   B. 有一只吸合   C. 都吸合   D. 不能确定

9. 交流接触器的衔铁被卡住不能吸合会造成（   ）。
   A. 线圈端电压增大   B. 线圈阻抗增大
   C. 线圈电流增大   D. 线圈电流减小

10. 欠电流继电器可用于（   ）保护。
    A. 短路   B. 过载   C. 失压   D. 失磁

11. 下列电器中不能实现短路保护的是（   ）。
    A. 熔断器   B. 热继电器   C. 过电流继电器   D. 空气开关

12. 在延时精度要求不高，电源电压波动较大的场合，应选用（   ）。
    A. 空气阻尼式时间继电器   B. 晶体管式时间继电器
    C. 电动式时间继电器   D. 电磁式时间继电器

13. 熔断器的额定电流应（   ）所装熔体的额定电流。
    A. 大于   B. 大于或等于   C. 小于   D. 小于或等于

14. 熔管是熔体的保护外壳，用耐热绝缘材料制成，在熔体熔断时兼有（   ）的作用。
    A. 绝缘   B. 隔热   C. 灭弧   D. 防潮

15. （   ）是交流接触器发热的主要部件。
    A. 触点   B. 线圈   C. 铁心   D. 衔铁

16. 按复合按钮时，（   ）。
    A. 动合触点先闭合   B. 动断触点先断开
    C. 动合、动断触点同时动作   D. 动断触点动作，动合触点不动作

17. 低压断路器具有（   ）保护。
    A. 短路、过载、欠压   B. 短路、过流、欠压

C. 短路、过流、失压　　　　　　D. 短路、过载、失压

18. 过电流继电器的整定值一般为电动机额定电流的（　　）倍。
   A. 1.2～1.3　　B. 1.3～1.4　　C. 1.5～1.6　　D. 1.7～2

19. 接近开关属于（　　）。
   A. 有触点开关　　B. 无触点开关　　C. 机械开关　　D. 继电器的一种

20. 万能转换开关是（　　）。
   A. 主令电器　　B. 开关电器　　C. 继电器　　D. 保护电器

三、判断题

1. 刀开关安装时，手柄要向上装。接线时，电源线接在上端，下端接用电器。（　　）
2. 熔断器在电路中既可作短路保护，又可作过载保护。（　　）
3. 热继电器在电路中既可作短路保护，又可作过载保护。（　　）
4. 接触器按主触点通过电流的种类分为直流和交流两种。（　　）
5. 继电器在任何电路中均可代替接触器使用。（　　）
6. 一台线圈额定电压为 220 V 的交流接触器，在交流 220 V 和直流 220 V 的电源上均可使用。（　　）
7. 时间继电器之所以能够延时，是因为线圈可以通电晚一些。（　　）
8. 中间继电器实质上是电压继电器的一种，只是触点多少不同。（　　）
9. 交流接触器通电后，如果铁心吸合受阻，会导致线圈烧毁。（　　）
10. 低压断路器是开关电器，不具备过载、短路、失压保护。（　　）
11. 电压线圈并联在电源两端，匝数多，阻抗小，电流线圈串联在电路中，导线细，电流大。（　　）
12. 固态继电器是一种无触点继电器。（　　）
13. 速度继电器速度很高时触点才动作。（　　）
14. 灭弧罩灭弧可应用于交直流灭弧装置中。（　　）
15. 双轮旋转式行程开关在挡铁离开滚轮后能自动复位。（　　）
16. 低压断路器中电磁脱扣器的作用是实现失压保护。（　　）
17. 为了消除衔铁振动，交流接触器和直流接触器都装有短路环。（　　）
18. 交流接触器多采用纵缝灭弧装置灭弧。（　　）
19. 继电器的触头一般都为桥型触头，有常开和常闭形式，没有灭弧装置。（　　）
20. 接近开关是一种非接触式检测装置。（　　）

四、简答题

1. 在电动机的电路中，熔断器和热继电器的作用是什么？能否相互替代？
2. 常用的触点有哪几种形式？
3. 从外部结构特征上如何区分直流电磁机构与交流电磁机构？如何区分电压线圈与电流线圈？

4. 交流电磁线圈误接入对应大小的直流电源，直流电磁线圈误接入对应数值的交流电源，将发生什么情况？为什么？

5. 常用灭弧装置有哪些？各应用于何种情况下？

6. 交流接触器与直流接触器有何不同？

7. 如何选用接触器？

8. 过电压、过电流继电器的作用是什么？

9. 能否用过电流继电器来做电动机的过载保护，为什么？

10. 欠电压、欠电流继电器的作用是什么？

11. 中间继电器和交流接触器有何异同处？在什么情况下，中间继电器可以代替交流接触器启动电动机？

12. 熔断器的额定电流、熔体的额定电流、熔体的极限分断电流三者有何区别？

13. 热继电器、熔断器的保护功能有何不同？

14. 行程开关与接近开关工作原理有何不同？

15. 行程开关控制失灵的原因是什么？

16. 如何选用电动机过载保护用的热继电器？

17. 如何选择熔体的额定电流？

18. 热继电器的整定值如何调整？

项目二

轨道交通常用电机

任务一　直流电动机

一、任务目标

（1）认识直流电机的基本结构及工作原理，掌握其电枢绕组的测试及他励直流电动机的使用，了解直流电动机的启动、调速及制动方法等。

（2）通过相关知识的学习，按照安全文明生产标准和操作规范，完成他励直流电动机电枢绕组的测试、启动和调速使用等。

2.1　直流电动机

二、相关知识

（一）直流电机基础知识

直流电机是一种实现直流电能与机械能之间相互转换的旋转电机，包括直流发电机和直流电动机两大类，其中将机械能转换成直流电能的电机称为直流发电机，将直流电能转换成机械能的电机称为直流电动机。

直流电动机因其优良的起动和调速性能，被广泛应用于交通运输、工矿、冶金传动、建筑等行业中，如电力机车、城市电车、地铁列车、电动自行车、大型轧钢机、矿井卷扬机、大型起重机、龙门刨床、大型精密机床、造纸和印刷机械、船舶机械等生产机械中。与交流电动机相比，直流电动机具有启动转矩大、调速性能好、过载能力强等诸多优点。但其结构相对复杂、生产成本高且运行维护比较困难，因此，在一些领域逐步被交流调速系统所替代。

1. 直流电机的基本结构

直流电动机和直流发电机的结构基本相同，主要包括定子和转子两大部分。其结构如图 2-1-1 所示。

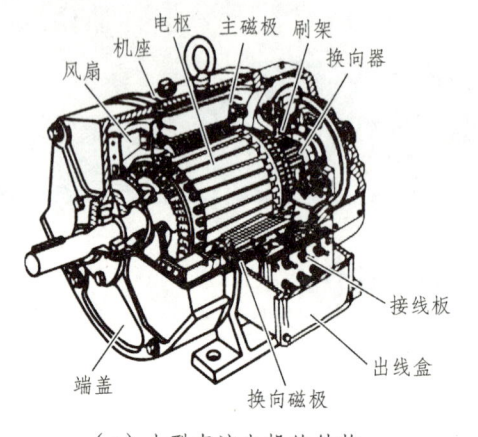 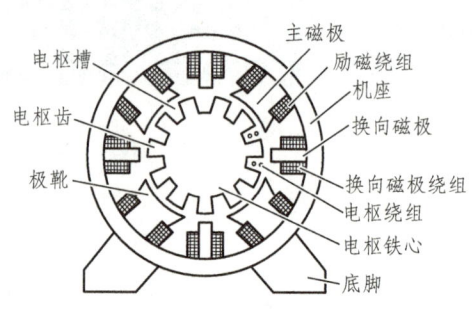

（a）小型直流电机的结构　　　　　（b）励磁直流电机的剖面图

图 2-1-1　直流电机的结构

1）定子部分

定子部分由主磁极、换向极、机座、电刷装置、端盖等组成，其主要功能是产生磁场，并起机械支撑作用。

（1）主磁极。主磁极的作用是产生一个恒定且具有一定空间分布形状的气隙磁通。永磁电机的主磁极是由不同极性的永久磁体组成；励磁电机的主磁极是由励磁铁心和励磁绕组所组成，如图 2-1-1（b）所示。主磁极铁心是用 1.0~1.5 mm 厚的低碳钢板冲成一定形状，用铆钉把冲片铆紧，然后再固定在机座上。主磁极上的线圈是用来产生主磁通的，称为励磁绕组。当给励磁绕组通入直流电时，各主磁极均产生一定极性的磁场，且相邻两主磁极的极性是 N、S 交替出现。

（2）换向极。换向极又称附加极，其作用是改善换向。换向极装在相邻两主极之间，它也是由铁心和绕组构成。

（3）机座。机座作用：一是作为电机磁路系统中的一部分，二是用来固定主磁极、换向极及端盖等，起机械支撑作用。因此要求机座有好的导磁性能及足够的机械强度与刚度。机座通常用铸钢或厚钢板做成。

（4）电刷装置。电刷装置的作用是通过电刷和换向器表面的滑动接触，把转动的电枢绕组与外电路连接起来，起到整流或逆变的作用，即将电枢绕组中的交变电流变成外部电路的直流或把外部的直流电变成电枢绕组内部的交流电。电刷装置一般由电刷、刷握、刷杆、刷杆座等组成，其结构如图 2-1-2 所示。电刷是用石墨制成的导电块，放在刷握内，用弹簧以一定的压力将它压在换向器的表面上。刷握用螺钉夹紧在刷杆上，刷杆装在一个可以转动的刷杆座上，成为一个整体部件。刷杆与刷杆座之间是绝缘的，以避免正、负电刷短路。

（5）端盖。端盖固定在机座上，其上放置轴承以支撑直流电动机的转轴，使直流电动机的转子能够旋转。

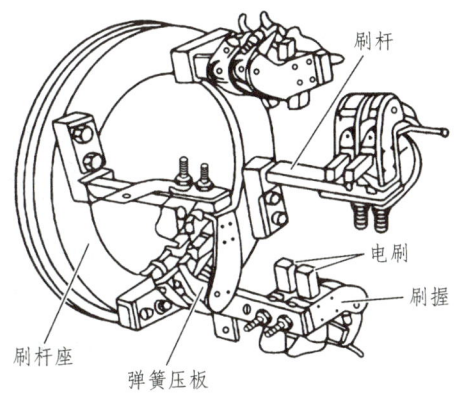

图 2-1-2 电刷装置结构

2）转子部分

转子部分由电枢铁心、电枢绕组、换向器、转轴、轴承和风扇等组成，其主要作用是产生感应电动势和电磁转矩，从而实现能量的转换。

（1）电枢铁心。电枢铁心是主磁路的一部分，同时对放置在其上的电枢绕组起支撑作用。为减小电动机运行时铁心中产生的磁滞损耗和涡流损耗，电枢铁心通常用 0.35 mm 或 0.5 mm 厚的绝缘硅钢片冲压成型并叠压而成。电枢铁心冲片上冲有放置电枢绕组的电枢槽、轴孔和通风孔。图 2-1-3 所示为小型直流电机的电枢铁心装配图和电枢冲片形状。

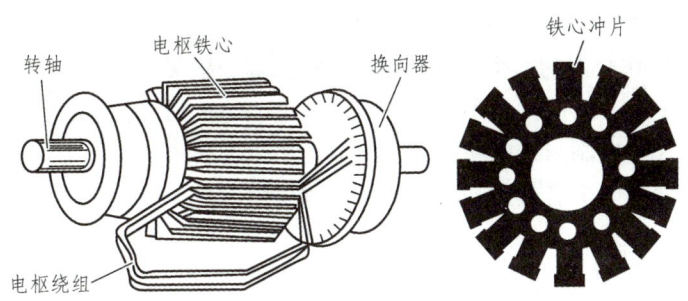

图 2-1-3 直流电机的电枢铁心装配图和电枢铁心冲片形状

（2）电枢绕组。电枢绕组安放在电枢铁心槽内，随着转子旋转，在电枢绕组中产生感应电势；当电枢绕组中通过电流时，其能与磁场作用产生电磁转矩，使转子向一定的方向旋转。在电动机中，电枢绕组是由绝缘铜线按一定的规律绕制而成。它是直流电机的主要电路部分，也是通过电流和产生感应电动势，从而实现机电能量转换的关键性部件。

（3）换向器。换向器又称为整流子，对于发电机，其作用是把电枢绕组中的交变电动势转变为直流电动势向外部输出直流电压；对于电动机，它把外界供给的直流电流转变为电枢绕组中的交变电流以使电机旋转。换向器由换向片组合而成，是直流电机的关键部件，也是最薄弱的部分，如图 2-1-4 所示。换向器采用导电性能好、硬度大、耐磨性能好的紫铜或铜合金制成，相邻的两换向片间以 0.6～1.2 mm 的云母片作为绝缘。换向器固定在转轴的一端，换向片靠近电枢绕组一端的部分与绕组引出线相焊接。

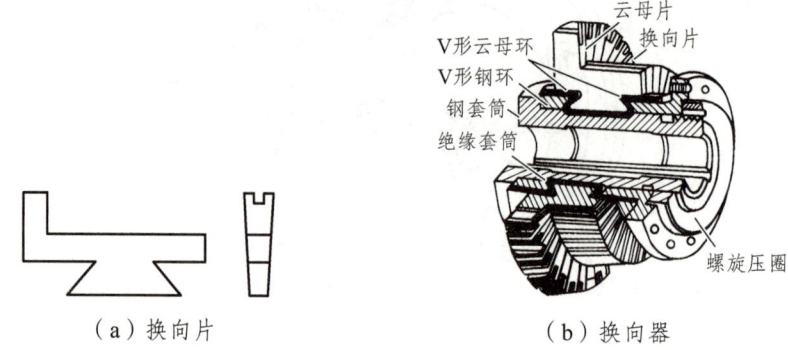

（a）换向片　　　　　　　（b）换向器

图 2-1-4　换向器结构

（4）转轴及轴承。转轴用来安装电枢铁心，并输出转矩、带动负载的运动部件。而轴承是固定转轴，并与电机端盖相连，使电机的转动部分与静止部分形成一体的关键部件。

（5）风扇。风扇用于电机运行过程中的快速散热，防止电机由于过热而被烧坏。

2. 直流电机的工作原理

1）直流发电机的工作原理

直流发电机是将机械能转化为直流电能输出的一种电磁装置，其工作模型如图 2-1-5 所示。图中 N、S 是一对在空间固定不动的磁极（可以是永久磁铁，也可以是电磁铁），abcd 是安装在电枢铁心上的一个电枢绕组，线圈两端分别接到两个相互绝缘的半圆形铜环（称为换向片）上，换向片分别与固定不动的电刷 AB 滑动接触，这样，旋转着的线圈可以通过换向片、电刷与外电路接通。当原动机带着转子逆时针方向旋转时，根据电磁感应原理，线圈的两个有效边 ab 和 cd 将切割磁力线产生感应电动势，其方向可按右手定则确定。

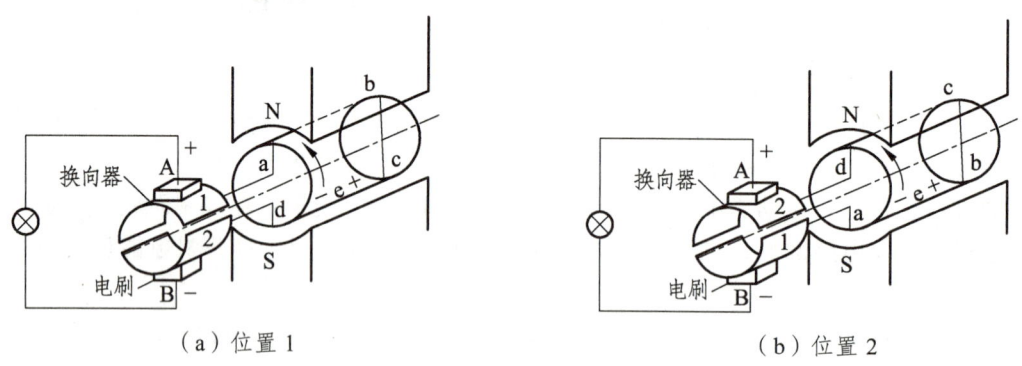

（a）位置 1　　　　　　　　　　　（b）位置 2

图 2-1-5　直流发电机的工作原理模型

如图 2-1-5（a）所示，导体 ab 中的电动势方向由 b 指向 a，导体 cd 中的电动势则由 d 指向 c，从整个线圈来看，电动势的方向由 d 指向 a，此时，电刷 A 输出正极性电压，电刷 B 输出负极性电压。若接通负载，电流将形成一个流向为 d→c→b→a→A→负载→B→d 的闭合通路。

若转子转过 90° 时，两个线圈的有效边位于磁场物理中性面上，导体的运动方向与磁力线平行，不切割磁力线，因此感应电动势为零。

若转子转过 180° 时，如图 2-1-5（b）所示。根据右手定则可判断，此时，导体 ab 中的电动势方向由 a 指向 b，导体 cd 中的电动势则由 c 指向 d，从整个线圈来看，电动势的方向由 a 指向 d，但是，电刷 A 仍然输出正极性电压，电刷 B 输出负极性电压。若接通负载，电流将形成一个流向为 a→b→c→d→A→负载→B→a 的闭合通路。

由以上分析可知：线圈内部产生的感应电动势方向是变化的，因此电枢绕组内部是交变电流。而从外部来看，由于换向器的存在，使电刷 A 始终保持了正极性电压，而电刷 B 则保持负极性电压，因此，电刷两端获得了直流电动势输出。这就是直流发电机的工作原理。

由右手定则可知，决定感应电动势的方向有两个因素：一是转子导体的运动方向；二是电机的磁场方向。因此，改变原动机的拖动方向或改变磁极方向都可以改变直流发电机的输出电动势方向。

2）直流电动机的工作原理

直流电动机是将直流电能转化为机械能输出的一种电磁装置，其工作模型如图 2-1-6 所示。电刷 A、B 接到直流电源上，根据电磁力定律，通电导体在磁场中会受到力的作用，其方向由左手定则确定。

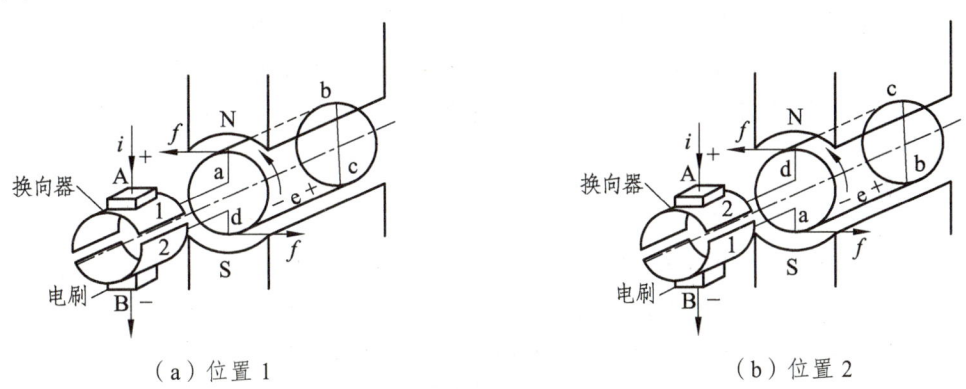

（a）位置 1　　　　　　　　　　　（b）位置 2

图 2-1-6　直流电动机的工作原理模型

如图 2-1-6（a）所示，假定电流从电刷 A 流入线圈，则电流方向为 A→a→b→c→d→B。根据左手定则，此时，ab 边受到的电磁力向左，cd 边受到的电磁力向右，在这一对电磁力矩的作用下，转子将逆时针转动起来。

当转子转过 90° 时，线圈中虽无电流和力矩，但在惯性的作用下，电机将继续旋转。

当转子转过 180° 时，如图 2-1-6（b）所示。此时线圈电流方向为 A→d→c→b→a→B。根据左手定则，此时，ab 边受到的电磁力向右，cd 边受到的电磁力向左，在这一对电磁力矩的作用下，转子将保持逆时针转动。

由以上分析可知：当直流电动机接入直流电源时，借助于电刷和换向器，使直流电动机电枢绕组中流过方向交变的电流，从而使转子产生恒定方向的电磁转矩，保证了直流电动机朝一定的方向连续旋转。这就是直流电动机的工作原理。

由左手定则可知，电磁力的方向取决于磁场方向和电枢绕组中电流的方向。因此，改变电源极性或改变磁极方向都可以改变电磁转矩的方向，即改变直流电动机的运行方向，这也是直流电动机实现反转的原理。应注意，二者只能改变其一，否则，直流电动机的转向不变。

3）直流电机的可逆运行原理

通过以上分析，直流发电机和直流电动机的工作原理模型及结构完全相同，但工作原理又不同。

对直流发电机，当其接通负载以后，电枢绕组的导体中将会有电流流过，根据电磁力定律，载流导体在磁场中将受到电磁力的作用，由左手定则可知，电磁转矩与转速方向相反，即此时电磁力将阻碍发电机旋转，是制动转矩。因此，原动机必须用足够大的拖动转矩来克服电磁转矩的制动作用，以维持发电机的稳定运行。此时发电机从原动机吸取机械能，转换成电能向负载输出。

对直流电动机，当电动机旋转起来后，电枢绕组导体将切割磁力线，产生感应电动势，根据右手定则，可以判断其方向与电流方向相反。这意味着，此时电枢电动势是一个反电动势，它将阻碍电流流入电动机。因此，直流电动机要正常工作，就必须施加直流电源以克服反电动势的阻碍作用。此时电动机从直流电源吸取电能，转换成机械能输出。

综上所述，无论是直流发电机还是直流电动机，由于电磁关系的相互作用，电枢电动势和电磁转矩总是同时存在。因此，一台直流电机，既可作为发电机运行，又可作为电动机运行，它们的结构相同，只是运行的外部条件不同而已，这就是直流电机的可逆运行原理。

3. 直流电机的励磁方式

励磁方式是指直流电机主磁场的产生方法。一般可分为两大类：一类是永磁式直流电机，它的定子磁极由永久磁铁组成；另一类为励磁式直流电机，它的定子磁极由励磁铁心和励磁线圈组成。根据励磁绕组与电枢绕组接线方式的不同，励磁式直流电机可分为他励、并励、串励和复励直流电机，如图 2-1-7 所示。

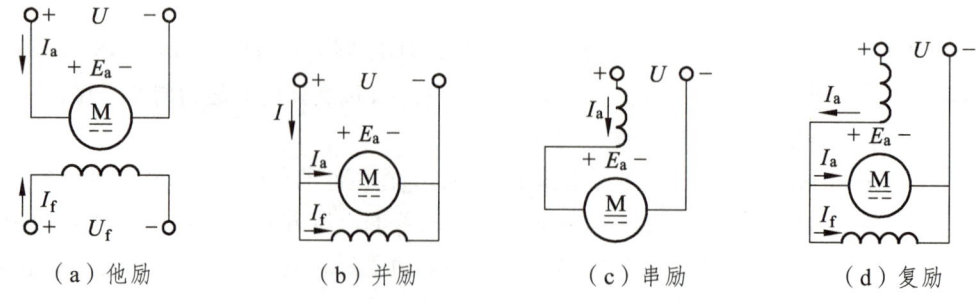

图 2-1-7 直流电机的励磁方式

他励直流电机的励磁绕组与电枢绕组相互独立,分别由单独的电源供电。并励直流电机的励磁绕组与电枢绕组并联,由同一电源供电。串励直流电机的励磁绕组与电枢绕组串联,由同一电源供电。而复励直流电机的励磁绕组与电枢绕组一部分串联,另一部分并联。不同励磁方式的直流电机运行特点各不相同,它是选用直流电机的重要依据。

4. 直流电机的铭牌参数

铭牌贴在机座外壳,标明电机主要额定数据及产品相关数据,供使用者选用时参考。铭牌数据主要包括电机型号、额定功率、额定电压、额定电流、额定转速、励磁方式和励磁电流等,此外还包括电动机出厂编号、出厂日期等数据,如图 2-1-8 所示。

直流电动机			
型号	Z4-112/2-1	励磁方式	并励
额定功率	5.5 kW	励磁电压	180 V
额定电压	440 V	励磁电流	0.4 A
额定电流	15 A	额定效率	81.2%
额定转速	3 000 r/min	绝缘等级	B 极
定额	连续	出厂日期	××××年××月
××××电机厂			

图 2-1-8 直流电机的铭牌

1)型号

产品型号一般采用电动机全名称汉语拼音的首字母和若干阿拉伯数字组成,它表明了电动机的类型、规格和结构等。根据电机的型号,可以从相关技术手册查出该电机的有关技术参数。图 2-1-8 中电机铭牌的型号含义如图 2-1-9 所示。

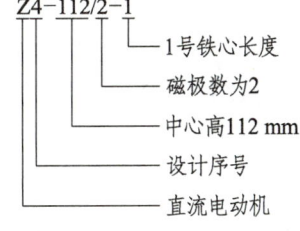

图 2-1-9 电机铭牌型号含义

2)额定值

铭牌上所标称的参数均为额定运行条件下的值。

(1)额定电压 U_N(V):指电机额定运行时,电枢绕组两端所输入或输出的电压值。

(2)额定电流 I_N(A):指电机额定运行时,流入或流出电枢绕组的电流值。

(3)额定功率 P_N(kW):指电机额定运行时,所输出的功率。对直流发电机,其是指电刷两端输出的电功率,且 $P_N = U_N I_N$;对直流电动机,其是指电机轴上所输出的机械功率,且 $P_N = U_N I_N \eta_N$。

(4)额定效率 η_N:指电动机额定运行时,能够将电能转化为机械能的能力。

(5)额定转速 n_N(r/min):指电动机额定运行时,转子的运行速度。

(6)额定励磁电压 U_{fN}(V):指电动机额定运行时,励磁绕组所加的电压。

(7)额定励磁电流 I_{fN}(A):指电动机额定运行时,励磁绕组的工作电流。

电机在实际运行时,由于负载或环境因素的变化,往往不能保持在额定状态下运行。

如果流过电机的电流小于额定电流，称为欠载运行；超过额定电流，称为过载运行。长期过载或欠载运行都不好，长期过载有可能因过热而烧坏电机；长期欠载，则电机没有得到充分利用，效率降低，不经济。电机在接近额定状态下运行，才是最经济合理的。

例 2-1-1 一台直流电动机，其额定数据为：$P_N = 13$ kW，$U_N = 220$ V，$n_N = 1\,500$ r/min，$\eta_N = 90\%$，试求该电机的额定输入功率 P_{1N}、额定电流 I_N 和额定输出转矩 T_N（$P_N = T_N \Omega$，其中 $\Omega = 2\pi n/60$，表示电机的角速度）。

解：由公式 $P_N = P_{1N} \cdot \eta_N$ 可得

$$P_{1N} = \frac{P_N}{\eta_N} = \frac{13}{0.9} \approx 14.44 \text{ kW}。$$

由 $P_N = U_N I_N \eta_N$ 可得

$$I_N = \frac{P_N}{U_N \eta_N} = \frac{13 \times 1\,000}{220 \times 0.9} \approx 65.66 \text{ A}。$$

由公式 $P_N = T_N \Omega$ 可得

$$T_N = \frac{P_N}{\Omega} = \frac{P_N \times 60}{2\pi n} = \frac{1\,000 \times 60 \times P_N}{2\pi n} = 9\,550 \frac{P_N}{n} = \frac{9\,550 \times 13}{1\,500} = 82.77 \text{ N·m}$$

（二）他励直流电动机的电力拖动

1. 他励直流电动机的机械特性

1) 机械特性的表达式

机械特性就是指在稳定运行条件下，电动机的转速 n 与电磁转矩 T 之间的关系，即 $n = f(T)$。它是电动机的主要特性之一，是分析电机启动、调速、制动等问题的重要工具。下面以他励直流电动机为例讨论机械特性。

图 2-1-10 是他励直流电动机的电路原理。图中，U 为电源电压，E_a 是电枢绕组的反电动势，I_a 是电枢电流，R_a 是电枢电阻，R_s 是电枢回路串联电阻，I_f 是励磁电流，φ 是励磁磁通，R_f 是励磁绕组电阻，R_{sf} 是励磁回路串联电阻。按图中各个量的参考方向，可以列出电枢回路的电压平衡方程式：

$$U = E_a + I_a(R_a + R_s) = E_a + I_a R \tag{2-1-1}$$

$$E_a = C_e \Phi n \tag{2-1-2}$$

又因为电磁转矩 $T = C_T \Phi I_a$，将电磁转矩表达式及式（2-1-1）带入式（2-1-2）中，可得他励直流电动机的机械特性方程：

$$n = \frac{U}{C_e \Phi} - \frac{R}{C_e C_T \Phi^2} T = n_0 - \beta T = n_0 - \Delta n \tag{2-1-3}$$

式中，C_e 为电动势常数，C_T 为电磁转矩常数，$R = R_a + R_s$ 表示电枢回路总电阻，$n_0 = \frac{U}{C_e \Phi}$

为理想空载转速，$\beta = \dfrac{R}{C_e C_T \Phi^2}$ 为机械特性的斜率，Δn 为转速降。由式（2-1-3）可知，当 U、R、Φ 为常数时，他励直流电动机的机械特性是一条斜率为 β 的向下倾斜的直线，如图 2-1-11 所示。

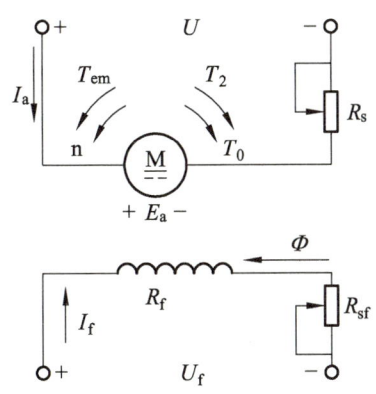

图 2-1-10　他励直流电动机的电路原理　　图 2-1-11　他励直流电动机的机械特性曲线

需要注意的是，电动机的实际空载转速 n_0' 比理想空载转速略低。这是因为电动机固有机械摩擦等原因，存在一定的空载转矩 T_0，因此空载运行时，电磁转矩不可能为零，它必须克服空载转矩，即 $T = T_0$。

转速降 Δn 是理想空载转速与实际转速之差。转矩一定时，它与机械特性的斜率 β 成正比。β 越大，机械特性曲线越陡，Δn 越大；β 越小，机械特性曲线越平，Δn 越小。通常称 β 大的机械特性为软特性，代表着转速受负载变化影响较大，而 β 小的机械特性为硬特性，代表其转速受负载变化影响较小。在实际应用中，有时候需要机械硬特性，如机床的切削，只有特性硬速度才能保持为恒速，切削才能平滑不留痕；有时候需要机械软特性，如电钻，如果特性太硬，遇到硬物时不能很快降速则容易折断钻头。

2）固有机械特性和人为机械特性

在实际应用中，电枢回路电阻 R、电源电压 U 和励磁磁通 Φ 都可以根据实际需要进行调节，参数变化则其对应的机械特性将发生变化。其中，把电动机处于额定运行时且电枢回路不外串电阻时的机械特性，称为固有机械特性；把调节 U、R、Φ 等参数后得到的机械特性称为人为机械特性。因此，可以通过改变参数来改变直流电机的启动、调速性能，从而满足生产需求。

（1）固有机械特性。

当 $U = U_N$，$\Phi = \Phi_N$，$R = R_a$ 时的机械特性称为固有机械特性。根据式（2-1-3），此时特性方程为

$$n = \dfrac{U_N}{C_e \phi_N} - \dfrac{R_a}{C_e C_T \phi_N^2} T \tag{2-1-4}$$

由于电枢绕组的电阻 R_a 阻值很小，因此机械特性的斜率 β 很小，对应的转速降 Δn 很

小，所以，固有机械特性为硬特性，如图 2-1-12 中 R_a 对应的直线。

（2）人为机械特性。

改变他励直流电动机的人为机械特性有电枢回路串电阻、降低电枢电压、减小励磁磁通三种基本形式。

① 电枢回路串电阻时的人为机械特性。

保持 $U=U_N$、$\Phi=\Phi_N$ 不变，在电枢回路中串入电阻 R_s，根据式（2-1-3），此时机械特性方程为

$$n = \frac{U_N}{C_e \Phi_N} - \frac{R_a + R_s}{C_e C_T \Phi_N^2} T \qquad (2\text{-}1\text{-}5)$$

电枢回路串入不同的电阻 R_s 将得到不同的人为机械特性。与固有机械特性相比，电枢回路串电阻时的机械特性的理想空载转速 n_0 不变，但由于电枢回路串入电阻后斜率变大，机械特性变软。图 2-1-12 所示是一组不同 R_s 时的人为机械特性曲线，由图可知，改变电阻 R_s 的大小，可使电动机的转速发生变化。因此电枢回路串电阻的方法可以用于调速。

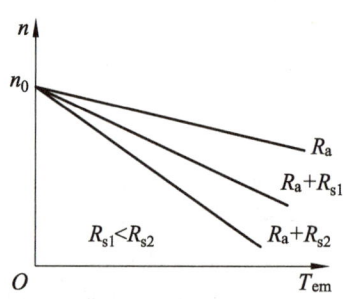

图 2-1-12 电枢回路串电阻时的机械特性

② 降低电枢电压时的人为机械特性。

保持 $R=R_a$、$\Phi=\Phi_N$ 不变，只改变电枢电压 U，根据式（2-1-3），此时机械特性方程为

$$n = \frac{U}{C_e \Phi_N} - \frac{R_a}{C_e C_T \Phi_N^2} T \qquad (2\text{-}1\text{-}6)$$

电动机工作时，由于受到绝缘强度的限制，电源电压只能从额定电压 U_N 向下调节。与固有机械特性相比，改变电枢电压的人为机械特性的特点是：理想空载转速 n_0 随着电压 U 下降时，成正比例减小，但特性曲线斜率 β 不变。如图 2-1-13 所示为一组不同电压时的人为机械特性曲线，它们是一组平行直线。因此，降低电枢电压也可用于调速，且 U 越低，转速越低。

③ 减小励磁磁通时的人为机械特性。

保持 $U=U_N$、$R=R_a$ 不变，只改变励磁磁通，根据式（2-1-3），此时机械特性方程式为

$$n = \frac{U_N}{C_e \Phi} - \frac{R_a}{C_e C_T \Phi^2} T \qquad (2\text{-}1\text{-}7)$$

由于电动机额定运行时，磁路已经开始饱和，此时若继续增大励磁电流，磁通也不会再增加。因此，磁通只可从 Φ_N 往下调节，也就是只能调节励磁回路串接的可变电阻 R_{sf} 使其增大，从而减小励磁电流 I_f，以减小磁通 Φ。

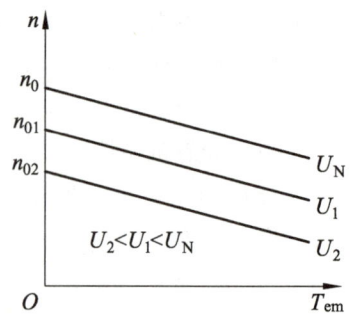

图 2-1-13 降低电枢电压时的机械特性

与固有机械特性相比,减小磁通的人为机械特性的特点是:理想空载转速与磁通成反比,即减弱磁通 Φ, n_0 升高;斜率 β 与磁通二次方成反比,减弱磁通,斜率增大。图 2-1-14 所示为一组减弱磁通的人为机械特性曲线。若用于调速,Φ 越小,则转速越高。

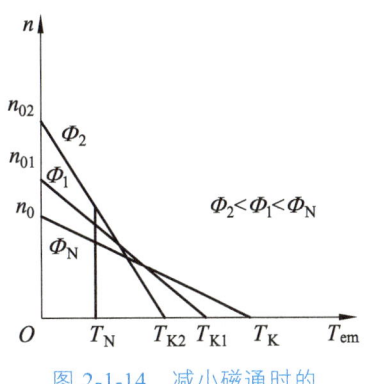

图 2-1-14　减小磁通时的机械特性

2. 生产机械的负载转矩特性

对电力拖动系统而言,要获得良好的启动、调速及制动性能,不仅要研究电动机本身的机械特性,还要对生产机械的负载特性也必须十分清楚,这样才能使电力拖动系统运行良好。

生产机械的负载特性一般用负载转矩特性 $n = f(T_L)$ 表示。各种生产机械的特性大致可分为三类,即恒转矩负载、恒功率负载、泵与风机类负载。

1)恒转矩负载特性

所谓恒转矩负载,就是负载转矩的大小为一恒定值,即为常数,与转速的大小无关,这种特性称为恒转矩负载特性,它包括反抗性恒转矩负载和位能性恒转矩负载两种。

(1)反抗性恒转矩负载。

反抗性恒转矩负载的特点是:负载转矩的大小不变,而负载转矩的方向始终与电动机运动的方向相反,即总是阻碍电动机运转。当电动机的旋转方向改变时,负载转矩的方向也随之改变,永远是阻力矩,其特性曲线总在第一或第三象限,如图 2-1-15 所示。常见的轧钢机、机床的平移机构和皮带运输机等都属于这类特性的生产机械。

(2)位能性恒转矩负载。

位能性恒转矩负载的特点是:负载转矩由重力作用产生,不论生产机械运动的方向是否发生改变,负载转矩的大小和方向始终不变。这种负载转矩特性曲线始终在第一或第四象限,如图 2-1-16 所示。例如,起重设备在提升重物或下放重物时,虽然转速方向改变,但由物体重力产生的负载转矩的方向是不变的。

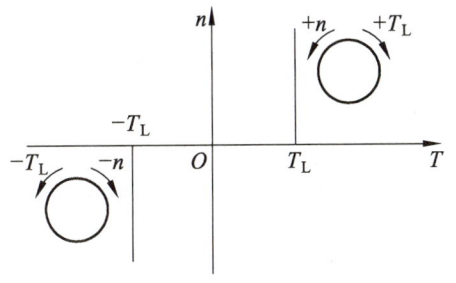　　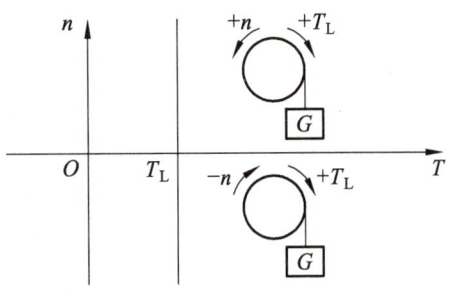

图 2-1-15　反抗性恒转矩负载特性　　图 2-1-16　位能性恒转矩负载特性

2）恒功率负载

恒功率负载的特点是：当转速变化时，负载从电动机吸收的功率为恒定值，即 $P_L = T_L \Omega = $ 常数，又因为 $\Omega = 2\pi n/60$，可见，负载转矩与转速成反比，因此恒功率负载特性为一条双曲线，如图 2-1-17 所示。例如，机床的切削加工，在粗加工时，因切削量大，切削阻力大，负载转矩大，用低速切削；而精加工时，切削量小，切削阻力小，负载转矩小，用较高的速度切削。

3）泵与风机类负载

泵与风机类负载的特点是负载转矩的大小与转速的平方成正比，即 $T_L = Kn^2$，式中，K 为比例常数，这类负载的特性曲线如图 2-1-18 所示。日常生活中的鼓风机、水泵、液压泵和油泵等都属于这种类型的负载。

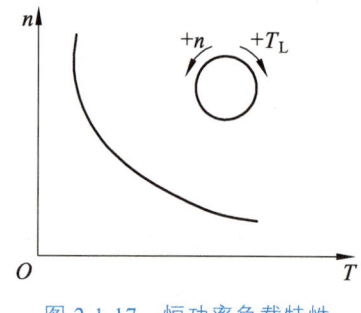

图 2-1-17　恒功率负载特性

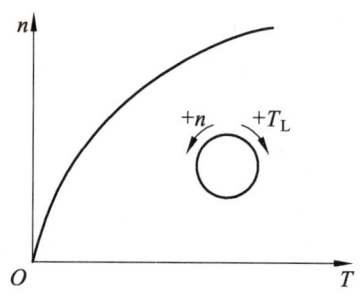

图 2-1-18　泵与风机类负载特性

以上三类是典型的负载特性，而实际生产机械的负载特性常为几种类型负载的综合。例如，起重设备提升重物时，电动机除受到位能性负载转矩外，还要克服系统机械摩擦所造成的反抗性负载转矩，所以电动机轴上的负载转矩应是上述两种负载转矩之和。

3. 电力拖动系统的稳定运行

在电力拖动系统中，当电动机的电枢电压不变，且输出的电磁转矩与负载转矩相等时转速不变，则称该系统处于平衡运行状态。

所谓稳定运行，是指处于平衡运行状态的电力拖动系统在某种外界因素的扰动下，离开原来的平衡状态，在新的条件下达到新的平衡状态，当外界扰动消失后，仍能恢复到原来的平衡状态。若外界扰动消失后，系统的转速无限制的上升或一直下降至零，则该系统是不稳定的。

在实际生产中，只有稳定的系统才是适用的。一个电力拖动系统能否稳定运行是由电动机的机械特性和生产机械的负载特性共同决定的，电力拖动系统稳定运行的充分条件和必要条件是：

（1）必要条件：电动机的机械特性与负载转矩特性必须有交点，即存在 $T = T_L$，其中 T 为电机的电磁转矩，T_L 为负载转矩。

（2）充分条件：在交点处，满足 $\dfrac{dT}{dn} < \dfrac{dT_L}{dn}$。或者说，在交点的转速以上存在 $T < T_L$，而在交点的转速以下存在 $T > T_L$。

由于大部分负载转矩都随转速升高而增大或保持恒定，因此，只要电动机具有下斜的机械特性，就能够满足稳定运行的基本条件，如图 2-1-19 所示。

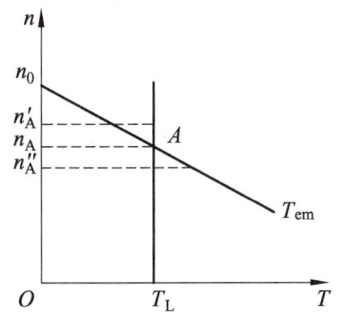
（a）能够稳定运行的机械特性

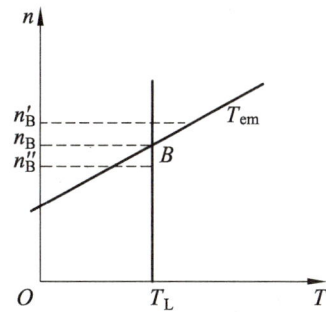
（b）不能稳定运行的机械特性

图 2-1-19　电力拖动系统的稳定运行

4. 他励直流电动机的启动

电动机工作时，总是从静止状态开始转动，转速从零开始逐渐上升，最后达到稳定运行状态，这就是电动机的启动过程。启动时，电枢电流、电磁转矩、转速都随时间变化，这是一个过渡过程。开始启动的一瞬间，转速等于零，此时的电枢电流称为启动电流，用 I_{st} 表示；对应的电磁转矩称为启动转矩，用 T_{st} 表示。生产机械对直流电动机的启动有如下要求：

（1）启动转矩 T_{st} 足够大，电动机才能顺利启动，并缩短启动时间。

（2）启运电流 I_{st} 不可太大，以保护电机。

（3）启动设备操作方便，运行可靠，成本低廉。

将额定电压直接加在直流电动机的电枢绕组上，称为直接启动或全压启动。启动瞬间，电动机转速 $n=0$，电枢绕组感应电动势 $E_a = C_e \Phi n = 0$，由电动势平衡方程 $U = E_a + I_a R_a$ 可知，直接启动时，启动电流和启动转矩为

$$I_{st} = \frac{U_N}{R_a} \qquad (2\text{-}1\text{-}8)$$

$$T_{st} = C_T \Phi_N I_{st} \qquad (2\text{-}1\text{-}9)$$

直接启动时，由于反电动势为零，且电枢电阻 R_a 很小，因此，启动电流将非常大，通常可达到（10~20）I_N，这样大的启动电流不仅会影响电机本身的安全，造成换向恶化，出现强烈的火花，甚至烧坏换向器或电枢绕组。同时，这还会引起电网电压的波动，影响同一电网的其他设备的运行。而过大的冲击转矩则可能损坏传动机构。

因此，除了一些容量很小的电动机外，一般直流电动机不允许直接启动。为了限制启动电流，他励直流电动机通常采用降低电枢电压启动或电枢回路串电阻启动。

1）降低电枢电压启动

当直流电源电压可调时，可以采用降压启动。启动时，以较低的电源电压启动电动

机，I_{st} 随电压的降低而正比减小，随着电动机转速的上升，反电动势 E_a 逐渐增大，再逐渐提高电源电压至额定值，使启动电流和启动转矩保持在一定的数值上，从而保证电动机快速启动，最后达到稳定运行状态。

为了获得足够的启动转矩，保证 $T_{st} > T_L$，启动时电流通常限制在（1.5~2）I_N 左右，因此，启动电压应为：$U_{st} = I_{st}R_a = (1.5~2)I_N R_a$。

降压启动需要专用电源，设备投资较大，但它启动平稳，启动过程中能量损耗小，因而得到了广泛的应用。随着电力电子技术的发展，目前多用晶闸管整流装置自动控制启动电压。

2）电枢回路串电阻启动

电枢回路串电阻启动时，电源电压为额定值且恒定不变，在电枢回路中串接启动电阻，以达到限制启动电流的目的。启动时，将多级启动电阻全部接入电枢回路，随着转速升高，再逐级切除。图 2-1-20 所示是两级串电阻启动的机械特性。启动时，电机从 a 点沿曲线③加速上升，到达 b 点，此时，切除第一级启动电阻 R_{s2}，由于转速不能突变，电机转到 c 点沿曲线②加速上升，到达 d 点，再切除第二级启动电阻 R_{s1}，最后从 e 点沿固有机械特性到达 A 点稳定运行。

5. 他励直流电动机的调速

调速，即人为地改变电动机的速度以满足生产工艺的要求。例如机床切削金属时，根据工件的材料和精度的要求不同，工作速度也就不同。

根据他励直流电动机的人为机械特性可知：直流电动机有电枢回路串电阻调速、降低电枢电压调速、弱磁调速三种基本类型。

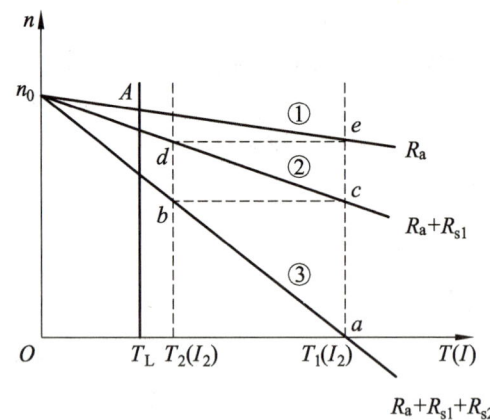

图 2-1-20　他励直流电动机两级串电阻启动机械特性

1）电枢回路串电阻调速

他励直流电动机电枢串接电阻调速的机械特性如图 2-1-21 所示。从图可以看出，串入的电阻越大，曲线的斜率越大，机械特性越软。

初始时，设电动机稳定运行在固有机械特性的 A 点，当电枢回路接入电阻 R_{s1}，因转速不能突变，工作点将从 A 点跳至人为机械特性的 A' 点，此时，电枢电流减小，电磁转矩减小，$T<T_L$，电动机开始减速，随着 n 减小，电枢反电动势也减小，电枢电流 I_a 回升，电磁转矩 T 增大，工作点将沿直线 $A'B$ 达到 B 点并进入新的稳定运行状态。

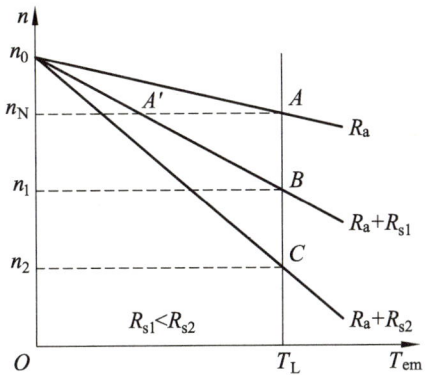

图 2-1-21　他励直流电动机电枢回路串电阻调速的机械特性

电枢回路串电阻调速的主要特点是：

（1）串入电阻后转速只能降低，由于机械特性变软，静差率变大，特别是低速运行时，负载稍有变动，电动机转速波动大，因此调速范围受到限制。

（2）串电阻只能分段调节，调速平滑性不高。

（3）由于电阻消耗能量较大，不够经济，效率低。

这种调速方法适用于对调速性能要求不高的生产机械或小容量直流电动机的调速，例如起重设备、电车等。

2）降低电枢电压调速

降低电枢电压调速的机械特性如图 2-1-22 所示。由于电机工作不允许超过额定电压，因此只能在额定电压以下进行调节，且机械特性为一组平行线，电压越低，其理想空载转速越低。

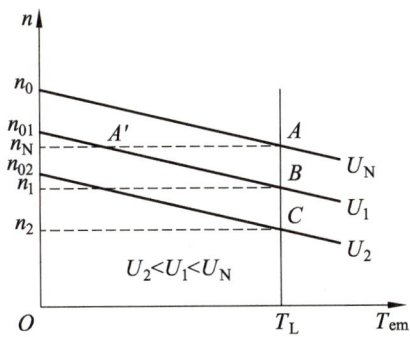

图 2-1-22　他励直流电动机降低电枢电压调速的机械特性

初始时，电动机稳定运行在 A 点，突然将电枢电压从 U_N 降至 U_1，因机械惯性，转速不能突变，电动机将由 A 点过渡到 A' 点，此时 $T<T_L$，电动机立即减速，随后 $n\downarrow\rightarrow E_a\downarrow\rightarrow I_a\uparrow\rightarrow T\uparrow$。当 $T=T_L$，电动机在 B 点达到新的稳定运行。需要注意的是，

在降压幅度较大时,例如从 U_N 突降到 U_2,电动机将由 A 点过渡到 U_2 线的延长线上,工作在第二象限,此时成为回馈制动。当电动机减速至 n_{02} 时,电枢电动势 $E_a = U$,电动机重新进入电动状态,继续减速直至 C 点并稳定运行。

降低电枢电压调速的主要特点是:

(1) 调节电压时机械特性斜率不变,硬度较高,负载变化时速度稳定性好。

(2) 电源电压能平滑调节,故调速平滑性好,可达到无级调速。

(3) 调速过程能耗小,效率高,调速范围广。

降压调速因其良好的性能,被广泛用于自动控制系统中,如轧钢机、龙门刨床等。

3) 弱磁调速

弱磁调速的机械特性如图 2-1-23 所示。由于电动机额定运行时,磁路已经开始饱和,若继续增大励磁电流,磁通也不会再增加。因此,磁通只可从 Φ_N 往下调节。

初始时,设电动机在 A 点稳定运行,当突然将磁通从 Φ_N 降至 Φ_1 时,转速来不及变化,则电动机运行由 A 点过渡到 A' 点,此时由于 $T > T_L$,电动机立即加速,随 $n \uparrow \to E_a \uparrow \to I_a \downarrow \to T \downarrow$,直到 B 点,此时 $T = T_L$,电动机以新的较高的工作速度稳定运行。

可以看出,弱磁调速与前面两种调速不同,它是在额定转速以上调节,而电枢回路串电阻调速和降压调速都是在额定转速以下进行调节。

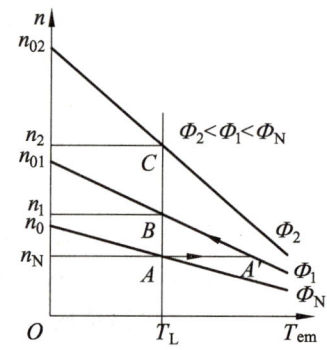

图 2-1-23 他励直流电动机减弱磁通调速的机械特性

弱磁调速的主要特点是:

(1) 弱磁调速机械特性较软,受电动机换向条件和机械强度的限制,转速调高幅度不大,因此调速范围小。

(2) 调速平滑,可以实现无级调速。

(3) 在功率较小的励磁回路中调节,能量损耗小,经济性好。

为了扩大调速范围,常常把降压和弱磁两种调速方法结合起来,在额定转速以下采用降压调速,在额定转速以上采用弱磁调速。

6. 他励直流电动机的制动

根据电磁转矩 T 和转速 n 方向之间的关系,可以把电动机分为两种运行状态。当电动机的电磁转矩方向与旋转方向相同,称为电动运行状态;当电动机的电磁转矩方向与旋转方向相反,称为制动运行状态。

在实际生产中,为了提高生产效率和产品质量,保证设备、人身安全,要求电动机能迅速、准确地停车或迅速反向;有些设备要求限制电动机的转速在一定的数值以内,例如起重机下放重物,电车下坡等。在制动过程中,要求电动机制动迅速、平滑、可靠、能量损耗小。常用的电气制动有能耗制动、反接制动和回馈制动三种,下面分别进行介绍。

1）能耗制动

能耗制动是把正处于电动运行状态的他励直流电动机的电枢电压从电网上切除，并接到一个外加的制动电阻上构成闭合回路。其制动原理如图 2-1-24 所示。

制动开始时，由于惯性作用，转速及电枢电动势仍保持与原电动状态时的方向和大小，但电枢电压 $U=0$，根据式（2-1-1），此时电枢电流为

$$I_a = \frac{U - E_a}{R_a + R_B} = -\frac{E_a}{R_a + R_B} \quad （2-1-10）$$

即电枢电流为负值，其方向与电动状态时的电枢电流相反，称为制动电流，由此产生的电磁转矩也与转速方向相反，成为制动转矩。在制动过程中，电动机把拖动系统的动能转变为电能并消耗在电枢回路的电阻上，故称为能耗制动。

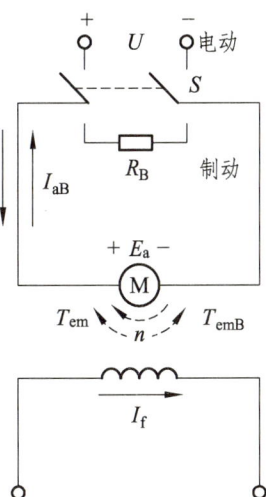

图 2-1-24　他励直流电动机能耗制动原理图

2）反接制动

反接制动有电枢电压反接制动和倒拉反接制动两种方式。

（1）电压反接制动。

电压反接制动是将电枢电压反接在电源上，同时在电枢回路串接制动电阻。其制动原理如图 2-1-25 所示。

电源反接瞬间，转速 n 因惯性不能突变，电枢电动势 E_a 亦不变，但电枢电压 U 反向，根据式（2-1-1），此时电枢电流为

$$I_a = \frac{-U_N - E_a}{R_a + R_B} = -\frac{U_N + E_a}{R_a + R_B} \quad （2-1-11）$$

此时，电枢电流 I_a 为负值，表明制动时电枢电流反向，因此电磁转矩也反向，电动机进入制动状态。在电磁转矩 T 与负载转矩 T_L 共同作用下，电动机转速迅速下降。

（2）倒拉反接制动。

这种制动方法只适用于位能性恒转矩负载，一般发生在提升重物转为下放重物的情况下。其制动原理如图 2-1-26 所示。

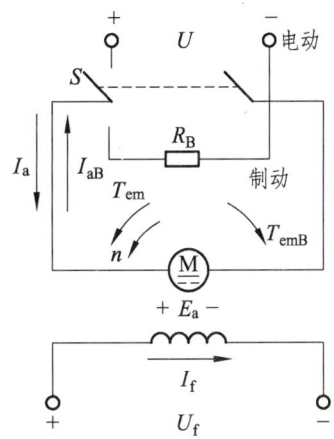

图 2-1-25　他励直流电动机电枢电压反接制动原理图

电动机提升重物时，运行在固有机械特性的 A 点（电动状态）。下放重物时，在电枢电路串接一个较大的制动电阻 R_B，由于转速不能突变，此时工作点从 A 点跳至对应的人为机械特性 B 点上，由于 $T < T_L$，电机沿曲线减速至 C 点。此时，转速 $n=0$，但仍有 $T < T_L$，在负载重物的作用下，电动机将被倒拉而反转起来，重物加速下放。使 E_a 增大，I_a 与 T 也相应增大，到达到 D 点时 $T = T_L$，电动机将以 D 点的速度匀速下放重物。

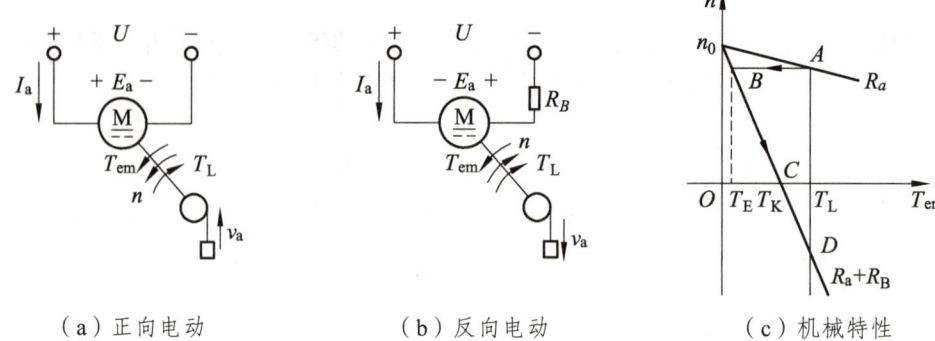

(a) 正向电动　　　　　(b) 反向电动　　　　　(c) 机械特性

图 2-1-26　他励直流电动机倒拉反接制动原理图

倒拉运行时，由于 n 反向（负值），E_a 也反向（负值），根据式（2-1-1），此时电枢电流为

$$I_a = \frac{U_N - E_a}{R_a + R_B} \tag{2-1-12}$$

由上式可知，此时，电枢电流是正值，因此电磁转矩保持原方向，但与转速方向相反，电动机进入制动状态。此运行状态是由于位能负载拖动电动机反转而形成的，所以称为倒拉反接制动。

3）回馈制动

电动状态下运行的电动机，在某种条件下（如电力机车下坡时）会出现运行转速 n 高于理想空载转速 n_0 的情况，此时 $E_a > U$，电枢电流反向，电磁转矩的方向也随之改变，由驱动转矩变成制动转矩。从能量传递方向看，此时电机处于发电运行状态，将机车下坡时失去的位能变换成电能回馈给电网，因此这种运行状态称为回馈制动状态。

（三）直流电动机的使用、维护及故障检修

1. 直流电动机的使用

1）直流电动机的启动准备

直流电动机在安装后投入运行前或长期搁置而重新投入运行前，需做下列启动准备工作。

（1）用压缩空气吹净附着于电机内部的灰尘，对于新电动机应去掉在风窗处的包装纸。检查轴承润滑脂是否洁净、适量，润滑脂占轴承室的 2/3 为宜。

（2）用柔软、干燥而无绒毛的布擦拭换向器表面，并检视其是否光洁，如有油污，则可蘸少许汽油擦拭干净。

（3）检查电刷压力是否正常均匀，电刷间压力差不超过 10%，刷握的固定是否可靠，电刷在刷握内是否太紧或太松，电刷与换向器的接触是否良好。

（4）检查刷杆座上是否标有电刷位置的记号。

（5）用手转动电枢，检查是否阻塞或在转动时是否有撞击或摩擦声音。

（6）检查接地装置是否良好。

（7）用 500 V 兆欧表测量绕组对机壳的绝缘电阻，如小于 1 MΩ 则必须进行干燥处理。

（8）电动机引出线与励磁电阻、启动器等连接是否正确，接触是否良好。

2）直流电动机的启动

（1）检查线路情况，启动器的弹簧是否灵活，接触是否良好。

（2）在恒压电源供电时，需用启动器启动。闭合电源开关，在电动机负载下，转动启动器，在每个触点上停留约 2 s 时间，直至最后一点，转动臂被电磁铁吸住为止。

（3）电动机用单独的可调电源供电时，先将励磁绕组通电，并将电源电压降低至最小，然后闭合电枢回路，逐渐升高电压，达额定值或所需转速。

（4）电动机与生产机械的联轴器分别连接，输入小于 10% 的额定电枢电压，确定电机与生产机械转速方向是否一致，一致时表示接线正确。

（5）电动机换向器端装有测速发电机时，电动机启动后，应检查测速发电机输出特性，该极性与控制屏极性应一致。

（6）电动机启动完毕后，应观察换向器上有无火花，火花等级是否超标。

3）直流电动机的调速

（1）恒功率弱磁向上调速，可调节励磁电阻，直至转速达到所需要的值，但不得超过技术条件所允许的最高转速。

（2）恒转矩负载可以采用降压或电枢串电阻向下调速。

4）直流电动机的停机

（1）如为变速电动机，应先将转速降到最低值。

（2）去掉电动机负载后，先切断电枢电源开关，再切断励磁电源，励磁绕组不允许在停车后长期通额定电流。

2. 直流电动机的维护

电动机在使用过程中，应定期进行检查，特别注意下列事项：

1）电动机清洁

电动机周围应保持干燥，其内外部均不应放置其他物件。电动机的清洁工作每月不得少于一次，清洁时可用压缩空气吹净内部的灰尘，特别是换向器、线圈连接线和引线部分。

2）换向器的保养

（1）换向器应是呈正圆柱形光洁的表面，不应有机械损伤和烧焦的痕迹。

（2）换向器在负载下经长期无火花运转后，在表面产生一层褐色有光泽的坚硬薄膜，这是正常现象，它能保护换向器的磨损，这层薄膜必须加以保护，不能用砂布摩擦。

（3）若换向器表面出现粗糙、烧焦等现象时可用 0 号砂布在旋转着的换向器表面进行细致研磨。若换向器表面出现过于粗糙不平、不圆或有部分凹进现象时应将换向器进行车削，车削速度不大于 1.5 m/s，车削深度及每转进刀量均不大于 0.1 mm，车削时换向器不应有轴向位移。

（4）换向器表面磨损很多时或经车削后，发现云母片有凸出现象，应以铣刀将云母片铣成 1~1.5 mm 凹槽。

（5）换向器车削或云母片下刻时，须防止铜屑、灰尘侵入电枢内部。因而要将电枢线圈端部及接头片覆盖。加工完毕后用压缩空气做清洁处理。

3）电刷的使用

（1）电刷与换向器的工作面应有良好的接触，电刷压力正常。电刷在刷握内应能滑动自如。电刷磨损或损坏时，应用牌号及尺寸与原来相同的电刷替换，并且用 0 号砂布研磨光滑，保证电刷与换向器表面接触良好。

（2）电刷研磨后用压缩空气做清洁处理，再使电动机做空载运转，然后以轻负载运转 1 h，使电刷在换向器上得到良好的接触面。

4）轴承的保养

（1）轴承在运转时温度太高或发出有害杂音时，说明可能损坏或有外物侵入，应拆下轴承清洗检查，当发现钢珠或滑圈有裂纹损坏或轴承经清洗后使用情况仍未改变时，必须更换新轴承。轴承工作 2 000 ~ 2 500 h 后应更换新的润滑脂，但每年不得少于一次。

（2）轴承在运转时须防止灰尘及潮气侵入，并严禁对轴承内圈或外圈的任何冲击。

5）绝缘电阻

（1）应当经常检查电动机的绝缘电阻，如果绝缘电阻小于 1 MΩ 时，应仔细清除绝缘表面的污物和灰尘，并用汽油、甲苯或四氯化碳清洗，待其干燥后再涂绝缘漆。

（2）必要时可采用热空气干燥法，用通风机将热空气送入电动机进行干燥，开始绝缘电阻降低，然后升高，最后趋于稳定。

6）通风系统

应经常检查定子温升，判断通风系统是否正常，风量是否足够，如果温升超过允许值，应立即停车检查通风系统。

3. 直流电动机的常见故障及检修方法

表 2-1-1 直流电动机的常见故障及检修方法

故障现象	故障原因	检修方法
电动机不能启动	电网停电	用万用表或电笔检查，待来电后使用
	熔断器熔断	更换熔断器
	电源线在电动机接线端上接错线	按图纸重新接线
	负载太大，启动不了	减小机械负载
	启动电压太低	通常应在 50 V 时启动
	电刷位置不对	重新校正电刷中性线位置
	定子与转子间有异物卡住	清除异物
	轴承严重损坏，卡死	更换轴承
	主磁极或换向极固定螺钉未拧紧，致使卡住电枢	拆开电动机重新紧固
	电刷提起后未放下	将电刷安放在刷握中
	换向器表面污垢太多	清除污垢

续表

故障现象	故障原因	检修方法
直流电动机过热	电动机过载	减小机械负载或解决引起过载的机械故障
	电枢绕组短路	用前面所述的方法找到故障点，并处理
	新做的绕组中有部分线圈接反	按正确的图纸重新接线
	换向极接反	拆开电动机，用前面所述的方法找到故障点，重新接线
	换向片有短路	用前面所述的方法找到故障点，并处理
	定子与转子铁心相擦	拆开电动机，检查定子磁极固定螺钉是否松动，极下垫片是否比原来多，重新紧固或调整
	电动机的气隙有大有小	调整定子绕组极下的垫片，使气隙均匀
	风道堵塞	清理风道
	风扇装反	重装风扇
	电动机长时间低压、低速运行	应适当提高电压，以接近额定转速为佳
	电动机轴承损坏	更换同型号的轴承
	联轴器安装不当或皮带太紧	重新调整联轴器或皮带
直流电动机电刷下有火花	电刷与换向器接触不良	重新研磨电刷
	电刷上的弹簧太松或太紧	适当调整弹簧压力，准确地说，应保持在 1.5～2.5 N/cm，通常凭手感来调整
	刷握松动	紧固刷握螺钉，刷握要与换向器垂直
	电刷与刷握尺寸相配	若电刷在刷握中过紧，可用 00#砂纸砂去少许，使电刷能在刷握中自由滑动；若过松则更换与刷握相配的新电刷
	电刷太短，上面的弹簧已压不住电刷	当刷磨损 2/3 或电刷低于刷握时，应及时更换同型号的电刷
	电刷表面有油污粘住电刷粉	用棉纱蘸酒精擦净
	电刷偏离中性线位置	按前述方法重新调整刷架，使电刷处于中性线位置
	换向片有灼痕，表面高低不平	轻微时，用 00#砂纸按前面所述的方法砂换向器，若严重则须上车床车去一层，并按前述方法处理
	换向器片间云母未刻净或云母凸出	用刻刀按要求下刻云母
	电动机长期过载	应将机械负载减小到额定值以下

续表

故障现象	故障原因	检修方法
直流电动机电刷下有火花	换向极接错	按前面所述的方法检查处理，尽量局部修复，否则重绕
	换向极线圈短路	按前面所述的方法查找、修复或作短接处理
	电枢绕组有线圈断路	按前面所述的方法查找修复
	电枢绕组有短路	按前面所述的方法查找修复
	换向器片间短路	若换向器云母槽中有烧黑现象，按前面所述的方法修复
	电枢绕组与换向片脱焊	按正确的接线重接
	重绕的电枢绕组有线圈接反	电源电压应降到额定电压值以内
	电源电压过高	调整电压值
电动机漏电	电刷粉末太多	用吹风机清除电刷粉末或用棉花蘸酒精擦除
	电线头碰壳	各种电线接头都要接牢并做好绝缘
	电动机长期不用又受潮	进行干燥处理
	使用年份压久或长期过热，电动机绝缘老化	应拆除绝缘老化的绕组或更换新电动机
电动机振动大	电枢转轴变形	重新校正或更换整个电枢
	地脚螺栓松动	紧固地脚螺栓
	风叶装错或变形	重新安装或校正
	联轴器未装好	重新校正联轴器
电动机接线柱发热	电源线或绕组引出线未接牢	重新接牢
电动机响声很大	风叶变形碰壳	校正风叶
	轴承缺油或损坏	拆开电动机，将轴承清洗加油，或更换同型号的轴承
	电动机定子与转子相摩擦	轴承损坏则更换轴承，或调整定子磁极下的垫片

三、任务实施

他励直流电动机的电枢电阻测试及使用

1. 材料及工具准备

DDSZ-1 型电机及电气技术实验装置 1 套、直流电动机 1 台、插接导线若干。

2. 实验内容和步骤

1）认识实验台

认识 DDSZ-1 型电机及电气技术实验装置各面板及使用方法，讲解电机实验的基本要求、安全操作和注意事项。

2）用伏安法测电枢的直流电阻

（1）按图 2-1-27 接线，电阻 R 用 EM-03 上 1 800 Ω 并调至最大。电流表选用 EM-06 直流、毫安、安培表，量程选用 5 A 挡。

（2）接电枢电源，并调至 220 V。调节 R，使电流表为 0.2 A，测电机电枢两端电压 U 和电流 I。将电机分别旋转三分之一和三分之二周，同样测取 U、I 三组数据，填于表 2-1-2 中。

（3）增大 R 使电流分别达到 0.15 A 和 0.1 A，用同样的方法测取 6 组数据填于表 2-1-2 中。

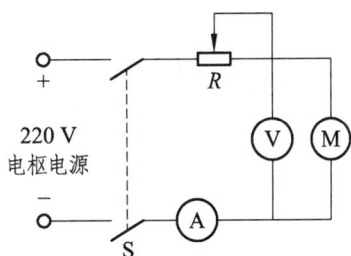

图 2-1-27 测电枢绕组直流电阻接线图

表 2-1-2 伏安法测电枢冷态电阻　　　　　室温_____°C

序号	U/V	I/A	R（平均）/Ω		R_a/Ω	R_{aref}/Ω
1		0.2	$R_{a11}=$	$R_{a1}=$		
			$R_{a12}=$			
			$R_{a13}=$			
2		0.15	$R_{a21}=$	$R_{a2}=$		
			$R_{a22}=$			
			$R_{a23}=$			
3		0.1	$R_{a31}=$	$R_{a3}=$		
			$R_{a32}=$			
			$R_{a33}=$			

取三次测量的平均值作为实际冷态电阻值。表中：

$$R_{a1}=\frac{1}{3}(R_{a11}+R_{a12}+R_{a13}),\quad R_{a2}=\frac{1}{3}(R_{a21}+R_{a22}+R_{a23}),$$

$$R_{a3}=\frac{1}{3}(R_{a31}+R_{a32}+R_{a33}),\quad R_a=\frac{1}{3}(R_{a1}+R_{a2}+R_{a3})。$$

（4）计算基准工作温度时的电枢电阻。

由实验直接测得的电枢绕组电阻值，为实际冷态电阻值，冷态温度为室温。可按下式换算到基准工作温度时的电枢绕组电阻值：

$$R_{\text{aref}} = R_a \frac{235 + \theta_{\text{ref}}}{235 + \theta_a}$$ （2-1-13）

式中，R_a 为实际冷态电阻值，R_{aref} 为换算到基准工作温度时的电枢绕组电阻值，θ_a 为实际冷态电阻对应的温度，θ_{ref} 为基准工作温度。

3）他励直流电动机的启动

（1）按图 2-1-28 接线，并将励磁电阻 R_{f1} 调到最小位置。

（2）分别开启实验台的总开关、励磁电源开关。

（3）调节 R_{f1} 使 I_{f1} 等于校正值（100 mA）并保持不变，再接通电枢电源开关，使 M 启动。

4）他励直流电动机的转速调节

分别改变串入电动机 M 电枢回路的调节电阻 R_1 和励磁回路的调节电阻 R_{f1}，观察转速变化情况，并记录于表 2-1-3 中。

5）他励直流电动机的反接

将 R_1 调到最大值，先切断电枢电源开关，然后再切断励磁电源开关，使他励直流电动机停止。

（1）在断电情况下，将电枢电源的两端接线对调后，再按他励直流电动机的启动步骤启动，观察电动机的转向，并记录于表 2-1-3 中。

（2）在断电情况下，将励磁绕组的两端接线对调后，再按他励直流电动机的启动步骤启动，观察电动机的转向，并记录于表 2-1-3 中。

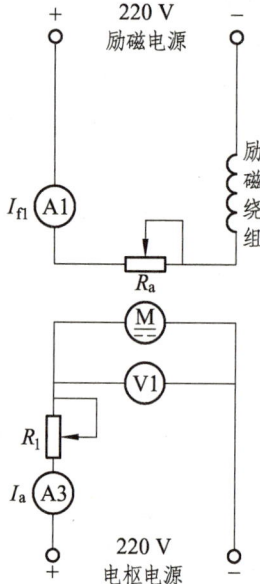

图 2-1-28 他励直流电动机接线图

表 2-1-3 他励直流电动机的调速与反接

序号	操作内容	转速或转向的变化情况
1	减小电枢回路的调节电阻 R_1	
2	增大励磁回路的调节电阻 R_{f1}	
3	电枢电源的两端接线对调	
4	励磁绕组的两端接线对调	

注意事项：

（1）电机启动前，须认真检查电路连接是否正确，确认无误后方可通电。

（2）他励直流电动机启动时，要按照"先总电源、再励磁电源、最后电枢电源"的顺序进行通电；停止时，要按照"先电枢电源、再励磁电源、最后总电源"的顺序进行断电。

（3）测量时应注意仪表的量程、极性及接法。

（4）操作过程必须注意实验设备及人员安全。

四、任务评价

表 2-1-4　任务评价表

专业班级		组　号		姓　名		学　号	
考核项目	考核要求	分数配比	自　评	互　评	得　分		
工作准备情况	（1）书、网络资源、笔记本、笔、图纸、工器具等材料准备齐全； （2）实验计划等按要求准备； （3）安全保护措施等按要求准备	10					
仪器、仪表的使用	（1）正确使用万用表、转速表、实验台等设备； （2）仪表选择错误1次扣5分； （3）仪表使用不正确1次扣5分； （4）损坏仪表此项目不得分	10					
观察和记录直流电动机等设备的技术数据	（1）记录结果正确，若严重数据错误，本项不得分； （2）数据错误1处扣2分； （3）数据填写不正确1处扣2分； （4）数据计算不正确扣5分	20					
直流电动机的接线、启动	（1）电路绘制正确、简洁，接线速度快，通电运行一次成功； （2）接线错误扣10分； （3）通电不能启动，1次扣5分	25					

续表

考核项目	考核要求	分数配比	自 评	互 评	得分
直流电动机的反转与调速	（1）不能正确改变接线使电动机反转，扣5分； （2）不能正确使用调节电阻改变转速，扣5分； （3）记录数据错误1处扣3分	25			
职业素养及安全文明操作	（1）严格遵守安全操作规程，符合管理要求； （2）不浪费耗材，不损坏工具、仪表等； （3）工作台工具摆放整齐，仪器仪表关闭到位，现场清洁卫生	10			
		总分			

学生互动交流及改进总结：

教师评语及签名：

五、知识拓展

无刷直流电机

无刷直流电机（Brushless Direct Current Motor，BDCM），也被称为电子换向电机（ECM 或 EC 电机）或同步直流电机，是一种使用直流电（DC）电源的同步电机。无刷直流电机实质上为采用直流电源输入，并用逆变器变为三相交流电源，带位置反馈的永磁同步电机。常见的无刷直流电机如图 2-1-29 所示。

电机有各式各样的种类，而无刷直流电机是当今最理想的调速电机之一。它集直流电机与交流电机的优点于一身，既有直流电机良好的调整性能，又有交流电机结构简单、无换向火花、运行可靠和易于维护等优点，因而备受市场欢迎，广泛应用于汽车、航空、家电、工业设备、医疗等领域中。

无刷直流电机并不是最早的产品，而是在有刷电机的基础上发展而来的，其结构上要比有刷电机

图 2-1-29　直流无刷电机

结构复杂。无刷直流电机由电机主体和驱动器组成，区别于有刷直流电机，无刷直流电机不使用机械的电刷装置，而是采用方波的自控式永磁同步电机，并以霍尔传感器取代碳刷换向器，以钕铁硼作为转子的永磁材料。

1. 无刷直流电机的结构

无刷直流电机主要由用永磁材料制造的转子、带有线圈绕组的定子和位置传感器组成。

1）定子

BLDC 电机的定子结构与感应电机相似。它由堆的钢片组成，并带有轴向切槽以用于缠绕。BLDC 中的绕组与传统感应电机的绕组略有不同，通常，大多数 BLDC 电机由三个定子绕组组成，这三个定子绕组以星形或"Y"形连接（无中性点）。另外，基于线圈互联，定子绕组进一步分为梯形和正弦电动机。在梯形电动机中，驱动电流和反电动势均呈梯形形状，在正弦电动机的情况下为正弦形。

2）转子

BLDC 电动机的转子部分由永磁体组成，通常是稀土合金磁体，例如钕（Nd），钐钴（SmCo）和钕铁硼（NdFeB）。根据应用，极数可以在 2~8 个变化，北极（N）和南极（S）交替放置。图 2-1-30 显示了磁极的三种不同布置。

图（a）：磁体放置在转子的外周上；

图（b）：称为电磁嵌入式转子，其中矩形永磁体嵌入转子的铁心中；

图（c）：将磁体插入转子的铁心中。

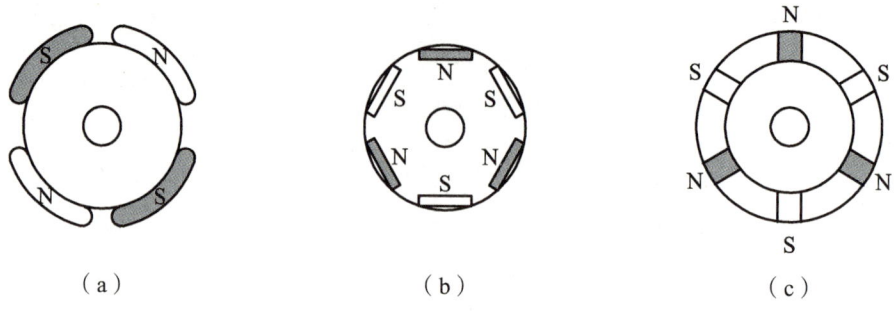

图 2-1-30 几种直流无刷电机转子布置

3）位置传感器（霍尔传感器）

由于 BLDC 电机中没有电刷，因此换向是电子控制的。为了使电机旋转，必须顺序地给定子绕组通电，并且必须知道转子的位置（即转子的北极和南极）才能精确地给一组特定的定子绕组通电。

通常使用霍尔传感器（根据霍尔效应原理工作）的位置传感器来检测转子的位置并将其转换为电信号。大多数 BLDC 电机使用 3 个霍尔传感器，这些传感器嵌入到定子中以检测转子的位置。霍尔传感器的输出将是高电平还是低电平，取决于转子的北极或南极是否经过它（即传感器）附近。通过组合 3 个传感器的结果，可以确定通电的确切顺序。

2. 无刷直流电机的工作原理

无刷直流电机不使用电刷，不利用换向器来调节线圈内部的电流，而是使用电子换向器来传递电流，该电流产生交流电信号，从而导致电机驱动。

无刷直流电机的工作原理与有刷直流电机相似。洛伦兹力定律指出，只要载流导体置于磁场中，它就会受到作用力。由于反作用力，磁体将承受相等且相反的力。当线圈中通过电流后，会产生磁场，该磁场被定子的磁极所驱动，同极性相互排斥，异极性相互吸引，如果持续改变线圈中电流的方向的话，那么转子所感应出磁场的磁极也会持续发生变化，那么转子就会在磁场的作用下一直转动。在 BLDC 电机中，载流导体（定子）是固定的，而永磁体（转子）是运动的。

图 2-1-31 是无刷直流电机运转示意图。当定子线圈获得电源时，它就变成电磁体并开始在气隙中产生均匀的磁场。尽管电源是直流电，但开关仍会产生具有梯形形状的交流电压波形。由于电磁定子和永磁转子之间的相互作用力，转子继续旋转。通过将绕组切换为高和低的信号，相应的绕组被激励为北极和南极。带有南极和北极的永磁转子与定子极对齐，从而导致电机旋转。

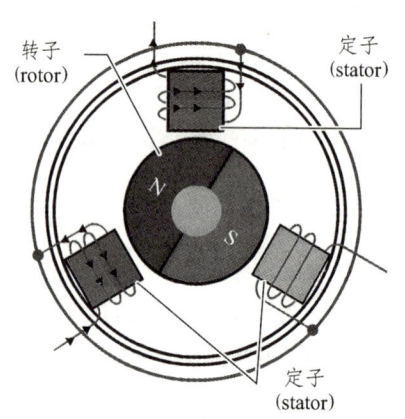

图 2-1-31 直流无刷电机运转示意图

无刷直流电机有三种配置：单相、两相和三相。其中，三相 BLDC 是最常见的一种。

3. 无刷直流电机的驱动方法

无刷直机电机的驱动方式按不同类别可分多种，它们各有特点。如按驱动波形，可分为：

方波驱动：这种驱动方式实现方便，易于实现电机无位置传感器控制。

正弦驱动：这种驱动方式可以改善电机运行效果，使输出力矩均匀，但实现过程相对复杂。同时，这种方法又有 SPWM（正弦脉冲宽度调制）和 SVPWM（空间矢量脉冲宽度调度）两种方式，SVPWM 的效果好于 SPWM。

4. 无刷直流电机与有刷直流电机的区别

1）工作原理的区别

有刷电机采用机械换向，磁极不动，线圈旋转。有刷电机的主要结构就是定子+转子+电刷，通过旋转磁场获得转动力矩，从而输出动能。电刷与换向器不断接触摩擦，在转动中起到导电和换向作用。

无刷电机采取电子换向，线圈不动，磁极旋转。无刷直流电机由电机主体和驱动器组成，是一种典型的机电一体化产品。无刷电机通过霍尔元件，感知永磁体磁极的位置，根据这种感知使用电子线路，适时切换线圈中电流的方向，保证产生正确方向的磁力来驱动电机。

2）性能的区别

有刷直流电机技术更为成熟，启动响应速度更快，启动扭矩更大，运行更平，控制精度更高。有刷直流电机机构简单，生产加工容易，在 19 世纪便得到了广泛应用，技术发展较为成熟。直流有刷电机启动响应速度快，启动扭矩大，变速平稳，而无刷电机启动电阻大（感抗），启动扭矩相对较小。直流有刷电机输出功率更大，控制精度更高，控制精度可以达到 0.01 mm，几乎可以让运动部件停在任何想要的地方。所有精密机床都采用直流电机控制精度。

无刷直流电机干扰更低、噪声更低、寿命更长、维护成本更低。相对有刷直流电机，无刷直流电机去除了电刷，最直接的变化就是没有了有刷电机运转时产生的电火花，这样就极大减少了电火花对遥控无线电设备的干扰。此外，无刷电机没有了电刷，运转时摩擦力大大减小，运行顺畅，噪声会低许多，这个优点对于模型运行稳定性是一个巨大的支持。少了电刷，无刷电机的磨损主要是在轴承上了，从机械角度看，无刷电机几乎是一种免维护的电机了，必要的时候，只需做一些除尘维护即可。

3）调速方式的区别

实际上两种电机的控制方式都是调压，只是由于无刷直流电机采用了电子换向，所以要用数字控制才可以实现，而有刷直流是通过碳刷换向的，利用可控硅等传统模拟电路都可以控制，比较简单。

无刷直流电机与有刷直流电机的主要区别如表 2-1-5 所示。

表 2-1-5　无刷直流电机与有刷直流电机对比

类别	有刷直流电机	无刷直流电机
结构	永磁体为定子，电枢为转子	永磁体为转子，电枢为定子
散热	差	好
换向	电刷和整流子机械接触	用电子线路组成电子开关换向器
转子位置传感器	由电刷自行渐进进行	用霍尔元件、光学编码器等或反电势触发电路
反转	改变端电压极性	改变电子换向器开关顺序
优缺点对比	机械特性和控制性好，成本低，噪声大，有电磁干扰	机械特性和控制特性好，长寿命、无干扰、噪声低，但成本较高

任务二 三相交流异步电动机

2.2 三相交流异步电动机

一、任务目标

（1）认识三相异步电动机的基本结构，掌握其接线与应用，了解其装配方法。

（2）通过相关基础知识的学习，完成三相异步电动机绕组的判别与正确接线，并对三相异步电动机进行拆装，熟悉其基本结构和装配方法。

二、相关知识

（一）三相异步电动机基础知识

电机的种类与规格很多，按产生或使用电能种类的不同，可分为直流电机和交流电机两大类。交流电机又分为同步电机和异步电机两种，同步电机主要作为发电机使用，异步电机主要作为电动机使用。异步电动机又有单相和三相之分，而三相异步电动机又分笼型和绕线式。

单相异步电动机采用单相交流电源，其功率一般较小，主要用于家庭、办公场所的电风扇、空调、电冰箱、洗衣机等电器设备中。

三相异步电动机是交流电机的一种，又称感应电动机。它采用三相交流电源供电，因其结构简单、容易制造、价格低廉、维修方便、运行可靠、坚固耐用、运行效率较高等一系列优点，被广泛应用于现代工业生产机械拖动系统中。据相关资料统计，目前电网中的电能 2/3 以上是由电动机消耗的，而且工业越发达，现代化程度越高，其耗电量占比也越大。而在整个电动机的耗能中，三相异步电动机又居首位。

1. 三相异步电动机的基本结构

三相异步电动机主要由定子、转子两大部分组成。定子即电机中固定不动的部分，转子即电机的旋转部分。另外，在定、转子之间还必须有一定的间隙（又称气隙），以保证转子的自由转动。三异步电动机的气隙较其他类型的电动机气隙要小，一般为 0.2～2 mm。

三相异步电动机按转子结构不同又分为鼠笼式异步电动机和绕线式异步电动机如图 2-2-1，图 2-2-2 所示。按外形不同，又分为开启式、防护式、封闭式等多种形式，以适应不同的工作需要。根据防护型式不同，又分为防爆式、潜水泵式等，以适应特殊场合需要。

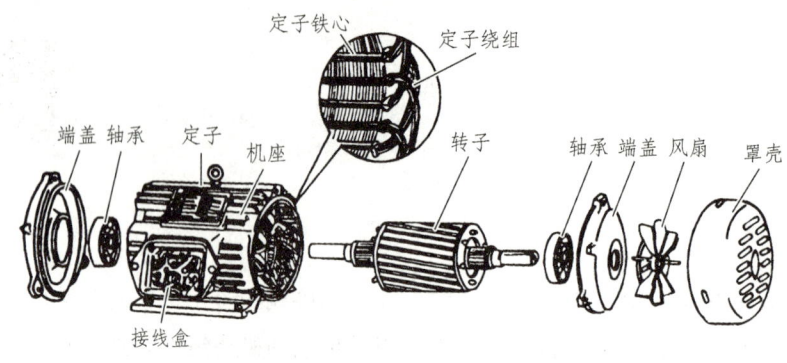

图 2-2-1　鼠笼式异步电动机的结构组成

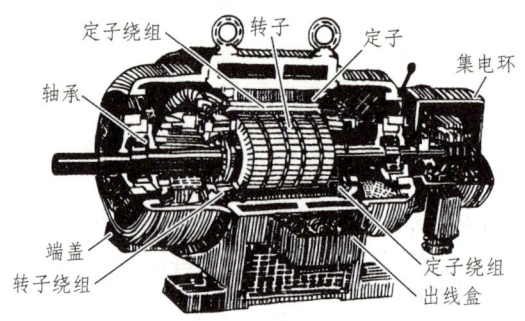

图 2-2-2　绕线式异步电动机的结构组成

1）定子部分

定子部分由定子铁心、定子绕组、机座及端盖、轴承等部件组成。

（1）定子铁心。

定子铁心是电动机磁路的一部分。为了减小涡流和磁滞损耗，通常用 0.35 mm 或 0.5 mm 厚的硅钢片冲片并叠压成圆柱形，如图 2-2-3 所示。硅钢片表面的氧化层作为片间绝缘（大型电动机要求涂绝缘漆），定子铁心的内圆上有分布均匀的线槽，用以嵌放定子绕组。当定子铁心轴向长度较长时在轴向每隔 3～6 cm 留有通风沟，用以定子绕组散热。

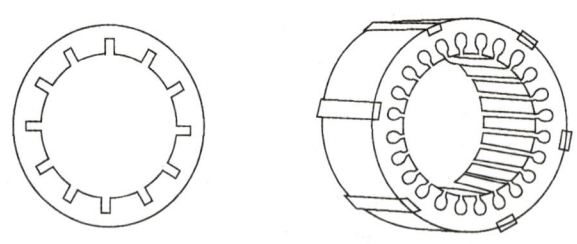

图 2-2-3　定子铁心

（2）定子绕组。

定子绕组一般用高强度的绝缘漆包线绕制而成，它是电动机最重要的电路部分，其作用是利用通入的三相交流电产生旋转磁场。三相定子绕组 U_1U_2、V_1V_2、W_1W_2 按空间角度互差 120° 的电角度均匀地嵌入定子槽内，槽口用槽楔塞紧。槽内绕组匝间、绕组与铁心之间都要有良好的绝缘，如图 2-2-4 所示。

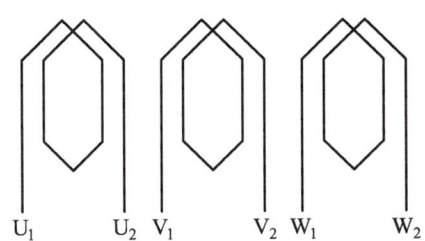
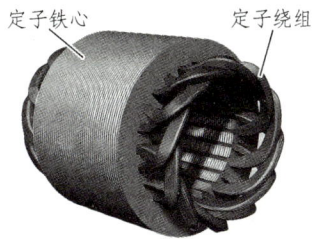

图 2-2-4　定子绕组

$U_1 V_1 W_1$ 称为三相绕组的首端，$U_2 V_2 W_2$ 为末端。这 6 个端线再引到机座外侧的接线盒内。三相异步电动机根据电源电压和绕组额定电压的不同，可以接成星形（Y）或三角形（△）两种接法，如图 2-2-5 所示。

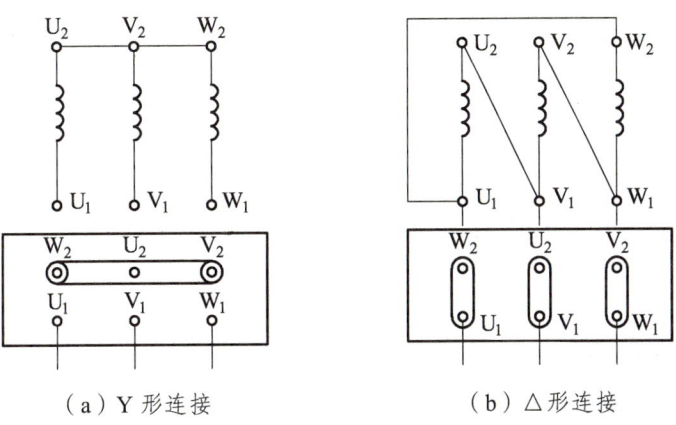

（a）Y 形连接　　　　　　　　　（b）△形连接

图 2-2-5　三相异步电动机的 Y 连接与 △ 连接

（3）机座。

机座用来支承定子铁心和固定端盖，同时充当电机的磁路部分，并进行对外散热。中、小型电动机机座一般用铸铁浇成，大型电动机多采用钢板焊接而成。

（4）端盖与轴承。

轴承是电动机定、转子衔接的部位，将转子转轴固定在轴承中，是一个支撑轴的零件。它可以引导转轴的旋转，减小摩擦阻力。轴承有滚动轴承和滑动轴承两类。端盖的作用是借助于滚动轴承将转子和机座连成一个整体。

2）转子部分

转子是电动机中的旋转部分，一般由转子铁心、转子绕组、转轴、风扇等组成。三相交流异步电动机按照转子绕组形式的不同，一般可分为笼型异步电动机和绕线型异步电动机。

（1）转子铁心。

转子铁心也是电动机磁路的一部分，同样是由 0.35 mm 或 0.5 mm 厚的硅钢片叠压成圆柱体，并紧固在转轴上。转子铁心的外圆面有均匀分布的线槽或导孔，用以嵌放转子绕组。

（2）转子绕组。

转子绕组用于切割定子绕组产生的旋转磁场，从而产生感应电动势和电流，并在电磁力的作用下受力而使转子转动。转子绕组根据结构不同，分为鼠笼式和绕线式两种。

① 鼠笼式转子。在转子铁心的每个槽内各放置一根导体，并在铁心两端安放两个端环，称为短路环，把所有导体伸出槽外的部分与端环连接起来，形成一个闭合的回路。若去掉铁心则绕组部分就像一个鼠笼，如图 2-2-6 所示，这也是鼠笼式异步电动机名称的由来。鼠笼式转子绕组既可以嵌放裸露的铜条，也可以用铝液浇铸。

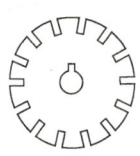 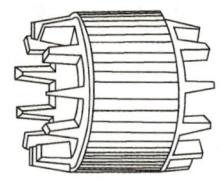 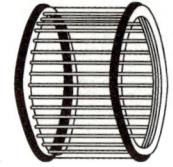

图 2-2-6 鼠笼式转子

② 绕线式转子。绕线式转子绕组是与定子绕组相似的对称三相绕组，一般接成 Y 形。每相出线端分别连接到与转轴相连的滑环上，环与环、环与转轴之间相互绝缘，依靠滑环与电刷的滑动接触与外电路相连接，如图 2-2-7 所示。绕线式转子的特点是可以通过滑环和电刷在转子绕组回路接入附加电阻，以改善电动机的启动性能或调节电动机的转速。

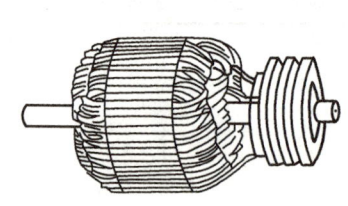 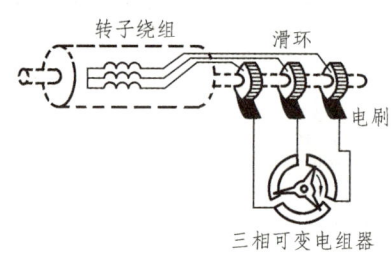

（a）绕组外观　　　　　　　　　　（b）绕组接线图

图 2-2-7 绕线式转子

两种转子相比较，笼型转子结构简单，造价低廉，运行可靠，因而应用十分广泛。绕线型转子结构较复杂，造价也高，但是它的启动性能较好，并能利用变阻器阻值的变化，使电动机能在一定范围内调速；在启动频繁、需要较大启动转矩的生产机械（如起重机）中常常被采用。

（3）转轴与风扇。

转轴用碳钢制成，两端轴颈与轴承相配合。出轴端铣有键槽，用以固定皮带轮或联轴器。转轴是输出转矩、带动负载的部件。风扇用于冷却电机，使电动机快速散热。

3）气隙

所谓气隙就是定子与转子之间的空隙。中小型异步电动机的气隙一般为 0.2～

1.5 mm。气隙的大小对电动机性能影响较大,气隙大,磁阻也大,产生同样大小的磁通,所需的励磁电流 I_m 也越大,电动机的功率因数也就越低。但气隙过小,将给装配造成困难,运行时定、转子容易发生摩擦,使电动机运行不可靠。

2. 三相异步电动机的工作原理

三相异步电动机的定子绕组是一个空间位置均匀分布的三相绕组,如果在定子绕组通入三相对称的交流电流,就会在电动机内部建立起一个恒速旋转的磁场,称为旋转磁场。它是异步电动机工作的基本条件,也是转子能够转动并实现能量转换的基础。因此,下面我们先介绍旋转磁场的产生,然后再讨论三相异步电动机的工作原理。

1)旋转磁场的产生、旋转方向、旋转速度

(1)旋转磁场的产生。

如图 2-2-8 所示,三相定子绕组 U_1U_2、V_1V_2、W_1W_2 互差 120°,并接成 Y 形。将三相定子绕组的首端 U_1、V_1、W_1 接在三相对称交流电源 $i_U = I_m \sin\omega t$、$i_V = I_m \sin(\omega t - 120°)$、$i_W = I_m \sin(\omega t + 120°)$ 上,则有三相对称电流通过三相绕组。根据安培定则,电流通过每个线圈都要产生磁场,而通过定子绕组的三相交流电流的大小及方向均随时间而变化,那么三相绕组所产生的合成磁场是怎样的呢?

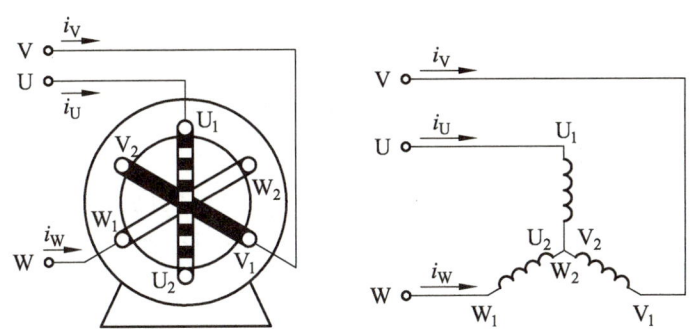

图 2-2-8 三相定子绕组电源接线

合成磁场可以由每个线圈在同一时刻各自产生的磁场进行叠加而得到。下面分别取 $wt = 0$、$\pi/2$、π、$3\pi/2$、2π 共 5 个时刻对合成磁场进行定性分析,如图 2-2-9 所示。假设电流取正值时,是由绕组始端流进(符号 $\oplus$),由尾端流出(符号 $\odot$);电流取负值时,绕组中电流方向与此相反。

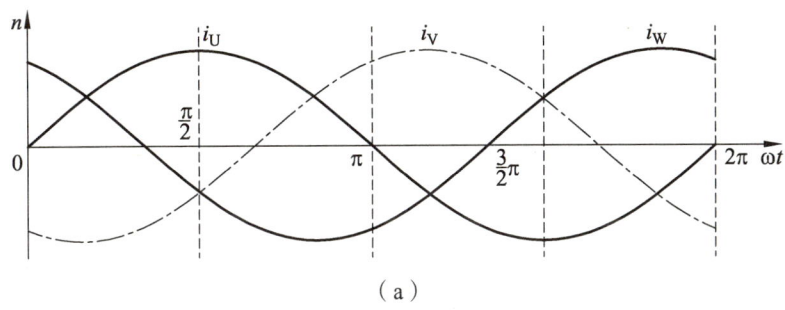

(a)

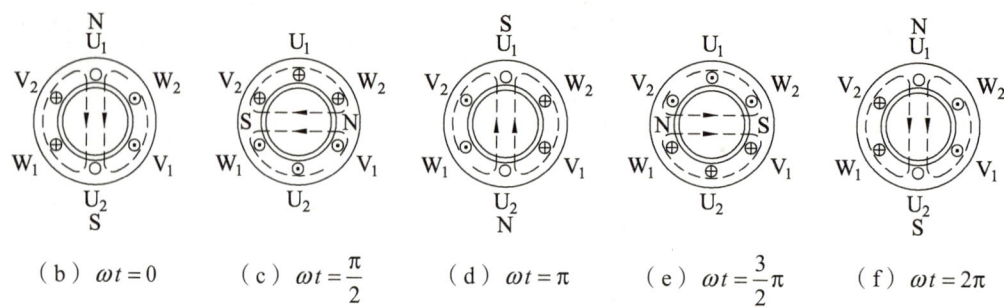

图 2-2-9 三相交流电产生旋转磁场示意图

当 $\omega t=0$，U 相电流 $i_U=0$；V 相电流 i_V 为负值，即电流由 V_2 端流进，由 V_1 端流出；W 相电流 i_W 为正，即电流从 W_1 端流进，从 W_2 端流出。根据右手螺旋定则，可以判定出此时电流产生的合成磁场如图 2-2-9（b）所示。此时好像有一个永磁体的 N 极在上端，S 极在下端。

当 $\omega t=\pi/2$，U 相电流 i_U 为正，即电流从 U_1 流入，从 U_2 流出；V 相电流 i_V 为负值，即电流由 V_2 端流进，由 V_1 端流出；W 相电流 i_W 为负，即电流从 W_1 端流出，从 W_2 端流入。根据右手螺旋定则，可以判定出此时电流产生的合成磁场如图 2-2-9（c）所示。此时好像有一个永磁体的 N 极在右端，S 极在左端。可见随着时间变化，合成磁场也顺时针旋转了 90°。

同理可知，当 $\omega t=\pi$、$3\pi/2$、2π 时，三相定子绕组产生的合成磁场依次按照图 2-2-9（d）、（e）、（f）变化，相当于合成磁场随着三相交流电变化了一周。由于三相交流电随着时间周期性变化，则合成磁场也会按同样的规律周期性变化。观察合成磁场的变化规律可知：给三相定子绕组通三相对称交流电，在电机内部会产生一个沿定子内圆周期性变化的旋转磁场。

（2）旋转磁场的方向。

由图 2-2-9 中各个瞬间磁场变化的规律可以看出，当通入三相绕组中电流的相序为 $i_U \to i_V \to i_W$，则旋转磁场在空间中沿绕组始端 U→V→W 方向旋转，在图中即按顺时针方向旋转。如果把通入三相绕组中的电流相序任意调换其中两相，例如，调换 V、W 两相，此时通入三相绕组电流的相序为 $i_U \to i_W \to i_V$，则旋转磁场按逆时针方向旋转。由此可见，旋转磁场的方向是由通入定子绕组的三相交流电流的相序决定的，即把通入三相绕组中的电流相序任意调换其中的两相，就可以改变旋转磁场的方向。

（3）旋转磁场的磁极对数及转速。

旋转磁场的速度也称为"同步转速"，用 n_1 表示，其单位符号是 r/min，它的大小由交流电源的频率及电机的磁极对数（p）决定。

图 2-2-9 所举的例子是 6 个铁心槽中放置 3 组线圈产生一对磁极（$p=1$）的电动机，电流变化一个周期，旋转磁场转过 360° 机械角度（即一圈），若电源电流的频率为 f_1（Hz），则一对磁极的旋转磁场速度应为 $n_1=60f_1$（r/min）。我国电网供电电流的频率为 $f_1=50$ Hz（即工频，每秒完成 50 个周期的变化），则一对磁极的旋转磁场的转速就是

50×60 r/min = 3 000 r/min。

在实际生产中,定子铁心往往不止 6 槽,而对应的定子绕组的排列方式也不相同,因此产生的磁极对数也不同。如图 2-2-10 所示,定子铁心为 12 槽,每相有 2 套绕组串联占 4 槽,按照前面分析产生一对磁极的方法,仍然选取几个特殊的时刻,根据图 2-2-10 中各相电流的正、负时刻,画出各个绕组中电流的流向,即可判定出各时刻产生的磁场情况。由图可知,此时产生了 4 个磁极($p = 2$)的旋转磁场,且电流变化一周,磁场在空间中只转过 180° 机械角度(即 1/2 转)。由此类推,当电动机具有 p 对磁极时,交流电每变化一周,磁场就在空间转过 $1/p$ 转。故旋转磁场的转速(同步转速)n_1 为

$$n_1 = \frac{60 f_1}{p} \qquad (2\text{-}2\text{-}1)$$

式中 f_1——交流电源的频率;
p——电动机的磁极对数。

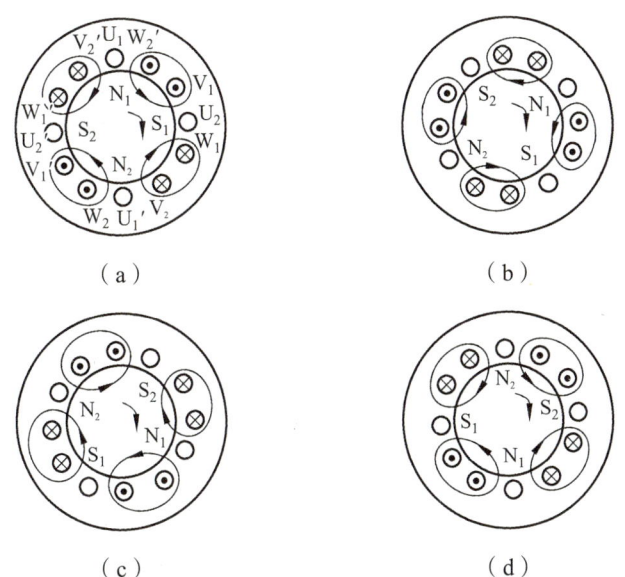

图 2-2-10 三相交流异步电动机产生 4 个磁极($p = 2$)旋转磁场

2)三相异步电动机的工作原理及转差率

(1)工作原理。

根据以上分析,如果在定子绕组中通入三相对称交流电流,则在定子内部将产生一个转速为 n_1 的旋转磁场。此时转子导体与旋转磁场之间存在着相对运动,切割磁力线而产生感应电动势。如图 2-2-11 所示,若同步转速方向为顺时针,则转子上部导体的相对切割速度向左,下部导体相对切割速度向右,转子绕组产生的感应电动势的方向可根据右手定则确定。由于转子绕组是闭合的,于是在感应电动势的作用下,转子导体内将产生如图 2-2-11 所示的电流。载流的转子导体在旋转磁场作用下,将进一步产生电磁力 F,且力 F 的方向可由左手定则确定。该力对转轴形成了电磁转矩 T_{em},使转子按旋转磁场

方向转动起来。由于异步电动机的定子和转子之间能量的传递是靠电磁感应完成的，故异步电动机又称感应电动机。

综上，三相异步电动机的转动原理可归纳为：

① 电生磁：三相绕组通入三相对称交流电产生圆形旋转磁场。

② 磁生电：旋转磁场切割转子导体产生感应电动势和电流。

③ 电磁力：载流的转子导体在磁场作用下受电磁力的作用，形成电磁转矩驱动电动机旋转。

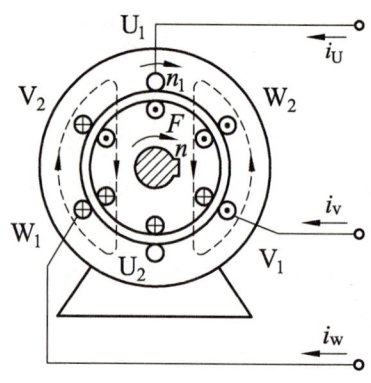

图 2-2-11　三相异步电动机的转动原理

（2）电动机的转速 n 与转差率 s。

转子的旋转速度一般称为电动机的转速，用 n 表示。那么转子的转速 n 与旋转磁场的转速 n_1 有什么关系呢？根据前面的介绍，转子的转动是由于转子与旋转磁场有相对运动，当异步电动机处于电动状态时，转子转速 n 总是滞后且追随旋转磁场的转速 n_1。因为一旦转子的转速和旋转磁场的转速相同，二者便无相对运动，转子也不能产生感应电动势和感应电流，也就没有电磁转矩了。只有二者转速有差异时，才能产生电磁转矩，驱使转子转动。可见，转子转速 n 总是略小于旋转磁场的转速 n_1。这也是异步电动机名称的由来。

由上可知：n_1 与 n 有差异是异步电动机运行的必要条件。通常把同步转速 n_1 与转子转速 n 的差称为转差，转差与同步转速 n_1 的比值称为转差率，用 s 表示，即

$$s = \frac{n_1 - n}{n_1} \tag{2-2-2}$$

转差率 s 是决定异步电动机运行状态的一个重要物理量。当异步电动机处于电动运行状态时，电磁转矩 T 和转速 n 同向。当电动机启动瞬间，转子尚未转动时，$n = 0$，此时 $s = 1$；当电动机空载运行时，$n \approx n_1$，此时 $s = 0$。可知异步电动机处于电动运行时，转差率的变化范围总在 0 和 1 之间，即 $0 < s < 1$。一般情况下，电动机额定运行时，s_N 在 0.01~0.06，因此，通常认为电动机的额定转速接近于同步转速。当异步电机处于发电机运行状态时，$s < 0$，当异步电机处于电磁制动状态时，$s > 1$。

3. 三相异步电动机的铭牌参数

每台电动机的机座上都有一块铭牌，铭牌上面标注了这台电动机的型号、接线方式和额定运行条件下的主要技术参数等，这些是我们合理选择和正确使用电动机的主要依据，如图 2-2-12 所示。

1）型号

产品型号一般采用电动机全名称汉语拼音的首字母和阿拉伯数字组成，它表明了电动机的类型、规格和结构等，如图 2-2-13 所示。

三相异步电动机

型号	Y132M1-6	功率	4 kW	接法	△
电压	380 V	电流	12.6 A	频率	50 Hz
转速	960 r/min	噪音	dB	绝缘等级	B
防护等级	IP44	工作制	S1	重量	kg
标准编号	ZBK22007-88	生产日期			

×××电机制造厂

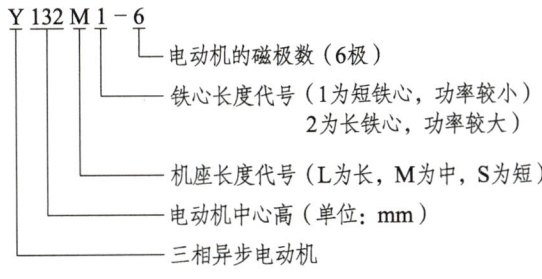

图 2-2-12　电动机的铭牌

Y 132 M 1 − 6
电动机的磁极数（6极）
铁心长度代号（1为短铁心，功率较小）
2为长铁心，功率较大）
机座长度代号（L为长，M为中，S为短）
电动机中心高（单位：mm）
三相异步电动机

图 2-2-13　三相异步电动机铭牌型号含义

图 2-2-13 中，Y 为产品名称代号，表示异步电动机；YR 代表绕线式异步电动机；YB 代表防爆型异步电动机等。中心高越大，电动机容量越大，在同一中心高下，机座长则铁心长，容量大。中心高 80 ~ 315 mm 为小型电动机；315 ~ 630 mm 为中型电动机；630 mm 以上为大型电动机。

2）额定值

铭牌上所标称的参数均为额定运行条件下的值。

（1）额定电压 U_N（V）：指电动机额定运行时，加在定子绕组上的线电压。有的铭牌上给出两个电压值，这是对应于定子绕组三角形和星形两种不同的连接方式。如铭牌标为 220/380 V 时，表示当电源电压为 220 V 时，电动机定子绕组用三角形连接；而电源电压为 380 V 时，电动机定子绕组用星形连接。两种方式都能保证每相定子绕组在额定电压下运行。为了使电动机正常运行，一般规定电源电压波动不应超过额定值的 5%。

（2）额定电流 I_N（A）：指电动机额定运行时，流入定子绕组的线电流。

（3）额定功率 P_N（kW）：指电动机额定运行时，电动机转轴上输出的机械功率。对于三相异步电动机，$P_N=\sqrt{3}U_N I_N\cos\varphi_N\eta_N$，其中 $\cos\varphi_N$ 为电动机的额定功率因数，η_N 为电动机的额定效率。

（4）额定转速 n_N（r/min）：指电动机额定运行时，电动机的转速，一般略低于电机的同步转速。

（5）额定频率 f_N（Hz）：指加在电动机定子绕组的交流电源的频率。我国电网 f_N=50 Hz。

3）接线方式

指三相定子绕组的与电源的接线方式，有星形连接和三角形连接两种基本形式。连接方式不一样，其工作电压不同。

4）绝缘等级

绝缘等级指电动机内部采用绝缘材料允许的最高温度等级，它决定了电动机工作时允许的温升。电机运行时的最高温度不得超过其规定，否则，将加速绕组绝缘老化，缩短电机寿命。绝缘材料按耐热性能一般分为 7 个等级，各等级所对应温度的关系如表 2-2-1 所示。

表 2-2-1 绝缘材料的耐热等级和极限温度

绝缘等级	Y	A	E	B	F	H	C
极限温度/°C	90	105	120	130	155	180	>180

5）防护等级

防护等级是电动机外壳防止外部固体异物和水进入电机内部的能力。其用国际防护等级"IP+特定数字代码"表示，其后面的第一个数字代表防尘等级，分为 0～6 共七个等级；第二个数字代表防水等级，共分 0～8 共九个等级，数字越大，表示防护能力越强。

6）工作制

工作制是根据运行时间和工作方式不同，分为额定连续工作制 S1、短时工作制 S2、断续工作制 S3 三种。

4. 三相异步电动机的功率分析

1）功率及损耗

三相异步电动机在实现能量的转化时总是存在损耗，电机的运行效率 η 是一个很重要的参数，即电机轴上输出的机械功率 P_2 总是小于其从电网吸收的输入功率 P_1，它们之间的关系满足 $\eta = P_2 / P_1$。

例 2-2-1 有一台三相异步电动机的额定工作电压 $U_1 = 380$ V，额定电流 $I_1 = 22.3$ A，额定输出功率 $P_2 = 11$ kW，电动机的功率因数 $\lambda = \cos\varphi_1 = 0.85$，求电机的额定输入功率 P_1 及运行效率 η。

解：根据三相交流电路功率计算公式得

$$P_1 = \sqrt{3}U_1 I_1 \cos\varphi_1 = \sqrt{3} \times 380 \times 22.3 \times 0.85 \text{ W} \approx 12.48 \text{ kW}$$

$$\eta = \frac{P_2}{P_1} \times 100\% = \frac{11}{12.48} \times 100\% \approx 88\%$$

由例题可知，这台电机在运行过程中，存在功率损耗 $\sum P = P_1 - P_2 \approx 1.48$ kW。那么异步电动机的功率损耗包括：

（1）电流在定子绕组上的铜损耗 P_{Cu1} 及转子绕组上的铜损耗 P_{Cu2}。

（2）交变磁通在定子铁心中产生的磁滞损耗及涡流损耗，统称铁损 P_{Fe}。

（3）电机在运行过程中的机械损耗 P_{mec}（主要为机械摩擦、风阻）及其他附加损耗 P_{ad}。

根据以上分析，得出异步电动机的功率流程如图 2-2-14 所示。

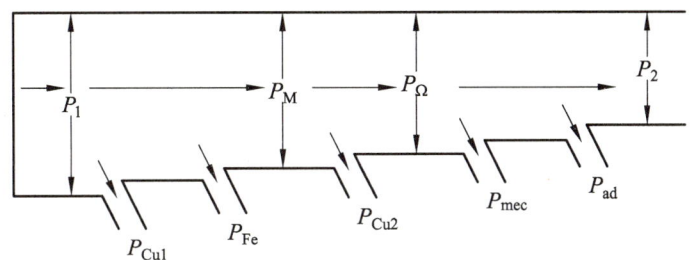

图 2-2-14　异步电动机的功率流程

图中，P_M 代表定子绕组传递到转子侧的电磁功率，P_Ω 代表转子得到的总机械功率。则电动机的功率平衡方程式为

$$P_M = P_1 - P_{Cu1} - P_{Fe}$$
$$P_\Omega = P_M - P_{Cu2} = P_2 + P_{mec} + P_{ad} \qquad (2\text{-}2\text{-}3)$$
$$P_2 = P_1 - P_{Cu1} - P_{Fe} - P_{Cu2} - P_{mec} - P_{ad} = P_1 - \sum P$$

了解异步电动机的功率平衡方程能够了解电机运行过程中的各种损耗，对电动机的合理运行和使用有较大帮助。

2）功率与转矩的关系

由力学知识可知，旋转体的机械功率 P 等于作用在旋转体上的转矩 T 和它的机械角速度 Ω 的乘积，即 $P = T\Omega$，其中 $\Omega = 2\pi n/60$。因此，电动机的输出转矩 T_2 的大小为

$$T_2 = \frac{P_2}{\Omega} = \frac{P_2 \times 60}{2\pi n} = \frac{1\,000 \times 60 \times P_2}{2\pi n} \approx 9\,550 \frac{P_2}{n} \qquad (2\text{-}2\text{-}4)$$

式中，P_2 为电动机的输出功率（kW），n 为电动机的转速（r/min）。

例 2-2-2　有两台型号为 Y160M-4 及 Y180L-8 的三相异步电动机，其额定功率都是 $P_2 = 10$ kW，其中前者额定转速为 1 460 r/min，后者额定转速为 730 r/min，求它们的额定输出转矩。

解： 根据公式（2-2-4），Y160M-4 型电机：

$$T_2 = 9\,550 \frac{P_2}{n} = 9\,550 \times \frac{10}{1\,460} \approx 65.41\,\text{N}\cdot\text{m}$$

Y180L-8 型电机：

$$T_2 = 9\,550 \frac{P_2}{n} = 9\,550 \times \frac{10}{730} \approx 130.82\,\text{N}\cdot\text{m}$$

根据例题可知，输出功率相同的异步电动机若极数多，则转速低，输出转矩就大；极数少，则转速高，输出转矩就小。在选用异步电动机时，必须注意这个规律。

(二)三相异步电动机的运行

1. 三相异步电动机的启动

启动是指电动机接通电源后,电机由静止加速到稳定运行状态的过程。在实际生产中,要求启动性能主要有:启动电流尽量小,以减小对电网的冲击;启动转矩足够大,以加速启动过程,缩短启动时间。

电机在启动瞬间,由于转子尚未加速,此时 $n=0$,$s=1$,旋转磁场以最大的相对速度切割转子导体,转子感应电动势及电流最大,致使定子启动电流 I_{st} 也很大,其值约为额定电流的 4~7 倍。尽管启动电流很大,但此时功率因数很低,所以启动转矩 T_{st} 较小。

而过大的启动电流会引起电网电压明显降低,可能会影响接在同一电网中的其他用电设备的正常运行。例如使其他电动机的转矩减小,转速降低,或使日光灯变暗甚至熄灭等。如果频繁启动,不仅使电动机温度升高,还会产生过大的电磁冲击,影响电动机的寿命。电动机启动转矩小,则启动时间较长,既影响生产效率又会使电动机温度升高,不能满载启动,甚至不能启动。

由于异步电动机存在启动电流很大,而启动转矩却较小的问题,因此,必须采取一些措施来限制启动瞬间的工作电流,并应尽可能地提高启动转矩,以加快启动过程。对于容量和结构不同的异步电动机,要根据负载大小和性质的不同,采取不同的启动方式。下面分别对笼型异步电动机和绕线转子异步电动机常用的几种启动方法进行讨论。

1)直接启动

直接启动,又称全压启动,是将三相定子绕组直接接到额定电压的电网上来启动电动机的一种启动方法。图 2-2-15 所示是用刀开关 QS 直接启动的电路。直接启动的优点是设备简单,操作方便,启动转矩大,启动时间短。因此,只要电网的容量允许,应尽量采用直接启动,一般容量在 10 kW 以下的三相异步电动机都可以采用直接启动。

直接启动的缺点是启动电流大,对电动机及电网有一定的冲击。在实际生产中,电动机能否直接启动有一定的规定:如果电动机和照明共用同一电网,电动机启动时产生的电网压降不超过额定电压的 20%;如果电动机由专用变压器独立供电但电动机启动频繁,则电动机的功率不超过变压器容量的 20%;如果电动机由专用变压器独立供电且电动机不经常启动,则电动机的功率不超过变压器容量的 30%。满足以上情况,可允许直接启动。

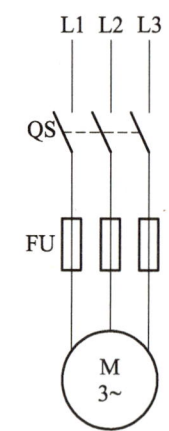

图 2-2-15 直接启动电路

2)三相笼型异步电动机降压启动

如果电动机容量较大或启动频繁,为了限制启动电流,通常采用降压启动。降压启动是在启动时降低加在定子绕组上的电压,待电动机转速升高到一定值时,再使电压恢复到额定值,转入正常运行。

降压启动时,由于电压降低,电动机每极磁通量减小,故转子电动势、电流以及定子电流均减小,避免了对电网冲击而引起的电压显著下降。但由于电磁转矩与定子相电压的平方成正比,因此,降压启动时的启动转矩将大大减小,所以这种方法一般只适用于电动机空载或轻载启动。

对于三相笼型异步电动机,常用的降压启动方法有三种:定子串电抗降压启动、Y-△降压启动、自耦变压器降压启动。

(1)定子串电抗器降压启动。

三相异步电动机启动时在定子回路中串入电抗器(电阻),这样可以降低定子电压,限制启动电流,在转速接近额定值后,将电抗器切除,使电动机在额定电压下开始正常运行,如图 2-2-16 所示。但由于外接启动电阻上有较大的功率损耗,所以这种方法经济性较差,一般不用。

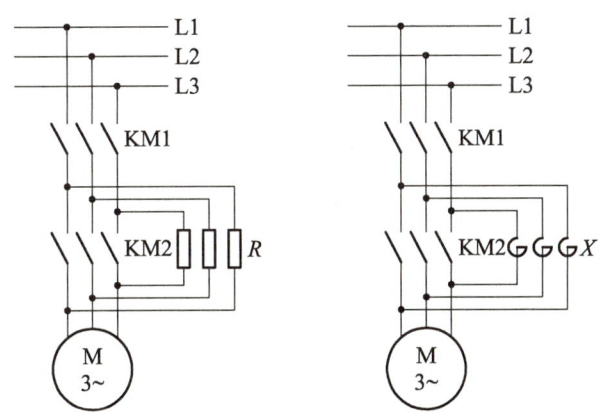

图 2-2-16　定子串电抗(电阻)降压启动

(2)Y-△降压启动。

启动时定子绕组接成 Y 形,运行时定子绕组则接成△形,其接线图如图 2-2-17 所示。这种方法只适用于正常运行时定子绕组为△形的笼型异步电动机启动。Y-△(星三角)降压启动的特点是:启动时,定子绕组承受的电压只有三角形连接时的 $1/\sqrt{3}$,启动电流为直接启动时的 1/3,对应的启动转矩也降低很多。但 Y-△降压启动方法简单,价格便宜,因此在轻载启动条件下,应优先采用。

(3)自耦变压器降压启动。

自耦变压器降压启动是通过自耦变压器把电压降低后,再加到电动机的定子绕组上,以达到减小启动电流的目的。启动时,电源电压接到自耦变压器的原边,副边接电动机的定子绕组,启动结束后,切除自耦变压器,电源电压直接接到电动机的定子绕组上进入全压运行。三相笼型异步电动机采用自耦变压器降压启动的接线如图 2-2-18 所示。这种方法对定子绕组采用 Y 形或△形接法的电动机都可以使用,缺点是设备体积大,投资较大。

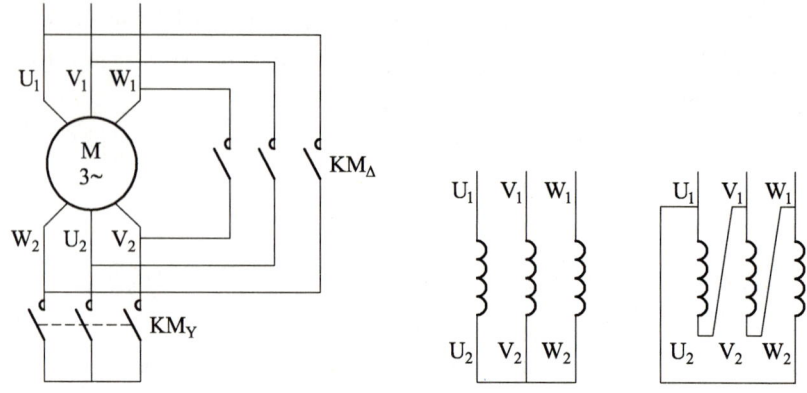

图 2-2-17　Y-△（星三角）降压启动

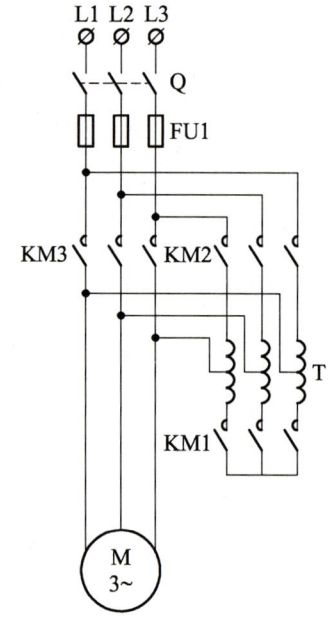

图 2-2-18　自耦变压器降压启动

3）三相绕线式异步电动机降压启动

对于笼型异步电动机，无论采用哪一种降压启动方法来减小启动电流，电动机的启动转矩都随之减小，因此笼型异步电动机只能用于空载或轻载启动。而某些重载下启动的生产机械（如起重机、带运输机等），不仅要限制启动电流，而且还要求有足够大的启动转矩，这种情况通常采用启动性能较好的绕线式异步电动机。绕线式异步电动机启动有转子串电阻和转子串频敏变阻器两种方法。

（1）转子串电阻启动。

启动时，在转子电路串接启动电阻器，借以提高启动转矩，同时因转子电阻增大也限制了启动电流；启动结束，切除转子所串电阻。为了在整个启动过程中得到比较大的启动转矩，需分几级切除启动电阻。启动接线图和特性曲线如图 2-2-19 所示。

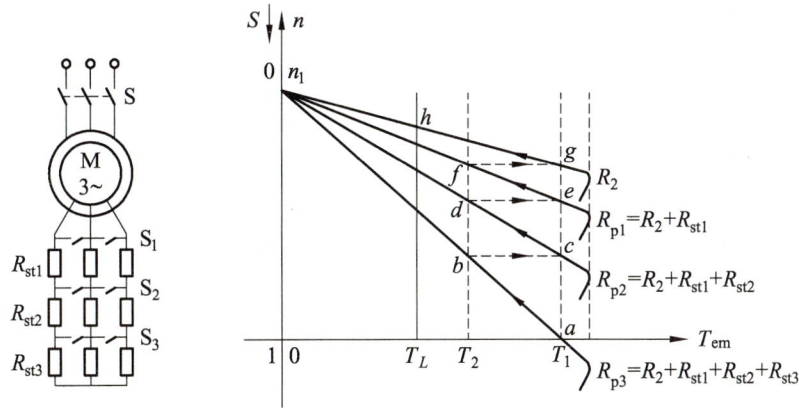

图 2-2-19　绕线式异步电动机启动接线图和特性曲线

启动过程，先将开关 S_1、S_2、S_3 全部断开，此时转子串入全部启动电阻，电机按照机械特性曲线 R_{p3} 从 a→b 加速运行；随着转速的升高，电机依次沿特性曲线 R_{p2}、R_{p1}、R_2 从 b→c→d→e→f→g→h 加速启动，并在此过程依次闭合开关 S_3、S_2、S_1，依次切除启动电阻 R_{st3}、R_{st2}、R_{st1}，最后，电机转速上升到稳定运行点 h，完成启动过程。

上述启动过程中，转子三相绕组所接启动电阻相等，并依次平衡切除，故称为三级启动。这种启动方法在整个启动过程中产生的转矩都比较大，因此适合于容量较大的设备，重载启动的情况，广泛应用于桥式起重机、卷扬机、龙门吊车等重载设备。转子串电阻启动的缺点是所需启动设备较多，启动时有一部分能量消耗在启动电阻上。另外，转子三相绕组所接启动电阻并非越大越好，其选择值要适当。

（2）转子串频敏变阻器启动。

频敏变阻器是一个三相铁心线圈，其铁心不用硅钢片而用厚钢板叠成，三相绕组接成星形。工作时，铁心中产生涡流损耗和磁滞损耗，铁心损耗相当于一个等值电阻，其线圈又是一个电抗，而电阻和电抗都随频率变化而变化，故称频敏变阻器。绕线式异步电动机转子串频敏变阻器启动如图 2-2-20 所示。

其工作原理如下：

电动机启动时，转子串入频敏变阻器。启动瞬间，$n=0$，$s=1$，转子电流频率 $f_2 = sf_1 = f_1$（最大），频敏变阻器铁心的涡流损耗与频率的平方成正比，铁损耗最大，相当于转子回路中串入一个较大的电阻 R_m。

启动过程中，随着 n 上升，s 减小，$f_2 = sf_1$ 逐渐减小，铁损耗逐渐减小，R_m 也随之减小，相当于逐级切除转子回路串入的电阻。启动结束后，切除频敏变阻器，转子回路直接短路。

频敏变阻器启动结构简单，运行可靠，但与转子串电阻启动相比，在同样的启动电流下，启动转矩要小些。

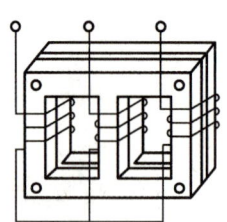 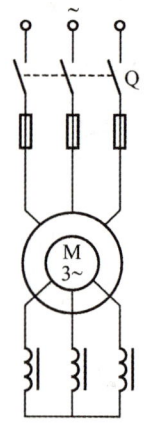

（a）频敏变阻器的结构示意图　　　　　　（b）启动线路图

图 2-2-20　绕线式异步电动机串频敏变阻器启动

2. 三相异步电动机的调速

调速是指在负载不变的情况下，人为地改变电动机的转速，以满足工业生产中的各种生产机械的需求，从而提高生产效率和保证产品加工质量。

根据公式（2-2-1）、（2-2-2）可知，异步电动机的转速为

$$n = n_1(1-s) = \frac{60f_1}{p}(1-s) \qquad (2\text{-}2\text{-}5)$$

可以看出，异步电动机的速度与电机的磁极对数 p，电源频率 f_1、转差率 s 3 个参数有关，因此异步电动机的调速可分为以下 3 大类：

变极调速——改变定子绕组的磁极对数 p；

变频调速——改变供电电源的频率 f_1；

变转差率调速——改变电动机的转差率 s，其方法有改变电源电压调速、绕线式电动机转子串电阻调速和串级调速。

1）变极调速

在电源频率不变的条件下，改变电动机的极对数，电动机的同步转速就会发生变化，从而改变电动机的转速。若极对数减少一半，同步转速就提高一倍，电动机转速也几乎升高一倍。

通常用改变定子绕组的接法来改变极对数，这种电动机称多速电动机。其转子均采用笼型转子，其转子感应的极对数能自动与定子相适应。这种电动机在制造时，从定子绕组中抽出一些线头，以便于使用时调换。下面以一相绕组来说明变极原理。先将两个半相绕组 U_1U_1' 与 U_2U_2' 采用顺向串联，如图 2-2-21（a）所示，此时产生两对磁极。若将 U 相绕组中的半相绕组 U_2U_2' 反向串联，如图 2-2-21（b）所示，将产生一对磁极。

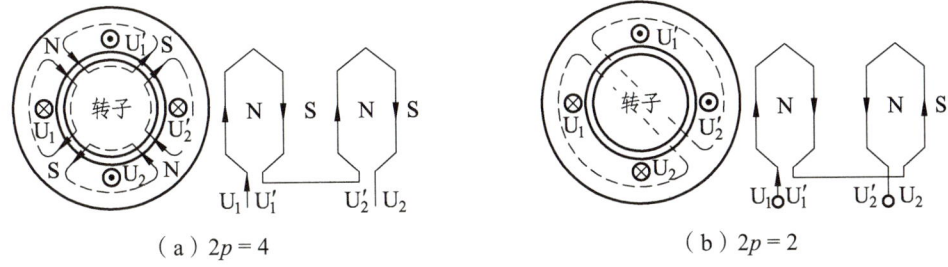

图 2-2-21　三相四极电动机定子 U 相绕组变极接线

目前,我国多极电动机定子绕组联绕方式最多有三种,常用的有两种:一种是从星形改成双星形,写作 Y/YY,如图 2-2-22 所示;另一种是从三角形改成双星形,写作 △/YY,如图 2-2-23 所示。这两种接法可使电动机极数减少一半。在改接绕组时,为了使电动机转向不变,应把绕组的相序改接一下。

变极调速主要用于各种机床及其他设备上。它所需设备简单、体积小、质量轻,但电动机绕组引出头较多,调速级数少,级差大,不能实现无级调速。

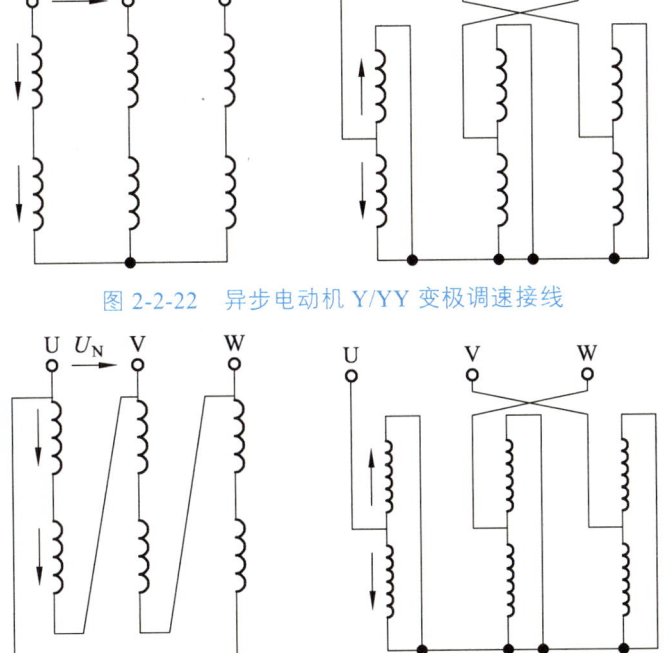

图 2-2-22　异步电动机 Y/YY 变极调速接线

图 2-2-23　异步电动机 △/YY 变极调速接线

2）变频调速

由异步电动机的转速公式可知,转速 n 与电源频率 f_1 成正比,因此只要连续改变电源频率,就可以连续平滑地调节异步电动机的转速。变频调速的优点是调速范围大,平滑性好,变频时 U 按不同规律变化可实现恒转矩调速或恒功率调速以适应不同负载的要求。随着电力电子技术的迅猛发展,变频调速得到了广泛的应用。

（1）恒转矩变频调速。

恒转矩变频调速即在调速过程中，保持电动机的输出转矩不变。根据数学分析，若要保持调速前后的输出转矩不变，只需要保持 U_1/f_1 为常数即可，即必须保持电源电压和频率成正比调节。这是目前使用最广的一种变频调速控制方式。

（2）恒功率变频调速。

恒功率变频调速即在调速过程中，保持电动机的输出功率不变。根据数学分析，若要保持调速前后的输出功率不变，只需要保持 U_1^2/f_1 为常数即可。这种调速方法常用在交通运输中的电力机车、无轨电车等机械系统中，能够在电动机低转速时，保持输出转矩大，提供足够大的牵引力使机车、车辆加速，在电动机转速高时，可适当减小输出转矩。

（3）变频装置简介。

变频器是能够同时改变电压和频率的供电装置。变频装置可分为间接变频装置和直接变频装置两类。间接变频装置是先将工频交流电通过整流器变成直流，然后再经过逆变器将直流变成为可控频率的交流，通常称为交-直-交变频。直接变频装置则将工频交流一次变换成可控频率的交流，没有中间直流环节，也称为交-交变频。目前应用较多的是交-直-交变频装置。

3）变转差率调速

变转差率调速包括改变定子电压调速，转子电路串电阻调速和串级调速等。这些调速方法的共同特点是在调速过程中都产生大量的转差功率。前两种调速方法都是把转差功率消耗在转子电路里，很不经济，而串级调速则能将转差功率加以吸收或大部分反馈给电网，提高了经济性。

（1）改变定子电压调速。

对于转子电阻大、机械特性曲线较软的笼型异步电动机而言，如加在定子绕组上的电压发生改变，则负载 T_L 对应于不同的电源电压 U_1、U_2、U_3，可获得不同的工作点 a_1、a_2、a_3，如图 2-2-24 所示。显然电动机的调速范围很宽，缺点是低压时机械特性太软，转速变化大，可采用带速度负反馈的闭环控制系统来解决该问题。

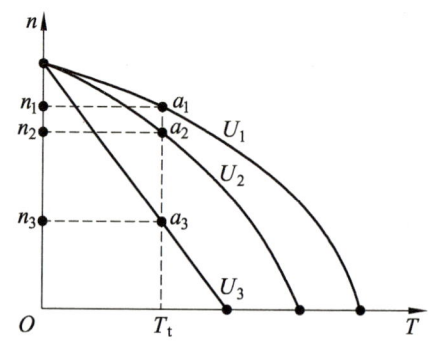

图 2-2-24　笼型异步电动机调压调速特性曲线

这种方法主要应用于笼型异步电动机，靠改变转差率 s 调速。过去都采用定子绕组串电抗器来实现，目前已广泛采用晶闸管交流调压线路来实现。

（2）转子电路串电阻调速。

绕线式异步电动机转子串电阻的机械特性曲线如图 2-2-25 所示。转子串电阻时最大转矩不变，临界转差率加大。所串电阻越大，运行段特性斜率越大。若带恒转矩负载，原来运行在固有特性曲线 1 的 a 点上，在转子串电阻 R_1 后，就运行在曲线 2 的 b 点上，转速由 n_a 变为 n_b，依此类推，达到调速的目的。转子串电阻调速的优点是方法简单，主要用于中、小容量的绕线式异步电动机。

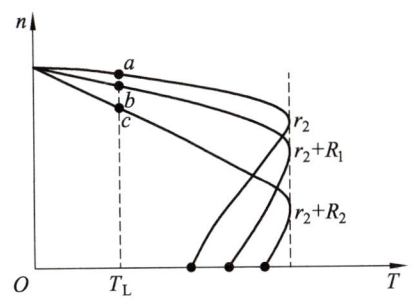

图 2-2-25　转子串电阻调速机械特性曲线

（3）串级调速。

串级调速是通过在绕线式电动机转子回路中串联增加可调附加电势，从而改变电动机的转差率，达到调节电机转速的目的，同时不改变电动机定子电压。

串级调速系统主要由直流调速器、制动电阻、电动机和控制器等关键部件构成。其中，直流调速器负责提供可调的直流电压，作为电机调速所需的附加直流电动势；制动电阻用于消耗调速过程中产生的多余能量；电动机则是执行机构，通过调整其转速来响应控制指令；控制器则负责整个系统的监控和调节；确保调整过程的平稳和准确。

3．三相异步电动机的制动

当电动机断电后，由于存在机械惯性，要经过一段时间才能自由停车。为了提高生产效率及安全性，必须对电动机进行制动，以使电动机能够迅速、准确地停车。三相异步电动机的制动方法有机械制动和电气制动两大类。

机械制动通常利用电磁抱闸制动器来实现。电动机启动时，电磁抱闸线圈同时通电，电磁铁吸合，使抱闸松开；电动机断电时，抱闸线圈同时断电，电磁铁释放，在弹簧作用下，抱闸把电动机转子紧紧抱住，实现制动。电梯、起重机常用这种方法制动。

电动机能够电动运行，是因为电磁转矩 T_{em} 与转速 n 方向相同。而电气制动则是采用一定的方法使电动机产生一个与转动方向相反的电磁转矩，使电动机迅速停车。常用的电气制动方法有以下几种：

1）反接制动

反接制动分为电源反接和倒拉反接制动两种。

（1）电源反接制动。

由三相异步电动机的工作原理可知，任意改变电动机两相定子绕组与电源连接的相序，旋转磁场立即反向，从而使转子绕组产生的感应电动势、电流和电磁转矩都改变方向。因机械惯性，转子转动方向不变，电磁转矩与转子的转向相反，电动机进入制动状态，这种方法称为电源反接制动，如图 2-2-26 所示。

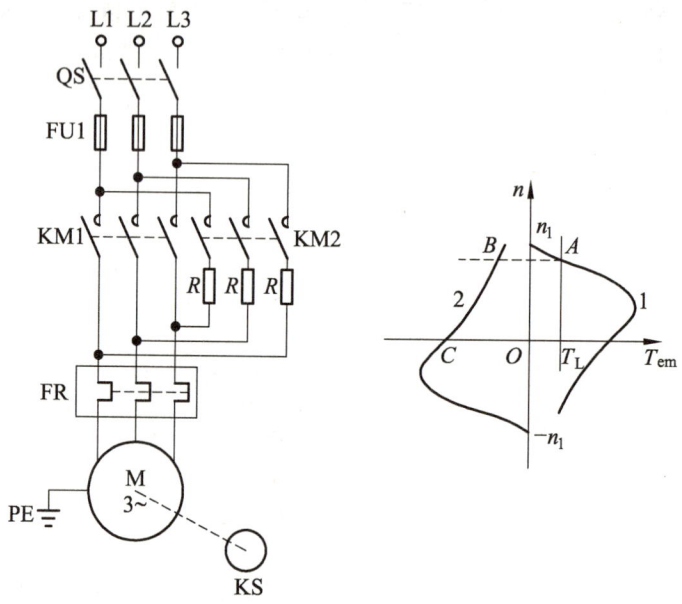

图 2-2-26　电源反接制动原理图与机械特性曲线

制动前，电动机工作在曲线 1 的 A 点，电源反接制动时，$n_1 < 0$，$n > 0$，相应的转差率 $s = \dfrac{-n_1 - n}{-n_1} = \dfrac{n_1 + n}{n_1} > 1$，且电磁转矩 $T < 0$，机械特性如曲线 2 所示。因机械惯性，转速瞬时不变，工作点由 A 点移至 B 点，并逐渐减速，到达 C 点时 $n = 0$，此时切断电源并停车，如果是位能性负载需使用抱闸，否则电动机会反向启动旋转。一般为了限制制动电流和增大制动转矩，笼型异步电动机可在定子回路串入制动电阻。

反接制动的优点是制动电路比较简单，制动转矩较大，停车迅速，但制动瞬间电流较大，电能消耗也较大，机械冲击强烈，易损坏传动部件，因此，这种制动一般用于制动要求迅速且不频繁的场合。

（2）倒拉反接制动。

当绕线式异步电动机拖动位能性负载时，在其转子回路串入很大的电阻。其机械特性如图 2-2-27 所示。当异步电动机提升重物时，其工作点为曲线 1 上的 a 点。如果在转子回路串入很大的电阻，机械特性变为斜率很大的曲线 2，因机械惯性，工作点由 a 点移到 b 点，因此时电磁转矩小于负载转矩，转速下降。当电动机减速至 $n = 0$ 时，电磁转矩仍小于负载转矩，在位能负载的作用下，使电动机反转，直至电磁转矩等于负载转矩，电动机才稳定运行于 c 点。此时，电动机稳速下放重物。与电源反接制动一样，其转差率 $s = \dfrac{n_1 - (-n)}{n_1} = \dfrac{n_1 + n}{n_1} > 1$，这种由于重物倒拉引起的制动，称为倒拉反接制动，常用于起重机低速下放重物。

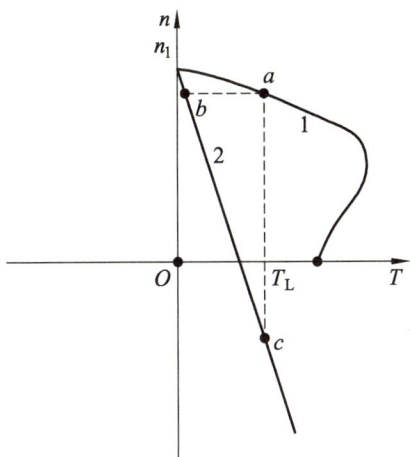

图 2-2-27 倒拉反接制动的机械特性

2）能耗制动

能耗制动就是在电动机脱离三相电源之后，在定子绕组上加一个直流电压，此时，定子绕组将产生一个恒定的磁场，转子因惯性继续旋转而切割该恒定的磁场，并产生感应电动势和感应电流，最终形成制动转矩，如图 2-2-28 所示。

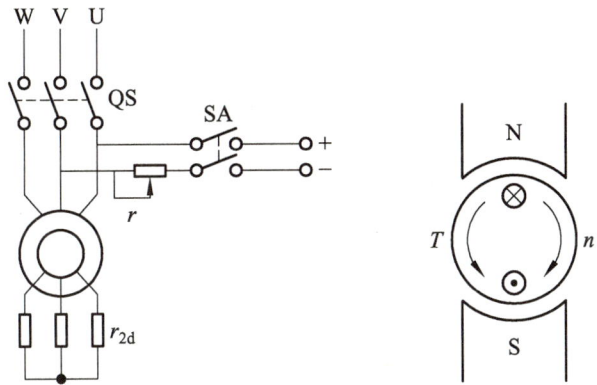

图 2-2-28 异步电动机能耗制动原理

3）回馈制动

回馈制动又称再生制动，是异步电动机因某种外因，使电动机的转速 n 超过了旋转磁场的转速 n_1，此时转差率 $s<0$，转子导体与旋转磁场的相对切割方向反向，从而形成制动转矩。此时，电机相当于一台与电网并联的发电机，将外部机械能转变成电能反馈至电网。

如图 2-2-29 所示，当起重机下放重物时，因重力的作用，电动机的转速 n 超过旋转磁场的转速 n_1，转子中感应电动势、电流和电磁转矩的方向都发生了变化，电动机转入发电运行状态，将重物的位能转换为电能，再送回到电网，所以称为回馈制动或再生制动。

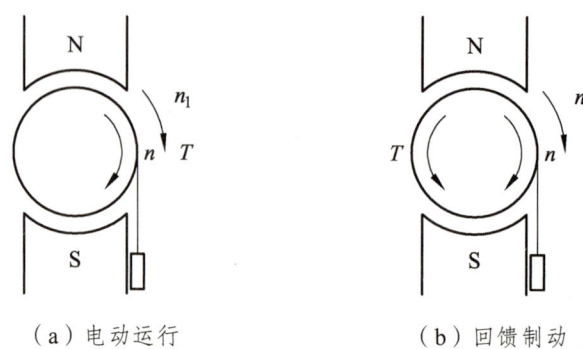

（a）电动运行　　　　　（b）回馈制动

图 2-2-29　位能性负载回馈制动

（三）三相异步电动机的使用、维护及故障检修

1. 三相异步电动机的选用原则

电动机品种繁多，性能各异，合理选择电动机关系到生产机械运行的经济性、安全性和可靠性。选择时要全面考虑电动机的类型、容量、转速、负载性质及使用环境等诸多因素。同时，对于电动机相配套的控制电器和保护电器的选择也同样重要。

（1）容量的选择。电动机容量大小一般以功率衡量，其一般是由负载的功率决定的，选用时，应充分考虑负载的性质及工作方式等因素。

（2）转速的选择。异步电动机的转速接近于同步转速，而同步转速是由磁极对数 p 决定的，极数多，则转速低，且电动机尺寸也大，价格贵。电动机转速选择应尽可能接近于生产机械的转速，以简化传动装置。

（3）类型的选择。电动机的种类选择应根据生产机械性质、安装位置、工作环境及运行方式等因素，从技术和经济两方面进行综合考虑后确定。对于无特殊调速要求的，应首选结构简单、性能优良、价格便宜、维修方便的鼠笼式异步电动机；对启动转矩大、启动频繁、又有一定调速要求的，应选用绕线式异步电动机；对有特殊要求的设备，比如根据不同使用环境而有不同要求的，选择绝缘等级、防尘、防水、耐腐蚀等性能不同的电动机。

2. 三相异步电动机的安装原则

电动机的安装不仅影响其运行性能，对于后期的检查、维修也十分重要。若安装不当，则可能缩短电动机的寿命并引起故障，还可能损坏周围的设备，甚至危及操作人员的生命安全。因此，必须慎重考虑安装场所。

电动机的安装应遵循如下原则：

（1）安装地点要便于对电动机的使用、检查、维护。

（2）一般场所安装电动机，要注意防尘、防潮、防水等。灰尘过多会附在电动机的线圈上，使电动机的绝缘性能降低、散热效果变差；环境潮湿则可能引起漏电。特殊情况下要抬高基础，安装换气扇排潮。

（3）通风条件要良好。环境温度过高会降低电动机的效率，甚至使电动机过热烧毁。

（4）有大量尘埃、爆炸性或腐蚀性气体、极端环境温度以及水中作业等场所，应该选择具有合适防护型式的电动机。

（5）电动机安装要有可靠的接地保护，防止因绝缘破坏而漏电。在电源中性点直接接地系统中，采用保护接中性线；在电源中性点不接地系统中，应采用保护接地；在电动机密集地区应将中性线重复接地。

3. 三相异步电动机运行中的监视

电动机在运行中应进行监视和维护，这样才能及时了解电动机的工作状态，及时发现异常现象，以保障运行安全。

（1）电机启动后，应注意观察，若有异常情况，应立即停机。待查明故障并排除后，才能重新合闸启动。

（2）检查电动机通风和环境情况。应保持电动机及罩壳的干净卫生，保证冷却风扇的正常运行。

（3）应随时注意电动机的温升，防止过热烧坏电机。若存在短时间内的急剧温升，应立即停机检查。

（4）关注电动机运行时有无异常噪声、异常振动，轴承有无异常的声响等。若发现问题，应立即停机检查。

（5）检查电动机是否发出异常气味，轴承部位是否挥发有油脂气味。若发现问题，应立即停机检查。

4. 三相异步电动机的定期维修

定期维修是消除隐患、防止故障发生的重要措施。电动机维修分月维修和年维修，俗称小修和大修。前者不拆开电动机，后者需把电动机全部拆开进行维修。

1）定期小修项目

定期小修是对电动机的一般清理和检查，对电动机和附属设备不做大的拆卸，大约每半年或更短的时间进行一次。小修内容主要包括：

（1）清擦电动机外壳，除掉运行中积累的污垢。

（2）测量电动机绝缘电阻，测后注意重新接好线，拧紧接线螺钉。

（3）检查电动机端盖、地脚螺钉是否紧固。

（4）检查电动机接地线是否可靠。

（5）检查电动机与负载机械间的传动装置是否良好。

（6）拆下轴承盖，检查润滑介质是否变脏、干涸，及时加油或换油。处理完毕后注意上好端盖及紧固螺钉。

（7）检查电动机的附属启动和保护设备是否完好。

2）定期大修项目

电动机最好每年要大修一次，大修的目的在于对电动机进行一次全面、彻底的检查、维护，发现问题并及时处理。大修时需要拆开电动机进行以下项目的检查修理。

（1）检查电动机各部件有无机械损伤，若有则应做相应修复或更换。

（2）对拆开的电动机和启动设备进行清理，清除所有油泥、污垢。清理中注意观察绕组绝缘状况。若绝缘为暗褐色，说明绝缘已经老化，对这种绝缘状态要特别注意，不要碰撞使它脱落。若发现有脱落现象就要进行局部绝缘修复和刷漆。

（3）拆下轴承，浸在汽油或柴油中彻底清洗。把轴承架与钢珠间残留的油脂及污垢洗掉后，用干净的汽油清洗一遍。清洗后的轴承应转动灵活、不松动。若轴承表面粗糙，说明油脂不合格；若轴承表面变色，则它已经退火。根据检查结果，对油脂或轴承进行更换，并消除故障原因。

（4）检查定子绕组是否存在故障。使用兆欧表测绕组绝缘电阻可判断绕组绝缘是否受潮或是否有短路。若有则应进行相应处理。

（5）检查定、转子铁心有无磨损和变形，若观察到有磨损处或发亮点，说明可能存在定、转子铁心相擦。应使用锉刀或刮刀把亮点刮低。若有变形应做相应修复。

（6）在进行以上各项修理、检查后，对电动机进行重新装配。

（7）转配完毕的电动机，应进行相关电气检查，符合要求后，方可使用。

5. 三相异步电动机的常见故障及处理方法

三相异步电动机在日常巡检中，如发现任何异常现象，相关技术人员应及时进行相应的处理，并做好记录，同时向有关领导报告。表 2-2-2 所示是三相异步电动机常见故障及其处理办法。

表 2-2-2　三相异步电动机常见故障及其处理方法

序号	故障现象	故障原因	处理方法
1	电动机不能启动	（1）电源未接通； （2）熔断器熔丝烧断； （3）控制线路接线错误； （4）定子或转子绕组断路； （5）定子绕组相间短路或接地； （6）负载过重或机械部分被卡住； （7）热继电器规格不符或调得太小，或过电流继电器调得太小； （8）电动机△连接误接成Y连接，使电动机重载下不能启动； （9）定子绕组接线错误	（1）检查电源电压、开关、线路、触头、电动机引出线头，查出后修复； （2）先检查熔丝烧断原因并排除故障，再按电动机容量，重新安装熔丝； （3）根据原理图、接线图检查线路是否符合图纸要求，查出错误纠正； （4）用万用表，兆欧表或串灯法检查绕组，如属断路，应找出断开点，重新连接； （5）检查电动机三相电流是否平衡，用兆欧表检查绕组有无接地，找出故障点修复； （6）重新计算负载，选择容量合适的电动机或减轻负载，检查机械传动机构有无卡住现象，并排除故障； （7）选择整定电流范围适当的热继电器，并根据电动机的额定电流重新调整； （8）根据电动机上铭牌重新接线； （9）重新判断绕组头尾端，正确接线

续表

序号	故障现象	故障原因	处理方法
2	电动机启动时熔丝被熔断	（1）单相启动； （2）熔丝截面面积过小； （3）一相绕组对地短路； （4）负载过大或机械卡住； （5）电源到电动机之间连接线短路； （6）绕线式电动机所接的启动电阻太小或被短路	（1）检查电源线、电动机引出线、熔断器、开关、触头，找出断线或假接故障并排除； （2）重新计算，更换熔丝； （3）拆修电动机绕组； （4）将负载调至额定值，并排除机械故障； （5）检查短路点后进行修复； （6）消除短路故障或增大启动电阻
3	通电后电动机嗡嗡响不能启动	（1）电源电压过低； （2）电源缺相； （3）电动机引出线头尾接错或绕组内部接反； （4）△连接绕组，误接成Y连接； （5）定子转子绕组断路； （6）负载过大或机械被卡住； （7）装配太紧或润滑脂硬； （8）改极重绕时，楔槽配合选择不当	（1）检查电源电压质量，与供电部门联系解决； （2）检查电源电压、熔断器、接触器、开关、某相是否断线或假接，进行修复； （3）在定子绕组中通入直流电，检查绕组极性，判断绕组头尾是否正确，重新接线； （4）将Y连接改回△连接； （5）找出断路点进行修复，检查绕线转子电刷与集电环接触状态，检查启动电阻有无断路或电阻过大； （6）减轻负载，排除机械故障或更换电动机； （7）重新装配，更换油脂； （8）选择合理绕组形式和节距，适当车小转子直径；重新计算绕组参数
4	电动机外壳带电	（1）电源线与地线接错，且电动机接地不好； （2）绕组受潮，绝缘老化； （3）引出线与接线盒相碰接地； （4）线圈端部顶端接地	（1）纠正接线错误，机壳应可靠地与保护地线连接； （2）对绕组进行干燥处理，绝缘老化的绕组应更换； （3）包扎或更换引出线； （4）找出接地点，进行包扎绝缘和涂漆，并在端盖内壁垫绝缘纸
5	电动机空载或负载时电流表指针来回摆动	（1）笼型转子断条或开焊； （2）笼型转子电动机有一相电刷接触不良； （3）笼型转子电动机集电环短路，装置接触不良； （4）绕线式转子一相断路	（1）检查断条或开焊处并进行修理； （2）调整电刷压力，改善电刷与集电环接触面； （3）检修或更换短路装置； （4）找出断路处，排除故障

续表

序号	故障现象	故障原因	处理方法
6	电动机启动困难，加额定负载时转速低于额定值	（1）电源电压过低； （2）△连接绕组误接成Y连接； （3）绕组头尾接错； （4）笼型转子断条或开焊； （5）负载过重或机械部分转动不灵活； （6）笼型转子电动机启动变阻器接触不良； （7）定、转子绕组部分绕组接错或接反； （8）电刷与集电环接触不良； （9）绕线式转子一相断路； （10）重绕时匝数过多	（1）用电压表或万用表检查电源电压，且调整电压； （2）将Y连接改回△连接； （3）绕组头尾正确接线； （4）找出断条或开焊处，进行修理； （5）减轻负载或更换电动机，改进机械传动机构； （6）检修启动变阻器的接触电阻； （7）改善电刷与集电环的接触面积，调整电刷压力； （8）纠正接线错误； （9）找出断路处，排除故障； （10）按正确绕组匝数重绕
7	电动机运行时振动过大	（1）基础强度不够或地脚螺钉松动； （2）传动带轮、靠轮、齿轮安装不合适，配合键磨损； （3）轴承磨损，间隙过大； （4）气隙不均匀； （5）转子不平衡； （6）铁心变形或松动； （7）转轴弯曲； （8）扇叶变形，不平衡； （9）笼型转子断条，开焊； （10）绕线转子绕组短路； （11）定子绕组短路、断路、接地连接错误等	（1）将基础加固或加弹簧垫，紧固螺丝； （2）重新安装，找正、更换配合键； （3）检查轴承间隙，更换轴承； （4）重新调整气隙； （5）清扫转子紧固螺钉，校正动平衡； （6）校铁心，重新装配； （7）校正转轴找直； （8）校正扇叶，找动平衡； （9）进行补焊或更换笼条； （10）找出短路处，排除故障； （11）找出故障处，排除故障
8	电动机运行时有杂音	（1）电源电压过高或不平衡； （2）定、转子铁心松动； （3）轴承间隙过大； （4）轴承缺少润滑脂； （5）定、转子相擦； （6）风扇碰风扇罩或风道堵塞； （7）转子擦绝缘纸或槽楔； （8）各相绕组电阻不平衡，局部有短路； （9）定子绕组接错； （10）改极重绕时，槽楔配合不当； （11）重绕时每相匝数不等； （12）电动机单相运行	（1）调整电压或与供电部门联系解决； （2）检查振动原因，重新压铁心，进行处理； （3）检查或更换轴承； （4）清洗轴承，增加润滑脂； （5）正确装配，调整气隙； （6）修理风扇罩，清理通风道； （7）剪修绝缘纸或检修槽； （8）找出短路处，进行局部修理或更换线圈； （9）重新判断头尾，正确接线； （10）校验定、转子槽楔配合； （11）重新绕线，改正匝数； （12）检查电源电压、熔断器、接触器、电动机接线

续表

序号	故障现象	故障原因	处理方法
9	电动机轴承发热	（1）润滑脂过多或过少； （2）油质不好，含有杂质； （3）轴承磨损，有杂质； （4）油封过紧； （5）轴承与轴的配合过紧或过松； （6）电动机与传动机构连接偏心或传动带过紧； （7）轴承内盖偏心，与轴相擦； （8）电动机两端盖与轴承盖安装不平； （9）轴承与端盖配合过紧或过松； （10）主轴弯曲	（1）清洗后，增加润滑脂，充满轴承室容积的1/2~2/3； （2）检查油内有无杂质，更换符合要求的润滑脂； （3）更换轴承，对含有杂质的轴承要清洗、换油； （4）修理或更换油封； （5）检查轴的尺寸公差，过松时用树脂黏合，过紧时进行车加工； （6）校正转动机构中心线，并调整传动带的张力； （7）修理传承内盖，使与轴的间隙适合； （8）安装时，使端盖和轴承盖止口平整装入，然后再旋紧螺钉； （9）过松时要镶套，过紧时要进行车加工； （10）矫直弯轴
10	电动机过热或冒烟	（1）电源电压过高或过低； （2）电动机过载运行； （3）电动机单相运行； （4）频繁启动和制动及正反转； （5）风扇损坏，风道阻塞； （6）环境温度过高； （7）定子绕组匝间或相间短路，绕组接地； （8）绕组接线错误； （9）大修时曾烧铁心，铁耗增加； （10）定转子铁心相擦； （11）笼型转子断条或绕线转子绕组接地松开； （12）进风温度过高； （13）重绕后绕组浸渍不良	（1）检查电源电压，与供电部门联系解决； （2）检查负载情况，减轻负载或增加电动机容量； （3）检查电源、熔丝、接触器，排除故障； （4）正确操作，减少启动次数和正反向转换次数，或更换合适的电动机； （5）修理或更换风扇，清除风道异物； （6）采取降温措施； （7）找出故障点，进行修复处理； （8）△连接电动机误接成Y连接，或Y连接电动机误接成△连接，纠正接线错误； （9）做铁心检查试验，检修铁心，排除故障； （10）正确装配，调整间隙； （11）找出断条或松脱处，重新补焊或扭紧固定螺钉； （12）检查冷却水装置及环境温度是否正常； （13）要采用二次浸漆工艺或真空浸漆措施

续表

序号	故障现象	故障原因	处理方法
11	绝缘电阻低	（1）绕组绝缘受潮； （2）绕组沾满灰尘、油垢； （3）绕组绝缘老化； （4）电动机接线板损坏，引出线绝缘老化破裂	（1）进行加热烘干处理； （2）清理灰尘、油垢，并进行干燥、浸渍处理； （3）可进行干燥、涂漆处理或更换绝缘； （4）重包引线绝缘，修理或更换接线板
12	电动机空载电流不平衡，并相差很大	（1）绕组头尾接错； （2）电源电压不平衡； （3）绕组有匝间短路，某线圈组接反； （4）重绕时，三相线圈匝数不一样	（1）重新判断绕组头尾，改正接线； （2）检查电源电压，找出原因并排除； （3）检查绕组极性，找出短路点，改正接线和排除故障； （4）重新绕制线圈
13	电动机三相空载电流增大	（1）电源电压过高； （2）Y连接电动机误接成△连接； （3）气隙不均匀或增大； （4）电动机装配不当； （5）大修时，铁心过热灼损； （6）重绕时，线圈匝数不够	（1）检查电源电压，与供电部门联系解决； （2）将绕组改为Y连接； （3）调整气隙； （4）检查装配情况，重新装配； （5）检修铁心或重新设计和绕制绕组进行补偿； （6）增加绕组匝数

三、任务实施

三相异步电动机的绕组判别与接线

2.3 三相异步电动机的绕组判别与接线

通过前面的知识介绍，三相异步电动机有星形连接和三角形连接两种基本接线方式，如图 2-2-30 所示。当三相异步电动机定子绕组各相引出线的标志完整保留时，电动机便可以按其铭牌所规定的接线方式正确使用。但是，当六根引出线的标志已脱落且无

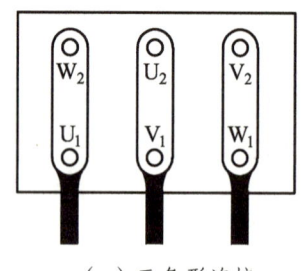

（a）三角形连接

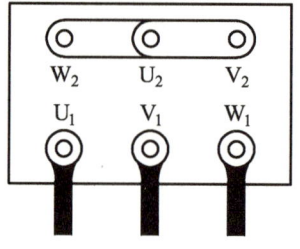

（b）星形连接

图 2-2-30 异步电动机接线盒

法通过肉眼判断三相绕组的首尾端时,则不能随便接线,否则有可能导致短路并烧毁电机。这时必须先判断哪些引出线是属于同一相的,并分清每相绕组的首尾端,这样才能确保接线无误,使电动机安全运行。

下面用万用表判别定子绕组首尾端并进行正确接线。对某相绕组而言,通常把电流流入的一端称为首端,电流流出的一端称为尾端。

1. 材料及工具准备

三相异步电动机 1 台,连接软导线若干,导码管若干,机械万用表 1 台,中号十字螺丝刀 1 把,1.5 V 电池 1 节,绝缘胶布 1 卷,鳄鱼夹若干。

2. 操作步骤

1)校表、验表

检查万用表的外观是否破损,并水平放置。将万用表的红黑表笔插入正确的孔位,先进行机械调零,使指针"左对零";再选择合适的欧姆挡位("R×100"或"R×1K"),并进行欧姆调零,将红黑表笔短接,使指针"右对零"。

2)打开接线盒

用螺丝刀拧开电动机的接线盒盖,并将卸下的螺丝放置在盖内,避免丢失。

3)分相

用电阻测量法判别电动机定子每相绕组的两个线头。万用表选择电阻挡,将其中一支表笔接电动机的任意一根线头,另一支表笔依次接剩余出线,若所测电阻值趋近于零,则此时表笔所接的两个线头为同相绕组。用同样的方法找出其他两相绕组的两个线头,并用导码管做好标记。

4)判断首尾端

用直流电流法判断电动机各相绕组的首尾端。万用表选择直流毫安挡的最小量程(0.5 mA),将两支表笔分别接任意一相绕组的两端,用干电池接另外一相绕组,如图 2-2-31 所示。

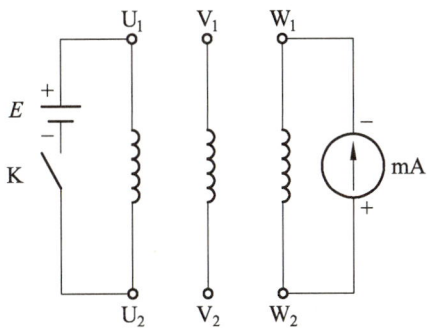

图 2-2-31　直流电流法测电机首尾端

电池电路接通瞬间,根据电磁感应原理,另一相绕组将产生瞬时感应电流而使指针偏转,根据指针摆动的方向可判断绕组的首尾端。闭合瞬间,若指针向右摆动(正偏),

则接电池正极的线头与万用表负极（黑笔）所接的线头同为首端或尾端；若指针向左摆动（反偏），则接电池正极的线头与万用表的正极（红笔）所接的线头同为首端或尾端，可按照"左正正，右正负"的顺序记忆。判断完成后，做好标记。

保持万用表表笔接线不变，将电池改接到第三相绕组的两个线头上重复以上试验，确定第三相绕组的首尾端，由此可确定三相绕组各自的首尾。需要说明的是：绕组的首端和尾端并不是绝对的，若规定"一端"进线为首端，则其对应的另一端即为尾端。

5）校验

万用表选择直流毫安挡的最小量程。将判别出的三个首端和三个尾端分别连接在一起，分别与万用表的两支表笔相连，如图2-2-32所示。快速转动电动机转轴，如指针基本不动，则判别结果正确；如指针明显左右摆动，则判别结果错误，需要重新判别。

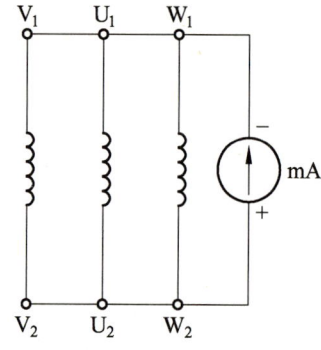

图 2-2-32　电流法校验

6）接线

按照电机铭牌要求进行正确的接线。

7）整理

将万用表转换开关旋至"OFF"挡位或交流电压的最高量程挡上；将电动机上所做的标记全部拆除，装回接线盒盖，恢复原状；将电动机、万用表及干电池等工具放置在安全位置，并摆放整齐；打扫工位，清理现场。

四、任务评价

表 2-2-3　任务评价表

专业班级		组　号		姓　名		学　号	
考核项目	考核要求	分数配比	自　评		互　评		得分
工作准备情况	（1）书、网络资源、笔记本、笔、图纸、工器具等材料准备齐全； （2）实验计划等按要求准备； （3）安全保护措施等按要求准备	10					
检查、校验万用表	（1）万用表未水平摆放扣 2 分； （2）正、负表笔线连接极性插错扣 2 分； （3）挡位调错扣 2 分； （4）未机械调零扣 2 分； （5）未欧姆调零扣 2 分	10					
拆开接线盒盖	（1）未验电扣 2 分； （2）未卸固定螺丝扣 1 分； （3）未打开接线盒盖扣 2 分	5					
绕组分相	（1）未分绕组此项不得分； （2）找错一相绕组扣 5 分，未做标记扣 2 分； （3）万用表测量后挡位未归位扣 3 分	20					
判断首尾端	（1）未调整万用表挡位此项不得分； （2）挡位调错扣 3 分； （3）未找首尾端此项不得分； （4）电池组通电时间超过 2 s，一次扣 3 分； （5）首尾端找错一项扣 5 分； （6）首尾端未做标记扣 2 分	20					

续表

考核项目	考核要求	分数配比	自 评	互 评	得分
校验	（1）未校验此项不得分； （2）挡位调错扣 3 分； （3）接线错误此项不得分	10			
接线	（1）未按铭牌要求接线此项不得分； （2）接线错误扣 5 分； （3）螺母未上紧 1 个扣 1 分，垫片、弹簧垫少装 1 个扣 1 分； （4）未装接线盒盖扣 2 分； （5）未对角上接线盒螺丝扣 1 分	10			
拆线归位	（1）未拆下抽头线扣 2 分； （2）未装回接线盒扣 2 分； （3）螺丝少装 1 个扣 1 分	5			
职业素养及安全文明操作	（1）严格遵守安全操作规程，符合管理要求； （2）不浪费耗材，不损坏工具、仪表等； （3）工作台工具摆放整齐，仪器仪表关闭，现场清洁卫生	10			
总分					

学生互动交流及改进总结：

教师评语及签名：

五、知识拓展

单相异步电动机简介

单相异步电动机是利用单相交流电源供电的一种小容量交流电动机,功率约在几十瓦到几百瓦之间。单相异步电动机具有结构简单、成本低廉、维修方便等特点,被广泛应用于如冰箱、空调、电扇、洗衣机、电吹风、电钻等家用电器及医疗器械中。但与同容量的三相异步电动机相比,单相异步电动机的体积较大,运行性能较差,效率较低。

1. 单相异步电动机的结构

单相异步电动机在结构上与三相笼形异步电动机类似,也由定子和转子两大部分组成。定子部分主要由定子铁心、定子绕组、机座、端盖等组成,转子部分主要由转子铁心、转子绕组、转轴等组成。

单相异步电动机按工作场合和用途不同,有不同的结构形式,其典型外观与三相异步电动机类似。也有一些比较特殊的,比如普通家用台扇是内转子、外定子的基本结构;而家用吊扇则属于外转子、内定子结构,如图 2-2-33 所示。但它们在工作原理上是相同的。

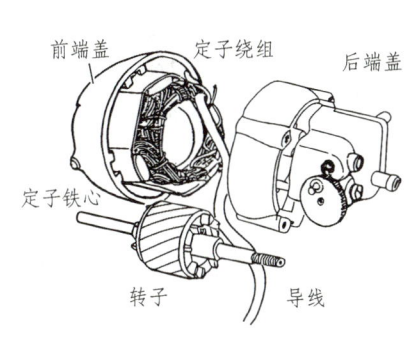
（a）电容运行台扇电动机结构

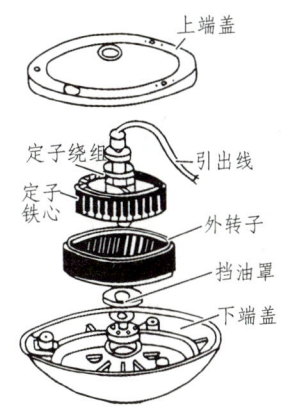
（b）电容运行吊扇电动机结构

图 2-2-33 单相异步电动机结构

2. 单相异步电动机的工作原理

1) 单相绕组的脉动磁场

单相异步电动机的定子绕组为单相,转子一般为鼠笼式。在单相异步电动机的定子绕组通入单相交流电,电动机内将产生一个大小及方向随时间沿定子绕组轴线方向变化的磁场,称为脉动磁场。如图 2-2-34 所示。

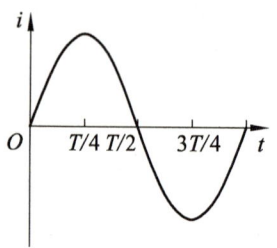 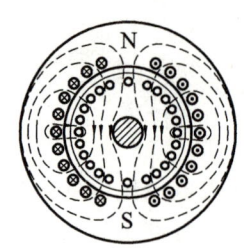 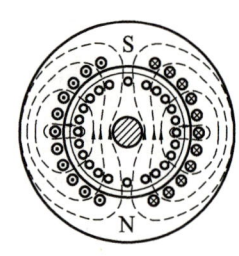

（a）单相交流电流波形　　（b）电流正半周产生的磁场　　（c）电流负半周产生的磁场

图 2-2-34　单相脉动磁场的产生

由于单相绕组通入单相交流电产生的是脉动磁场，在启动时转子导体与磁场没有相对运动，无法产生电磁力，因此，单相异步电动机不能自行启动。如果用外力拨动一下电动机的转子，则转子导体将会切割定子绕组产生的脉动磁场而产生感应电动势和电流，最终会受到电磁力的作用而转动起来。

2）两相绕组的旋转磁场

为了解决单相异步电动机不能自行启动的问题，可在电动机的定子绕组中加装一个启动绕组，并使二者在空间位置上相差 90°，然后通入相位相差 90° 的正弦交流电，那么就能产生一个像三相异步电动机那样的旋转磁场，实现自行启动，如图 2-2-35 所示。转动后的单相异步电动机，断开启动绕组后仍可继续工作。

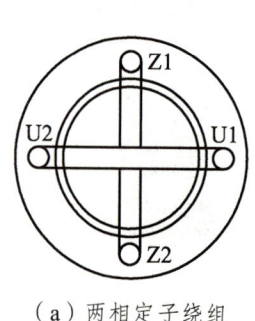 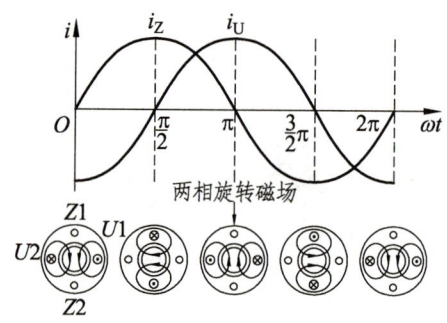

（a）两相定子绕组　　　　　　　（b）电流波形及两相旋转磁场

图 2-2-35　两相绕组旋转磁场的产生

3. 单相异步电动机的种类

由以上分析可知，要解决单相异步电动机的启动问题，实质就是要解决气隙中旋转磁场的产生问题。

根据结构和启动方式不同，单相异步电动机一般可分为单相电阻启动异步电动机、单相电容启动异步电动机、单相电容运行异步电动机、单相电容启动与运行异步电动机（单相双电容异步电动机）和单相罩极式异步电动机 5 个基本类型。

1）单相电阻启动异步电动机

单相电阻起动异步电动机的定子上嵌放两个绕组，如图 2-2-36 所示。两个绕组接在同一单相电源上,副绕组(辅助绕组)中串一个离心开关。开关作用是当转速上升到 80% 的同步转速时断开副绕组,使电动机运行在只有主绕组工作的情况下。为了使启动时产生启动转矩,通常可取两种方法:

(1)副绕组中串入适当电阻;

(2)副绕组采用的导线比主绕组截面细,匝数比主绕组少。

这样两相绕组阻抗就不同,促使通入两相绕组的电流相位不同,达到启动目的。由于电阻分相启动时,电流的相位移较小,小于 90° 电角度,启动时,电动机的气隙中将建立一个椭圆形旋转磁场,因此电阻分相式异步电动机启动转矩较小。

单相电阻启动异步电动机的转向由气隙旋转磁场的方向决定,若要改变电动机的转向,只要把主绕组或副绕组中任何一个绕组电源接线对调,就能改变气隙磁场,达到改变转向目的。

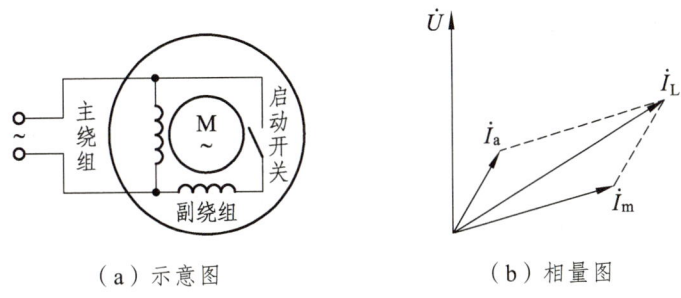

(a)示意图 　　　　　(b)相量图

图 2-2-36　单相电阻起动异步电动机

2)单相电容启动异步电动机

单相电容分相启动异步电动机的电路如图 2-2-37 所示。在副绕组中串联一个电容器和一个开关,如果电容器容量选择适当,则可以在启动时使副绕组的电流在时间和相位上超前主绕组电流 90° 电角度,这样在启动时就可以得到一个接近圆形的旋转磁场,从而有较大启动转矩。电动机启动后转速达到 75%~85% 同步转速时副绕组通过开关自动断开,主绕组进入单独稳定运行。

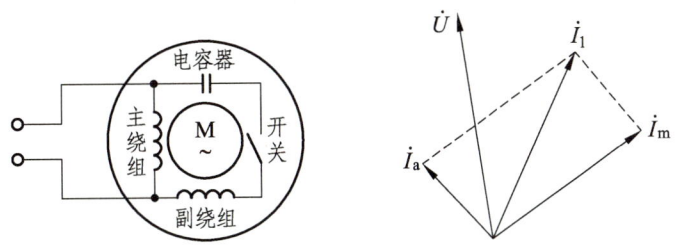

图 2-2-37　单相电容起动异步电动机

3)单相电容运行异步电动机

与单相电容启动式电动机相比较,其启动绕组中不串启动开关 S,如图 2-2-38 所示。其启动绕组和启动电容器在电动机启动后也参与运行,因此称为电容运转式电动机。其优点是运行时输出功率大、功率因数高、过载能力强、噪声低、振动小，广泛应用于各种小功率的家用电器中。其缺点是启动性能不如电容启动式电动机好。

4）单相电容启动与运行异步电动机

为了使电动机的启动和运行性能都比较好，可以在启动绕组中串联两个相互并联的电容器，其中 C_1 与启动开关 S 串联。电动机启动时，两个电容器都参与工作；启动结束，由 S 断开启动电容器，只有 C_2 参与运行，这样电动机的启动与运行性能都能得到保障，如图 2-2-39 所示。

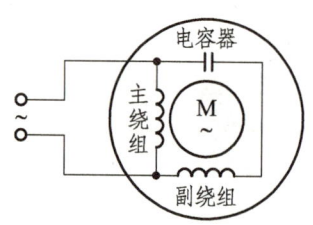

图 2-2-38　单相电容运行异步电动机

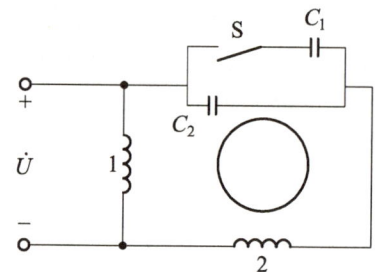

图 2-2-39　单相电容启动与运行异步电动机

5）单相罩极式异步电动机

单相罩极式异步电动机的结构有凸极式和隐极式两种，其中以凸极式结构最为常见，如图 2-2-40 所示。凸极式异步电动机定子做成凸极铁心，然后在凸极铁心上安装集中绕组，组成磁极，在每个磁极 1/4～1/3 处开一个小槽，槽中嵌放短路环，将小部分铁心罩住。转子均采用笼型结构。

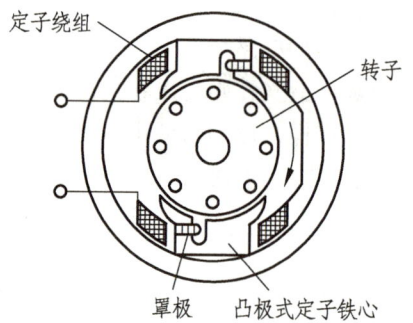

图 2-2-40　单相凸极式电动机基本结构

当定子绕组通入单相交流电流时，所产生的脉动磁场可分为两部分，一部分磁通 Φ_1 不穿过短路环，另一部分磁通 Φ_2 穿过短路环，由于短路环在变化的磁场中产生感应电流，使 Φ_2 滞后于 Φ_1，这种相位差相当于磁场未罩的部分向被罩的部分连续移动，磁场的中心线始终是由磁极的未罩部分移向被罩部分。这种移动磁场实际上是椭圆度很大的旋转磁场，使电动机产生启动转矩自行启动并运行。

单相罩极式电动机结构简单、价格低、维护方便，但启动转矩小，一般用在小功率电气设备中，如电风扇、鼓风机等。

项目二 轨道交通常用电机

任务三 永磁同步电机

2.4 永磁同步电机

一、任务目标

（1）认识永磁同步电机的基本结构，掌握其接线与应用，了解其装配方法。

（2）通过相关基础知识的学习，完成永磁同步电机的正确接线，并对永磁同步电机进行拆装，熟悉其基本结构和装配方法。

二、相关知识

（一）永磁同步电机概述

永磁同步电机（PMSM）是一种同步电机，也属于交流电机的一种，其转子由具有永久磁体的钢制成，电机工作时给定子通电，产生旋转磁场推动转子转动。"同步"的意思是稳态运行时，转子的旋转速度与磁场的旋转速度同步。常见的永磁同步电机如图2-3-1所示。

图 2-3-1 永磁同步电机

永磁同步电动机具有较高的功率质量比，体积更小，质量更轻，输出转矩更大，电动机的极限转速和制动性能也比较优异，因此永磁同步电动机已成为现今电动汽车应用最多的电动机。这种电机因其高效率、高功率密度、精确控制和低噪声等优点，在工业自动化、电动汽车、精密定位系统以及轨道交通等领域得到了广泛的应用。

（二）永磁同步电机的基本结构

1. 永磁同步电机的组成

永磁同步电机（PMSM）主要由定子、转子、轴承、端盖、编码器、冷却系统等关键部件组成，如图 2-3-2 所示。

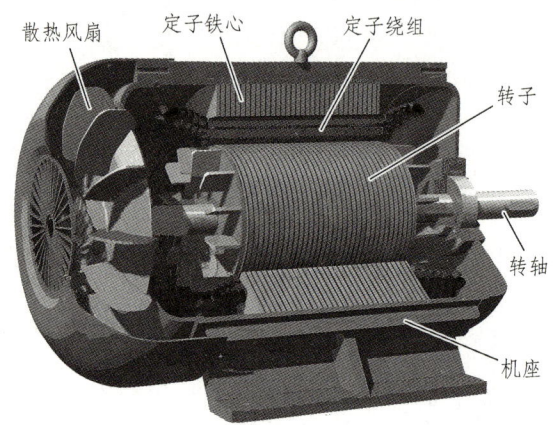

图 2-3-2　永磁同步电机结构

1）定子

定子（stator）是电机的固定部分，通常由硅钢片叠压而成，以减少运行时的铁损。定子内部嵌有三相交流绕组，当通以交流电流时，会产生旋转磁场。定子的设计和材料选择对电机的性能有重要影响。

2）转子

转子（rotor）是电机的旋转部分，其上安装有永磁体。转子的设计可以分为表面安装式（永磁体直接安装在转子表面）和内置式（永磁体嵌入转子铁心内部）。转子的永磁体排列和磁化方式对电机的性能有直接影响。

3）轴承

轴承（bearings）支撑转子，使其能够在定子内部自由旋转。轴承的类型和质量直接影响电机的运行平稳性和寿命。

4）端盖

端盖（end shields）用于固定转子，并将电机的定子和转子部分封闭起来，形成必要的结构支撑。

5）编码器

编码器（encoder）用于提供转子位置的反馈信号，这对于实现精确的速度和位置控制至关重要。编码器可以是增量式或绝对式，常见的类型包括光电编码器和磁性编码器。

6）冷却系统

由于电机在运行过程中会产生热量，因此需要冷却系统来维持电机在适宜的温度范围内工作。冷却系统可以是风冷、水冷或其他类型的冷却方式。

2. 永磁同步电机的分类

永磁同步电机可以根据其结构特点、工作原理和应用需求等进行分类。以下是永磁同步电机的一些主要分类方式。

1）根据永磁体的安装方式分类

表面安装永磁同步电机：永磁体直接安装在转子的表面。这种设计简单，易于制造，但可能在高速运行时产生较大的离心力。

内置式永磁同步电机：永磁体嵌入在转子铁心内部。这种设计可以提供更好的热管理，减少离心力的影响，适用于高转速和高性能的应用。

2）根据永磁体的磁化方向分类

径向磁化永磁同步电机：永磁体的磁场沿径向方向分布，这种电机通常具有较高的效率和较好的高速性能。

切向磁化永磁同步电机：永磁体的磁场沿切向方向分布，这种电机在某些特定应用中可能提供更好的性能。

3）根据转子结构分类

凸极式永磁同步电机：转子上有明显凸起的磁极，这种设计有助于提高电机的转矩密度。

隐极式永磁同步电机：转子表面平滑，永磁体安装在转子内部，这种设计有助于减少转子的转动惯量，提高转子的响应速度。

4）根据控制策略分类

矢量控制永磁同步电机：采用矢量控制技术，可以实现对电机转矩和磁场的独立控制，提供高精度的控制性能。

直接转矩控制永磁同步电机：直接控制电机的转矩和磁链，适用于要求快速响应的应用。

5）根据应用领域分类

工业自动化用永磁同步电机：适用于需要精确控制和高性能的自动化设备。

电动汽车用永磁同步电机：适用于电动汽车驱动系统，提供高效率和良好的加速性能。

6）根据励磁方式分类

他励永磁同步电机：励磁电流由外部电源提供。

自励永磁同步电机：励磁电流由电机本身产生。

（三）永磁同步电机的工作原理

永磁同步电机的工作原理基于电磁学的基本原理，即通电导体在磁场中会受到力的作用。在永磁同步电机中，定子绕组通以三相交流电后产生旋转磁场。转子上的永磁体在定子旋转磁场的作用下，产生同步旋转，从而将电能转换为机械能。以下是永磁同步电机工作原理的详细解释。

1. 磁场的产生

永磁同步电机的定子（即电机的固定部分）通常包含三相绕组。当交流电流通过这些绕组时，根据安培定律，会在绕组周围产生磁场。这个磁场随着交流电流的周期性变化而旋转，形成一个旋转磁场。

2. 转子的同步旋转

在永磁同步电机中，转子上安装有永磁体。这些永磁体产生一个恒定的磁场。当定子的旋转磁场与转子上的永磁体磁场相互作用时，根据洛伦兹力定律，会在转子上产生力矩，这个力矩驱动转子以与定子磁场相同的速度旋转，实现同步旋转。

3. 力矩的产生

在电机运行过程中，定子旋转磁场与转子永磁体磁场之间的相互作用会产生力矩。这个力矩的大小取决于两个磁场的强度和它们之间的相对位置。当两个磁场轴线正对时，产生的力矩为零；当它们有一定夹角时，产生的力矩最大。通过控制定子绕组中的电流，可以控制力矩的大小和方向，从而控制电机的转速和转矩。

4. 能量转换

永磁同步电机将电能转换为机械能。在启动和加速阶段，电机从电源吸收能量并转换为机械能，驱动负载旋转。在制动阶段，电机可以将机械能转换回电能，反馈到电网或通过制动电阻消耗掉。

5. 控制策略

为了实现精确的速度和位置控制，永磁同步电机通常采用矢量控制（Field-Oriented Control，FOC）等先进的控制策略。这些控制策略通过调整定子绕组中的电流来控制电机的磁场和力矩，从而实现对电机性能的精确控制。

与传统的交流异步电机相比，永磁同步电机具有更高的效率和更低的噪声。由于永磁体的使用，减少了励磁损耗，使得电机在部分负荷和满负荷运行时都能保持较高的效率。此外，永磁同步电机的紧凑尺寸和轻质量也使其在空间受限的应用中具有优势。

永磁同步电机可以实现精确的速度和位置控制，这使得它们在需要高精度控制的场合非常有用，如机器人关节驱动、数控机床等。此外，通过矢量控制（FOC）等先进的控制策略，可以进一步提高电机的性能和效率。

三、任务实施

永磁同步电机的冷态电阻及速度–频率测试

1. 实验内容

（1）测量定子绕组的冷态电阻。

（2）速度-频率 $n = f(f)$ 测试。

2. 主要实验设备

实验桌 1 件，电源控制屏 1 件，三相永磁同步电机控制箱 1 件，涡流测功系统导轨 1 件，三相永磁同步电机 1 件。

3. 实验步骤

1）测量定子绕组的冷态直流电阻

将电机在室内放置一段时间，用温度计测量电机绕组端部或铁心的温度。当所测温度与冷却介质温度之差不超过 2 K 时，即为实际冷态。记录此时的温度和测量定子绕组的直流电阻，此阻值即为冷态直流电阻。

下面用伏安法测量，其线路如图 2-3-3 所示。直流电源用主控屏上电枢电源先调到 50 V，开关 S 选用试验台挂件上的双刀双掷开关，R 用 1 800 Ω 可调电阻。

量程的选择，测量时通过的测量电流应小于额定电流的 20%，约为 50 mA，因而直流电流表的量程用 200 mA 挡，直流电压表量程用 20 V 挡。

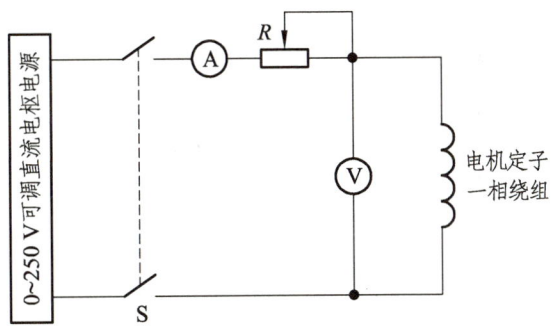

图 2-3-3　三相交流绕组电阻测定

按图 2-3-3 接线。把 R 调至最大位置，合上开关 S，调节直流电源及 R 阻值使试验电流不超过电机额定电流的 20%，以防因试验电流过大而引起绕组的温度上升，读取电流值，再读取电压值，记录于表 2-3-1 中。调节 R 使电流表分别为 50 mA，40 mA，30 mA 测取三次，计算电阻值，并取其平均值，测量定子三相绕组的电阻值。

表 2-3-1　伏安法测三相绕组阻值　　　　　　　　　室温＿＿℃

	绕组 1			绕组 2			绕组 3		
I/mA									
U/V									
R/Ω									
$R_{平均}/\Omega$									

2）速度-频率 $n = f(f)$ 测试

按图 2-3-4 接线。电机绕组为 Y 接法，直接与涡流测功机同轴连接。

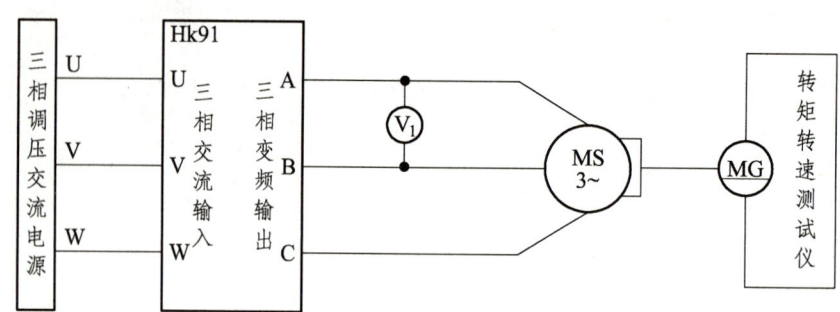

图 2-3-4　速度-频率 $n = f(f)$ 测试接线图

按下控制屏上的"启动"按钮，把交流调压器调至电压 380 V。首先按下变频器上的 PU/EXT 按钮，调节左侧旋钮使频率显示为 0，然后按下 RUN 使电机运转起来，然后调节变频器左侧旋钮即调节频率从而改变转速。观察电机旋转方向，每 10 Hz 记录电机转速，（涡流测功机不加载）将得到的数据记录于表 2-3-2 中。

表 2-3-2　伏安法测三相绕组阻值

序号	1	2	3	4	5	6
f/Hz	0	10	20	30	40	50
n/（r/min）						

根据测定的参数，绘制 $n = f(f)$ 特性曲线图，并说明其特点。

四、任务评价

表 2-3-3 任务评价表

专业班级		组　号		姓　　名		学　号	
考核项目	考核要求	分数配比	自　评		互　评		得分
工作准备情况	（1）书、网络资源、笔记本、笔、图纸、工器具等材料准备齐全； （2）实验计划等按要求准备； （3）安全保护措施等按要求准备	10					
仪器、仪表的使用	（1）正确使用万用表、转速表、实验台等设备； （2）仪表选择错误1次扣5分； （3）仪表使用不正确1次扣5分； （4）损坏仪表此项目不得分	10					
永磁同步电机的测试接线	（1）电路绘制正确、简洁； （2）接线速度快，通电运行一次成功； （3）接线错误扣10分； （4）通电不能启动，1次扣5分	30					
观察和记录永磁同步电机的测量技术数据	（1）记录结果正确，若严重数据错误，本项不得分； （2）数据错误1处扣2分； （3）数据填写不正确1处扣2分； （4）数据计算不正确扣5分	30					
绘制 $n=f(f)$ 特性曲线	（1）曲线绘制正确； （2）特性描述准确	10					
职业素养及安全文明操作	（1）严格遵守安全操作规程，符合管理要求； （2）不浪费耗材，不损坏工具、仪表等； （3）工作台工具摆放整齐，仪器仪表关闭到位，现场清洁卫生	10					
总分							
学生互动交流及改进总结：							
教师评语及签名：							

五、知识拓展

永磁同步电机应用特性及维护

1. 永磁同步电机在不同应用场景中的性能要求和设计优化

永磁同步电机（PMSM）在不同的应用场景中会面临不同的性能要求和设计挑战。为了满足这些要求，电机的设计和优化需要考虑多种因素，包括效率、功率密度、控制精度、环境适应性等。以下是一些典型应用场景中的性能要求和相应的设计优化策略：

1）电动汽车（EVs）

性能要求：高效率、高扭矩密度、良好的加速性能、低噪声、长寿命和高可靠性。

设计优化：使用高能量密度的永磁材料，优化磁路设计以提高扭矩输出；采用先进的热管理技术以保持电机在最佳工作温度；设计紧凑的电机结构以节省空间并减轻质量。

2）工业自动化和伺服系统

性能要求：高精度的位置控制、快速响应、低振动和高精度的速度控制。

设计优化：采用高分辨率的编码器和先进的控制算法（如矢量控制）来提高控制精度；使用刚性轴承和精密的机械结构设计来减少振动。

3）可再生能源系统（如风力发电）

性能要求：高效率、高可靠性、适应极端环境条件、低维护成本。

设计优化：选择耐腐蚀和耐候性的材料；采用密封和保护措施以防止灰尘和湿气侵入；设计简化的电机结构以减少维护需求。

4）精密定位和控制系统

性能要求：高精度的位置和速度控制、快速动态响应。

设计优化：优化电机和驱动器的匹配，以实现最佳控制性能；使用特殊的轴承和支撑结构以减少非线性误差。

5）航空航天应用

性能要求：轻量化、高温耐受、高功率输出、严格的安全标准。

设计优化：使用高温永磁材料和先进的冷却技术；确保电机设计满足航空航天行业的严格安全和质量标准。

6）医疗设备（如MRI设备）

性能要求：高精度控制、极低的噪声和振动、紧凑的设计结构。

设计优化：采用特殊的隔音和减振措施；设计紧凑的电机结构以适应医疗设备的有限空间。

在所有这些应用中，电机的控制策略也是设计优化的关键部分。例如，矢量控制和直接转矩控制技术可以显著提高电机的性能，尤其是在动态响应和效率方面。此外，为了提高电机的整体性能和可靠性，还需要考虑电机的热管理、电磁兼容性和长期运行的耐久性。通过综合考虑这些因素，可以为特定的应用场景设计出性能最优化的永磁同步电机。

2. 永磁材料的特性及其对电机性能的影响

永磁材料是永磁同步电机（PMSM）的核心组成部分，它们的特性对电机的性能有着决定性的影响。永磁材料的主要功能是在电机的转子中产生一个稳定的磁场，这个磁场与定子绕组产生的旋转磁场相互作用，驱动电机旋转。以下是永磁材料的一些关键特性及其对电机性能的影响。

1）磁能积

磁能积（BHmax）是指永磁材料能达到的最大磁能量密度，通常用最大磁感应强度（B）和最大磁场强度（H）的乘积来表示。具有高磁能积的永磁材料可以在较小的体积内产生强大的磁场，从而提高电机的功率密度和扭矩输出。

2）矫顽力

矫顽力（Hc）是指使永磁材料的磁化强度降至零所需的反向磁场强度。高矫顽力的材料能够在高温或其他外部磁场干扰下保持其磁化状态，对于电机的长期稳定性和可靠性至关重要。

3）居里温度

居里温度（Tc）是永磁材料失去其磁性的临界温度。电机在高温环境下工作时，磁材料的稳定性和性能会受到影响。选择具有高居里温度的磁材料可以确保电机在宽温度范围内保持高效运行。

4）热稳定性

永磁材料在温度变化下的磁性能稳定性对电机性能有重要影响。良好的热稳定性可以减少因温度波动引起的磁性能衰减，保证电机的持续高效运行。

5）耐腐蚀性和化学稳定性

永磁材料的耐腐蚀性和化学稳定性决定了其在恶劣环境条件下的使用寿命。电机在潮湿、腐蚀性环境中工作时，磁材料的这些特性尤为重要。

6）机械强度

永磁材料的机械强度影响其在电机中的结构稳定性。高机械强度的材料可以在高速旋转和其他机械应力作用下保持完整，减少材料损耗和电机故障。

7）成本

永磁材料的成本也是电机设计中需要考虑的因素之一。高性能的永磁材料往往价格较高，这将直接影响电机的制造成本和市场竞争力。

根据应用需求的不同，电机设计师需要在永磁材料的选择上做出权衡，以达到最佳的性能和成本效益。例如，在对功率密度和效率要求极高的电动汽车驱动电机中，可能会选择稀土永磁材料如钕铁硼（NdFeB）或钐钴（SmCo），而在成本敏感或温度较高的应用中，可能会选择铁氧体或其他非稀土永磁材料。通过优化磁材料的选择和磁路设计，可以显著提升永磁同步电机的整体性能。

3. 永磁同步电机的故障诊断和维护策略

永磁同步电机（PMSM）的故障诊断和维护对于保证其长期稳定运行和提高使用寿

命至关重要。以下是一些常见的故障诊断方法和维护策略。

故障诊断方法：

（1）温度监测。电机在运行过程中会产生热量，通过安装温度传感器或使用红外热像仪监测电机的温度，可以及时发现过热问题，电机过热可能是由于过载、冷却系统故障或轴承损坏等原因造成的。

（2）振动分析。电机的异常振动可能是由于轴承损坏、不平衡或机械对中不良等原因引起的。使用振动分析仪器可以检测和分析振动频率和幅度，从而确定故障源。

（3）声音诊断。异常声音通常是电机存在问题的早期指标。通过听音棒或声音分析仪器可以识别出异常声音，帮助诊断潜在的故障。

（4）电气测试。对电机的电气参数进行定期测试，包括电阻、绝缘电阻和反电动势等，可以发现绕组故障、短路或接地问题。

（5）性能测试。通过对比电机的实际运行性能与额定性能，可以发现电机效率下降、扭矩不足等问题。

（6）磁场分析。对电机的磁场分布进行分析，可以发现永磁体退磁或磁路不对称等问题。

维护策略：

（1）定期检查。定期对电机进行视觉检查，检查是否有裂纹、腐蚀、松动的部件或其他明显的物理损伤。

（2）润滑维护。对于使用轴承的电机，定期进行润滑可以减少磨损并延长轴承寿命。润滑的频率和类型应根据电机制造商的推荐进行。

（3）冷却系统维护。确保冷却系统（如风扇、散热片、水冷系统）清洁且运行正常，以防止电机过热。

（4）电气连接检查。定期检查电机的电气连接，确保连接紧固且无腐蚀，以防止接触不良或断路。

（5）编码器和控制系统维护。对于使用编码器的电机，应定期检查编码器的准确性和可靠性。同时，检查控制系统的软件和硬件，确保其正常运行。

（6）预防性更换。根据电机的运行时间和使用条件，对易损件（如轴承、密封件）进行预防性更换，以避免突发故障。

（7）记录和分析。记录电机的运行数据和维护历史，分析故障模式和趋势，以便优化维护计划和预防性措施。

通过实施这些故障诊断和维护策略，可以有效地提高永磁同步电机的可靠性和性能，减少停机时间，并延长电机的使用寿命。

任务四　步进电机

2.5　步进电机

一、任务目标

（1）认识步进电机的基本结构，了解步进电机的工作原理，掌握如何构建与调试步进电机系统。

（2）通过相关基础知识的学习，完成对步进电机系统的构建和调试。

二、相关知识

（一）步进电机的基本结构

步进电机是一种特种电动机，它将输入的电脉冲信号转换为机械运动，每接收到一个脉冲信号就转动一个固定的角度（称为"步距角"）。这种电机的特点是其运动可以被精确地控制，不需要位置传感器或反馈装置即可实现定位和速度控制。步进电机广泛应用于各种自动化设备和控制系统中，如 3D 打印机、数控机床、机器人和办公自动化设备等。图 2-4-1 所示是一种常见的步进电机。

图 2-4-1　步进电机

1. 步进电机的组成

步进电机主要由定子、转子、轴承、外壳、连接器和引线等关键部件组成。

1）定子

定子（stator）是步进电机的固定部分，通常由多个电磁线圈组成，这些线圈按照特定的几何图案排列，以产生旋转磁场。定子的设计和线圈的排列方式决定了电机的步距角和磁场分布。

2）转子

转子（rotor）是电机的旋转部分，它可以是永磁体转子或非永磁体转子。永磁体转子上安装有永久磁铁，而非永磁体转子则通常由软磁性材料（如硅钢）制成，内部有多个齿槽，用于与定子产生的磁场相互作用。转子的设计会影响电机的转矩和效率，以及其对温度和磁场变化的敏感性。

3）轴承

轴承（bearings）用于支撑转子，确保其平稳旋转，并减少摩擦和磨损。轴承的类型和质量对电机的寿命和运行性能有重要影响。

4）外壳

外壳（housing）是电机的外部结构，用于保护内部部件免受灰尘、污物和湿气的侵害。外壳的设计也有助于电机的散热。

5）连接器和引线

连接器和引线用于连接步进电机与驱动器以及其他电子设备，确保电能和控制信号的传输。

2. 步进电机的分类

步进电机根据其结构特点和工作原理，可以分为几个主要类别：

反应式步进电机（Variable Reluctance，VR）：这种类型的步进电机定子上有绕组，而转子由软磁材料制成，转子磁极外表面和定子磁极内表面有许多个大小相同、间距相同的小齿。电磁力是反应式步进电机产生运动的动力，在电磁力的作用下，转子会运动到最大磁导率（或者最小磁阻）的位置并处于平衡状态。

永磁式步进电机（Permanent Magnet，PM）：永磁式步进电机的转子使用永磁材料制成，转子与定子的极数相同。这种电机的特点包括动态性能好、输出力矩大，但步距角相对较大（一般为7.5度或15度），并且这种电机的精度差。

混合式步进电机（Hybrid）：混合式步进电机综合了反应式和永磁式的优点，其定子上有很多相绕组，转子上采用永磁材料，转子和定子均有多个小齿以提高步距精度。这种电机的特点是输出力矩大、动态性能好、步距角小，但结构复杂、成本相对较高。

步进电机还可以根据绕组的相数进行分类，如单相、两相、三相和多相等形式。在实际应用中，两相混合式步进电机因其性价比高而广受欢迎，其基本步距角通常为1.8°，可以通过细分驱动器进一步减小步距角。

（二）步进电机的工作原理

步进电机的工作原理基于电磁学原理，通过控制电磁场的相互作用来实现精确的角位移或线位移。步进电机的核心特点是能够将输入的电脉冲信号转换为电机转子的固定角度转动，从而实现精确的位置控制。以下是步进电机工作原理的详细解释。

（1）电磁场的产生。步进电机的定子上设有多个绕组，当电流通过这些绕组时，会产生磁场。这些绕组通常按照特定的几何图案排列，以便在通电时产生旋转磁场。

（2）转子与定子的相互作用。步进电机的转子通常由软磁性材料制成，其表面有多个与定子绕组相对应的小齿。当定子绕组产生磁场时，转子上的小齿会受到电磁力的作用，趋向于最大磁导率或最小磁阻的位置。

（3）步进运动的产生。通过改变定子绕组通电的顺序和组合，可以控制旋转磁场的方向和强度，从而驱动转子转动。每改变一次绕组通电顺序，转子就转动一个固定的角度，这个角度称为步距角。步进电机的步距角通常有 0.9°、1.8° 等不同的规格。

（4）控制脉冲的输入。步进电机的控制系统通过接收外部脉冲信号来控制电机的运动。每接收到一个脉冲信号，电机就转动一个步距角。通过控制脉冲信号的数量、频率和电机绕组的相序，可以实现对步进电机的转向、速度和旋转角度的精确控制。

（5）开环控制特性。步进电机通常采用开环控制方式，不需要位置传感器即可实现位置控制。这种控制方式简化了系统设计，降低了成本，但也可能在某些情况下出现失步现象，尤其是在负载变化较大或要求高精度控制的场合。

为了分析方便，假设转子只有均匀分布的四个齿，下面根据定子磁极上控制绕组通入电脉冲方式的不同，分析三相单三拍控制、三相单双六拍控制和三相双三拍控制的工作原理。

1. 三相单三拍控制步进电动机工作原理

图 2-4-2 所示为三相反应工步进电动机单三拍控制方式的工作原理图。单三拍控制中的"单"是指每次只有一相控制绕组通电，通电顺序为 U→V→W→U 或按 U→W→V→U 顺序。"拍"是指一种通电状态换到另一种通电状态，"三拍"是指经过三次切换控制绕组的电脉冲为一个循环。

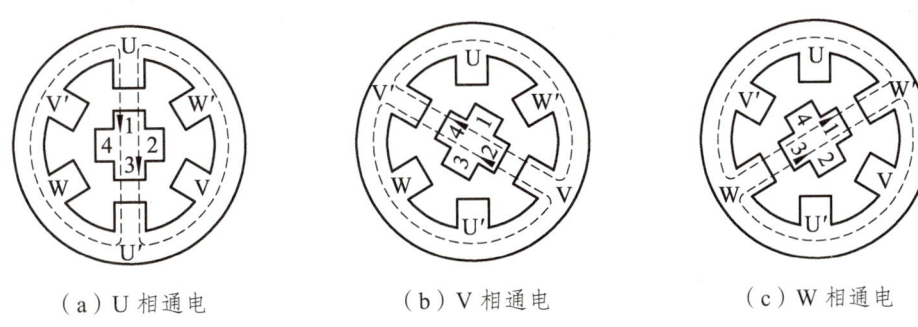

（a）U 相通电　　　　　（b）V 相通电　　　　　（c）W 相通电

图 2-4-2　单三拍控制方式下步进电动机工作原理图

当 U 相控制绕组通入电脉冲时，U、U′ 成为电磁铁的 N、S 极。由于磁路磁通要沿着磁阻最小的路径来闭合，将使转子齿 1、3 和定子极 U、U′ 对齐，即形成 U、U′ 轴线方向的磁通 $\varPhi_U$，如图 2-4-2（a）所示。

U 相脉冲结束，接着 V 相通入脉冲，转子齿 2、4 与定子磁极 V、V′ 对齐，转子顺时针方向转过 30°，如图 2-4-2（b）所示。V 相脉冲结束，随后 W 相控制绕组通入电脉冲，使转子齿 3、1 和定子磁极 W、W′ 对齐，转子又在空间顺时针方向转过 30°，如图 2-4-2（c）所示。

由上分析可知,如果按照 U→V→W→U 的顺序通入电脉冲,转子按顺时针方向一步一步转动,每步转过 30°,该角度称为步距角。电动机的转速取决于电脉冲的频率,频率越高,转速越高。若按 U→W→V→U 顺序通入电脉冲,则电动机反向转动。三相控制绕组的通电顺序及频率大小,通常由电子逻辑电路来实现。

上述三相单拍通电方式,是在一相绕组断电瞬间另一绕组刚开始通电,这样容易造成失步。而且由于单一控制绕组吸引转子,也容易使转子在平衡位置附近产生振荡,所以运行稳定性较差,故很少采用。

2. 三相单双六拍控制步进电动机工作原理

六拍控制方式中三相控制绕组通电顺序按 U→UV→V→VW→W→WU→U 进行,即先 U 相控制绕组通电,而后 U、V 两相控制绕组同时通电;然后断开 U 相控制绕组,由 V 相控制绕组单独通电;再使 V、W 两相控制绕组同时通电,依次进行下去,如图 2-4-3 所示。每转换一次,步进电动机顺时针方向旋转 15°,即步距角为 15°。若改变通电顺序,步进电动机将逆时针方向旋转。该控制方式下,定子三相绕组经 6 次换接完成一个循环,故称为"六拍"控制。此种控制方式因转换时始终有一相绕组通电,故工作比较稳定。

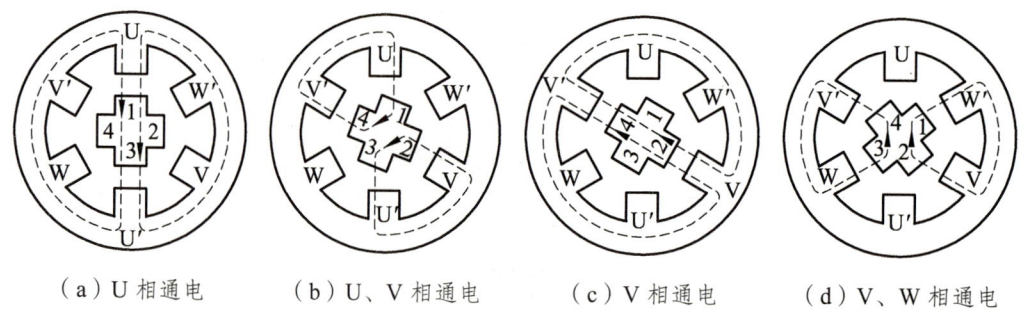

（a）U 相通电　　　（b）U、V 相通电　　　（c）V 相通电　　　（d）V、W 相通电

图 2-4-3　三相六拍控制方式下步进电动机工作原理图

3. 三相双三拍控制步进电动机工作原理

双三拍控制时每次有两相绕组同通电,且按照 UV→VW→WU→UV 顺序进行。在双三拍通电方式下步进电动机的转子位置与六拍通电方式时两相绕组同时通电时的情况相同,如图 2-4-3（b）和（d）所示。所以,按双三拍通电方式运行时,它的步距角和单三拍控制方式相同,皆为 30°。

由上述分析可知,若步进电动机定子有三相六个磁极,极距为 360°/6 = 60°,转子齿数 $z_r = 4$,齿距角为 360°/4 = 90°。当采用三拍控制时,每一拍转过 30°,即 1/3 齿距角;当采用六拍控制时,每一拍转过 15°,即 1/6 齿距角。因此,步进电动机的步距角 θ 与运行拍数 N、转子齿数 z_r,有下式关系:

$$\theta = \frac{360°}{z_r N} = \frac{2\pi}{z_r N}$$

式中　θ——步距角；
　　　N——运行拍数；
　　　z_r——转子齿数。

若脉冲频率为，步距角的单位为弧度，则当连续通入控制脉冲时步进电动机的转速 n 为

$$n = \frac{\theta f}{2\pi} \times 60 = \frac{60 f}{z_r N}$$

式中　n——步进电动机的转速；
　　　f——控制脉冲的频率。

所以，步进电动机的转速与脉冲频率成正比，并与频率同步。

在运行拍数和转子齿数一定时，步进电动机的转速只取决于电脉冲频率，并与频率成正比，而且步进电动机具有结构简单、维护方便、精确度高、调速范围大，启动、制动、反转灵敏等优点，而且无积累误差，故广泛应用于数字控制系统，如数控机床、绘图仪、自动记录仪表、检测仪表和数模转换装置上。

三、任务实施

步进电机驱动器安装与接线

2.6 步进电机驱动器安装与接线

选用的 Kinco（步科）三相步进电机 3S57Q-04079，它的步距角在整步方式下为 1.8°，半步方式下为 0.9°，3S57Q-04079 部分技术参数如表 2-4-1 所示。

表 2-4-1　3S57Q-04079 部分技术参数

参数名称	步距角	相电流	保持扭矩	阻尼扭矩	电机惯量
参数值	1.8°	5.8 A	1.0 N·m	0.04 N·m	0.3 kg·cm^2

不同的步进电机的接线有所不同，3S57Q-04079 接线图如图 2-4-4 所示。三个相绕组的六根引出线，必须按头尾相连的原则连接成三角形。改变绕组的通电顺序就能改变步进电机的转动方向。

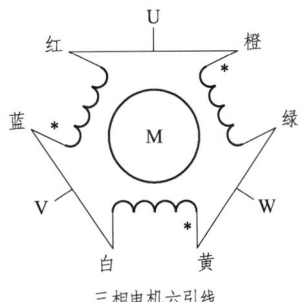

线色	电机信号
红色	U
橙色	U
蓝色	V
白色	V
黄色	W
绿色	W

图 2-4-4　3S57Q-04079 的接线

步科驱动器 3M458 是专门设计来控制如驱动三相步进电机的设备。在 3M458 驱动器的侧面连接端子中间有一个红色的 8 位 DIP 功能设定开关，可以用来设定驱动器的工作方式和工作参数，包括细分设置、静态电流设置和运行电流设置。图 2-4-5 所示是该 DIP 开关功能划分说明，表 2-4-2 和表 2-4-3 所示分别为细分设置表和输出电流设置表。

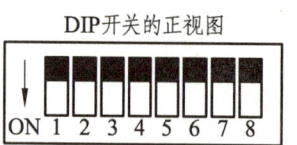

开关序号	ON 功能	OFF 功能
DIP1~DIP3	细分设置用	细分设置用
DIP4	静态电流全流	静态电流半流
DIP5~DIP8	电流设置用	电流设置用

图 2-4-5　3M458 DIP 开关功能划分说明

表 2-4-2　细分设置表

DIP1	DIP2	DIP3	细分
ON	ON	ON	400 步/转
ON	ON	OFF	500 步/转
ON	OFF	ON	600 步/转
ON	OFF	OFF	1 000 步/转
OFF	ON	ON	2 000 步/转
OFF	ON	OFF	4 000 步/转
OFF	OFF	ON	5 000 步/转
OFF	OFF	OFF	10 000 步/转

表 2-4-3　输出电流设置表

DIP5	DIP6	DIP7	DIP8	输出电流
OFF	OFF	OFF	OFF	3.0 A
OFF	OFF	OFF	ON	4.0 A
OFF	OFF	ON	ON	4.6 A
OFF	ON	ON	ON	5.2 A
ON	ON	ON	ON	5.8 A

本装置中步进电机传动组件的基本技术数据是：3S57Q-04079 步进电机步距角为 1.8°，即在无细分的条件下 200 个脉冲电机转一圈（通过驱动器设置细分精度最高可以达到 10 000 个脉冲电机转一圈）。驱动器细分设置为 10 000 步/转，则直线运动组件的同步轮齿距为 5 mm，共 12 个齿，旋转一周搬运机械手位移 60 mm，即每步机械手位移 0.006 mm；电机驱动电流设为 5.2 A，静态锁定方式为静态半流，控制信号为 24 V 电源时需接 2 kΩ 限流电阻，接线如图 2-4-6 所示。

项目二 轨道交通常用电机

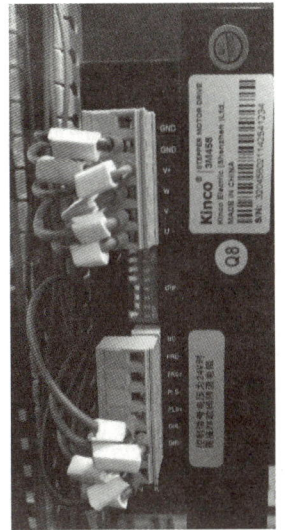
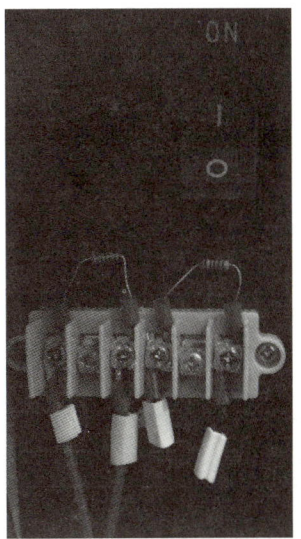
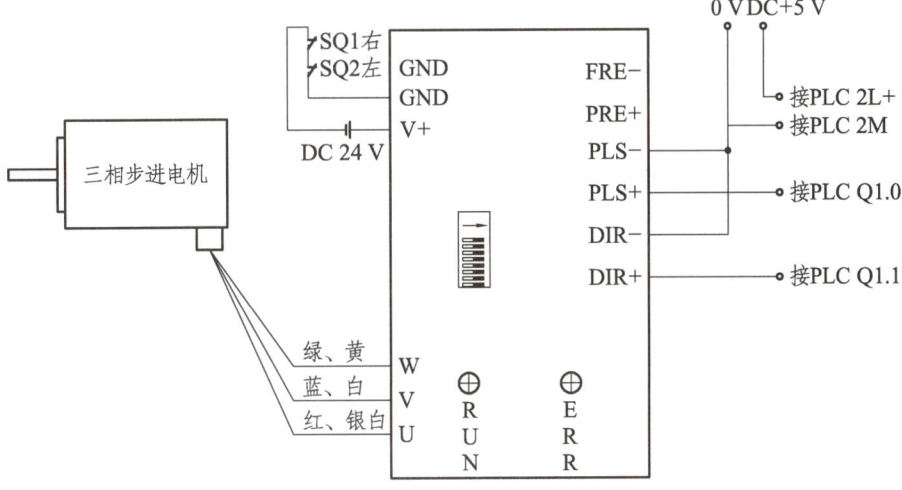

图 2-4-6 3M458 的接线

四、任务评价

表 2-4-4　任务评价表

专业班级		组　号		姓　名		学　号	
考核项目	考核要求	分数配比	自　评		互　评		得分
工作准备情况	（1）书、网络资源、笔记本、笔、图纸、工器具等材料准备齐全； （2）实验计划等按要求准备； （3）安全保护措施等按要求准备	10					
细分设置	能按照参数设置要求，设置相应的细分，设置不正确，扣10分	10					
电流设定	根据电机额度参数，设置相应的电流，设置不正确，扣5分	30					
线路连接	（1）驱动器与电机的线路连接不正确，不得分； （2）驱动器与PLC之间线路连接不正确，不得分	30					
校验	（1）未校验此项不得分； （2）接线错误此项不得分	10					
职业素养及安全文明操作	（1）严格遵守安全操作规程，符合管理要求； （2）不浪费耗材，不损坏工具、仪表等； （3）工作台工具摆放整齐，仪器仪表关闭到位，现场清洁卫生	10					
总分							
学生互动交流及改进总结：							
教师评语及签名：							

五、知识拓展

步进电机的应用特性及维护

1. 步进电机在不同应用场景中的性能要求和设计优化

步进电机在不同的应用场景中会面临多样化的性能要求，因此在设计和优化时需要考虑特定的工作环境和性能指标。以下是一些典型应用场景中的性能要求和相应的设计优化策略。

1）3D 打印机

性能要求：高精度、低振动、平滑运动、低速大扭矩。

设计优化：选择具有高分辨率和低步进角度的步进电机；采用闭环控制系统提高定位精度；使用谐波驱动或阻尼技术减少振动。

2）数控机床

性能要求：高响应速度、高精度定位、高可靠性。

设计优化：采用高速步进电机和高性能驱动器；实施先进的控制算法，如 PID（比例单元、积分单元、微分单元）控制；确保电机和驱动器的散热设计。

3）机器人和自动化设备

性能要求：快速启动和停止、高动态性能、良好的低速特性。

设计优化：选择具有高扭矩和低转动惯量的步进电机；使用微步驱动技术提高运动平滑性；集成编码器进行位置反馈。

4）医疗设备

性能要求：高精度、低噪声、可靠性和安全性。

设计优化：采用低噪声设计的步进电机；确保电机材料和设计满足医疗级标准；采用冗余设计和故障检测机制。

5）办公自动化设备（如打印机和扫描仪）

性能要求：精确控制、低能耗、低噪声。

设计优化：选择高效率的步进电机；采用节能模式和睡眠模式；使用隔音材料和减震设计。

6）家用电器（如洗衣机和空调）

性能要求：高扭矩、宽速度范围、耐用性。

设计优化：选择具有良好热管理和过载保护的步进电机；优化电机的负载特性以适应不同的工作条件。

7）太阳能跟踪系统

性能要求：高精度、低能耗、长期稳定性。

设计优化：采用高效率的步进电机和驱动器；设计适应户外环境的防护措施；使用低功耗控制策略。

在设计和优化步进电机时，还需要考虑成本效益和市场竞争力。例如，高性能的稀土永磁材料可以提高电机的性能，但也可能增加成本。因此，设计团队需要在性能、成本和可靠性之间找到最佳平衡点。通过综合考虑应用场景的特点和要求，可以设计出满足特定需求的步进电机。

2. 步进电机与其他电机的比较

步进电机、伺服电机和直流电机都是常用的电动机类型，各自具有独特的特点和适用场景。以下是这些电机类型的比较：

1）步进电机（Stepper Motor）

特点：步进电机通过接收脉冲信号来实现精确的位置控制。每个脉冲导致电机转动一个固定的角度步长，使得它非常适合需要精确位置和速度控制的应用。

优点：高精度、简单的控制逻辑、无须位置传感器（开环控制）、良好的低速性能。

缺点：效率较低、高速运行时扭矩下降、可能产生振动和噪声。

2）伺服电机（Servo Motor）

特点：伺服电机是一种闭环控制电机，它使用编码器或其他位置反馈装置来实现精确的速度和位置控制。

优点：高精度、高动态响应、良好的速度和扭矩控制、适用于高速和高负载变化的应用。

缺点：系统复杂、成本较高、需要额外的位置反馈装置。

3）直流电机（DC Motor）

特点：直流电机通过直流电源驱动，其转速和扭矩可以通过改变电压和电流来调节。

优点：简单的构造、低成本、良好的速度控制性能。

缺点：维护需求较高（如换向器和电刷）、不适合高精度位置控制、效率受负载变化影响。

在选择电机类型时，需要根据具体的应用需求、成本预算和维护能力来决定。例如，如果应用需要高精度的位置控制，伺服电机可能是更好的选择；而对于成本敏感且控制要求不是特别高的应用，步进电机或直流电机可能更为合适。可以从控制方式、应用场景、性能、维护等综合因素进行选用。

控制方式：步进电机通常采用开环控制，而伺服电机则采用闭环控制，这使得伺服电机在控制精度和稳定性方面具有优势。

应用场景：步进电机适用于对位置控制要求较高的应用，如 3D 打印和数控机床；伺服电机适用于需要快速响应和精确控制的应用，如机器人和精密定位系统；直流电机则适用于简单的速度控制应用，如家用电器和玩具。

性能：伺服电机在动态性能和控制精度上优于步进电机，但成本和系统复杂度也更高；步进电机在低速时提供较高的扭矩，但在高速运行时性能会下降；直流电机在恒速应用中表现良好，但在需要频繁变速或调速的应用中可能不是最佳选择。

维护：步进电机和伺服电机通常需要较少的维护，因为它们没有电刷和换向器这样的磨损部件；直流电机由于电刷和换向器的存在，可能需要更频繁的维护和更换部件。

3. 步进电机的故障诊断和维护策略

步进电机的故障诊断和维护对于确保其可靠性和延长使用寿命至关重要。以下是一些有效的故障诊断方法和维护策略。

故障诊断方法：

（1）观察和监听：定期观察步进电机的运行状态，注意是否有异常振动、噪声或热量过高的迹象；监听电机运行时的声音，任何异常的响声都可能指示潜在的问题。

（2）电气测试：使用多用电表检查电机绕组的电阻和绝缘电阻，以识别短路或漏电问题；通过示波器检查电机驱动器的脉冲信号和电流波形，确保信号质量良好。

（3）性能测试：定期进行步进角和转速测试，确保电机的运动精度和动态性能符合规格；对电机的输出扭矩进行测试，确保其满足负载要求。

（4）驱动器和控制系统诊断：检查驱动器的配置参数，确保其与电机的规格相匹配；诊断控制系统的软件和固件，确保没有编程错误或兼容性问题。

（5）温度监测：使用温度传感器或红外热像仪监测电机和驱动器的温度，及时发现过热问题。

维护策略：

（1）定期清洁和检查：定期清理电机和驱动器的灰尘和杂物，保持其清洁；检查电机的固定螺丝、连接线和接头，确保它们紧固且无损坏。

（2）润滑和冷却：如果电机或其驱动器有移动部件，定期进行润滑；确保冷却系统（如风扇或散热片）工作正常，以防止过热。

（3）避免过载运行：确保电机的负载在其额定扭矩和速度范围内，避免长期过载运行。

（4）正确电源管理：使用稳定的电源供应，并确保电源电压和电流符合电机的规格要求；在电源中断或波动较大的环境中使用稳压器或不间断电源（UPS）。

（5）记录和跟踪：记录电机的使用情况和维护历史，跟踪性能变化和故障发生情况；定期进行预防性维护，根据电机制造商的建议更换易损件。

（6）培训和知识更新：对操作人员进行电机操作和维护的培训；定期了解最新的维护技术，更新维护人员的知识。

通过实施这些故障诊断和维护策略，可以有效提高步进电机的可靠性，预防故障发生，并延长其使用寿命。

任务五　伺服电机

2.7　伺服电机

一、任务目标

（1）认识伺服电机的基本结构，了解伺服电机的工作原理，掌握如何构建与调试伺服电机系统。

（2）通过相关基础知识的学习，完成对伺服电机系统的构建和调试。

二、相关知识

（一）伺服电机概述

伺服电机是自动化控制领域中使用的一种电动机，它能够根据控制信号精确地控制转动角度、速度和加速度。伺服电机的核心特点是闭环控制，即电机的位置、速度和加速度等参数可以通过传感器（如编码器）实时反馈给控制系统，控制器根据这些反馈信息和预设的控制算法来调整电机的运动，确保电机的输出与控制指令高度匹配。

与传统的电动机相比，伺服电机最大的特点是具有闭环控制特性，即它们能够接收外部控制信号并根据实际位置和速度的反馈信息进行自我调节，以确保精确执行命令。这种特性使得伺服电机在自动化控制、机器人技术、精密定位系统、航空航天、轨道交通等领域得到了广泛的应用。图 2-5-1 所示是常见的伺服电机外形。

图 2-5-1　伺服电机

（二）伺服驱动器介绍

伺服驱动器又称为"伺服控制器""伺服放大器"，是用来控制伺服电机的一种控制器，其作用类似于变频器作用于普通交流马达，属于伺服系统的一部分，主要应用于高精度的定位系统。伺服驱动器一般是通过位置、速度和力矩三种方式对伺服马达进行控制，实现高精度的传动系统定位，其目前是传动技术的高端产品。图 2-5-2 所示是某品牌的伺服驱动器。

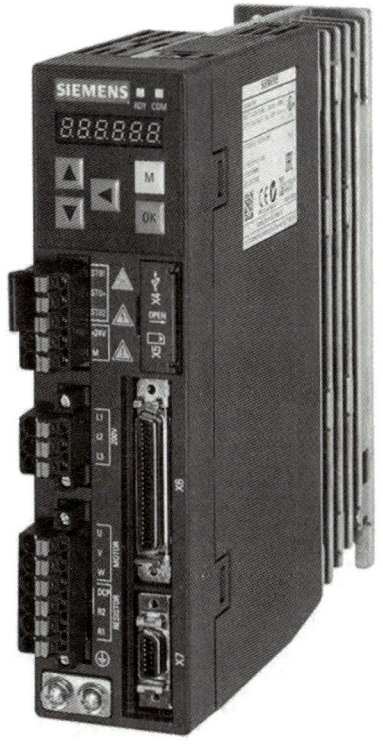

图 2-5-2　某品牌伺服驱动器

交流永磁同步伺服驱动器主要由伺服控制单元、功率驱动单元、通信接口单元、伺服电动机及相应的反馈检测器件组成，其控制器系统结构框图如图 2-5-3 所示。其中伺服控制单元包括位置控制器、速度控制器、转矩和电流控制器等。

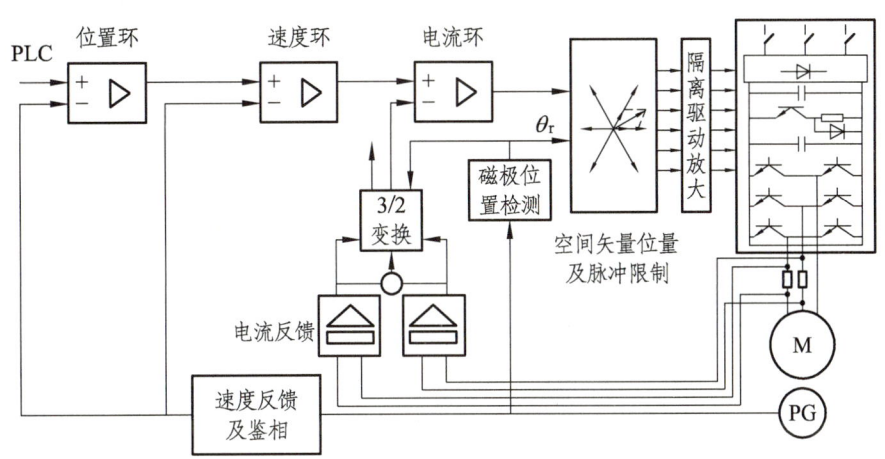

图 2-5-3　伺服驱动器工作原理框图

伺服电机一般有 3 个控制，就是 3 个闭环负反馈 PID 调节系统，最内侧是电流环，中间是速度环，最外侧是电流环，各环的功能如表 2-5-1 所示。

表 2-5-1　3 个闭环调节系统功能

电流环	速度环	位置环
在伺服驱动系统内部进行，通过霍尔装置检测驱动器给电机的各相的输出电流，负反馈依据电流的设定进行 PID 调节，从而达到输出电流尽量接近或等于设定电流。电流环是控制电机转矩的，所以在转矩模式下驱动器的运算最小，动态响应最快	通过检测伺服电机编码器的信号来进行负反馈 PID 调节，它的环内 PID 输出直接就是电流环的设定，所以速度环控制时就包含了速度环和电流环，电流环是控制的根本。在速度和位置控制的同时系统实际也在进行电流（转矩）的控制，以达到对速度和位置的响应控制	在驱动器和伺服电机编码器之间构建，也可以在外部控制器和电机编码器或最终负载之间构建，要根据实际情况来定。由于位置控制环内部输出就是速度环的设定，位置控制模式下系统进行所有 3 个环的运算，此时系统运算量最大，动态响应速度也最慢

一般伺服都有 3 种控制方式：速度控制方式，转矩控制方式，位置控制方式。

速度控制和转矩控制都是用模拟量来实现的，位置控制是通过发脉冲来实现的。如果对电机的速度、位置都没有要求，只要输出一个恒转矩，应当使用转矩模式；如果对位置和速度有一定的精度要求，而对实时转矩不关心，则用速度或位置模式比较好；如果上位控制器有比较好的闭环控制功能，则用速度控制效果会好一点；如果本身要求不是很高，或者基本没有实时性的要求，用位置控制方式。就伺服驱动器的响应速度来看，转矩模式运算量最小，驱动器对控制信号的响应最快；位置模式运算量最大，驱动器对控制信号的响应最慢。

转矩控制：转矩控制方式是通过外部模拟量的输入或直接的地址的赋值来设定电机轴对外的输出转矩的大小。例如，10 V 对应 5 N·m 的话，当外部模拟量设定为 5 V 时，电机轴输出为 2.5 N·m，如果电机轴负载低于 2.5 N·m 时电机正转，外部负载等于 2.5 N·m 时电机不转，大于 2.5 N·m 时电机反转（通常在有重力负载情况下产生）。可以通过即时地改变模拟量的设定来改变设定的力矩大小，也可通过通信方式改变对应的地址的数值来实现。应用主要在对材质的受力有严格要求的缠绕和放卷的装置中，例如绕线装置或拉光纤设备，转矩的设定要根据缠绕半径的变化随时更改以确保材质的受力不会随着缠绕半径的变化而改变。

位置控制：位置控制模式一般是通过外部输入的脉冲的频率来确定转动速度的大小，通过脉冲的个数来确定转动的角度，也有些伺服可以通过通信方式直接对速度和位移进行赋值。由于位置模式对速度和位置都有很严格的控制，所以一般应用于定位装置。应用领域如数控机床、印刷机械等。

速度控制：通过模拟量的输入或脉冲的频率都可以进行转动速度的控制，在有上位控制装置的外环 PID 控制时速度模式也可以进行定位，但必须把电机的位置信号或直接负载的位置信号给上位反馈以做运算用。速度模式也支持直接负载外环检测位置信号，此时的电机轴端的编码器只检测电机转速，位置信号就由直接的最终负载端的检测装置来提供了，这样的优点在于可以减少中间传动过程中的误差，增加了整个系统的定位精度。

（三）伺服电机的基本结构

1. 伺服电机的组成

伺服电机主要由电机本体、反馈装置、连接器和电缆、外壳和散热系统等关键部件组成。

1）电机本体

这是伺服电机的核心部分，负责产生旋转动力。电机本体可以是不同类型的电动机，如直流电动机（DC）、交流电动机（AC）、无刷直流电动机（BLDC）等。电机本体的设计和材料决定了电机的性能，包括扭矩、速度、加速度和效率等。

2）反馈装置

反馈装置用于实时监测电机的位置、速度和加速度等参数，并将这些信息反馈给控制系统。常见的反馈装置包括编码器（如光电编码器、磁性编码器）和解析器等。这些装置对于伺服电机的闭环控制至关重要。

3）连接器和电缆

连接器和电缆用于连接电机、驱动器和控制系统，确保电能和控制信号的传输。这些连接部件的设计需要满足高速传输和抗干扰的要求。

4）外壳和散热系统

外壳保护伺服电机内部部件免受外界环境的影响，如灰尘、湿气和机械冲击。散热系统（如风扇、散热片）用于散发电机和驱动器在运行过程中产生的热量，保持系统在适宜的温度下工作。

2. 伺服电机的分类

伺服电机根据其结构和工作原理可以分为两大类：直流伺服电机（DC Servo Motors）和交流伺服电机（AC Servo Motors）。

1）直流伺服电机

直流伺服电机通常使用直流电源，并具有较好的速度控制特性。它们可以根据电源电压的不同分为低压直流伺服电机（例如 12 V、24 V）和高压直流伺服电机（例如 48 V、60 V、72 V 等）。

直流伺服电机的基本构造与一般直流电动机相似，它们具有良好的线性调节特性及快速的时间响应。

直流伺服电机分为有刷和无刷电机。有刷电机成本低，结构简单，启动转矩大，调速范围宽，但需要维护并产生电磁干扰。无刷电机则体积小、质量轻、出力大、响应快、速度高、惯量小、力矩稳定、转动平滑，控制复杂，智能化，电机免维护，高效节能，电磁辐射小，温升低、寿命长。

2）交流伺服电机（AC Servo Motors）

交流伺服电机使用交流电源，控制比直流电机复杂，但随着控制技术的发展，现在已经是使用最普遍的伺服电机。

交流伺服电机按照驱动电机的类型可以分为同步（SM）型和感应（IM）型两类。同步型使用永磁体，适用于输出功率较小的领域（不足 10 kW），而感应型不使用永磁体，用于输出功率较大的领域（10 kW 以上）。

交流伺服电机具有运行稳定、可控性好、响应快速、灵敏度高以及机械特性和调节特性的非线性度指标严格等特点。

交流伺服电机还可分为笼型转子、非磁性杯型转子、铁磁杯型转子、同步型永磁交流伺服电机和异步型三相交流伺服电机等。

（四）伺服电机的工作原理

伺服电机的工作原理主要包括以下几个方面：

（1）位置控制：伺服电机的位置控制是通过编码器检测电机的位置信息，将位置信息传输给控制器进行处理，然后通过驱动器对电机进行控制，实现对电机位置的精确控制。位置控制的精度主要取决于编码器的分辨率和控制器的处理能力。

（2）速度控制：伺服电机的速度控制是通过控制器对驱动器的控制，实现对电机转速的精确控制。速度控制的精度主要取决于控制器的处理能力和驱动器的性能。

（3）转矩控制：伺服电机的转矩控制是通过控制器对驱动器的控制，实现对电机转矩的精确控制。转矩控制的精度主要取决于控制器的处理能力和驱动器的性能。

（4）闭环控制：伺服电机采用闭环控制系统，即通过反馈环节将实际输出与期望输出进行比较，根据误差进行调整，实现对系统的精确控制。闭环控制系统具有较高的稳定性和抗干扰能力。

三、任务实施

伺服电机参数设置及接线

2.8 伺服电机驱动器安装与接线

在亚龙 YL-158GA1 竞赛设备上，伺服驱动装置工作于位置控制模式，PLC 控制器 FX3U-32MT 的 Y0 输出脉冲作为伺服驱动器的位置指令，脉冲的数量决定伺服电机的旋转位移，脉冲的频率决定了伺服电机的旋转速度。FX3U-32MT 的 Y1 输出信号作为伺服驱动器的方向指令。对于控制要求较为简单，伺服驱动器可采用自动增益调整模式。根据上述要求，伺服驱动器常用参数设置如表 2-5-2 所示。

表 2-5-2 台达伺服驱动器部分参数功能

序号	参数编号	参数名称	设置数值	功能含义
1	P0-02	LED 初始状态	00	显示电机反馈脉冲数
2	P1-00	外部脉冲列指令输入形式设定	2	脉冲列"＋"符号
3	P1-01	控制模式及控制命令输入源设定	00	位置控制模式（相关代码 Pt）
4	P1-44	电子齿轮比分子（N）	1	指令脉冲输入比值设定：$\xrightarrow{\text{指令脉冲输入}}_{f1} \boxed{\dfrac{N}{M}} \xrightarrow{\text{位置指令}}_{f2} f2 = f1 \times \dfrac{N}{M}$；指令脉冲输入比值范围：$1/50 < N/M < 200$；当 $P1-44$ 分子设置为"1"，$P1-45$ 分母设置为"1"时，脉冲数为 10 000；一周脉冲数 $= \dfrac{P1-44 \text{分子} = 1}{P1-45 \text{分母} = 1} \times 10\,000 = 10\,000$
5	P1-45	电子齿轮比分母（M）	1	
6	P2-00	位置控制比例增益	35	位置控制增益值加大时，可提升位置应答性及缩小位置控制误差量。但若设定太大时易产生振动及噪声
7	P2-02	位置控制前馈增益	5 000	位置控制命令平滑变动时，增益值加大可改善位置跟随误差量。若位置控制命令不平滑变动时，降低增益值可降低机构的运转振动现象
8	P2-08	特殊参数输入	0	10：参数复位

1. 伺服驱动器和伺服电机的连接

图 2-5-4 是台达伺服驱动器的连线图。下面以 ASD-B2 型伺服驱动器与 ECMA-C20604RS 的连接作为示例（位置伺服、增量型），按照位置控制运行模式介绍其接线。

1）伺服驱动器电源

伺服驱动器的电源端子（R、S）连接二相电源。

2）连接器（CN1）连接图

主要的几个信号由定位模块的脉冲发出等，比如编码器的 A、B、Z 的信号脉冲，以及急停、复位、正转行程限位、反转行程限位、故障、零速检测等。CN1 连接如图 2-5-5 所示。

3）连接器（CN2）和伺服电机连接图

CN2 连接伺服电机内置编码器，伺服驱动器输出 U、V、W 依次连接伺服电机 2、3、4 引脚，不能相序错误。伺服报警信号接入内部电磁制动器。CN2 和伺服电机连接如图 2-5-6 所示。

轨道交通电机及电气控制技术

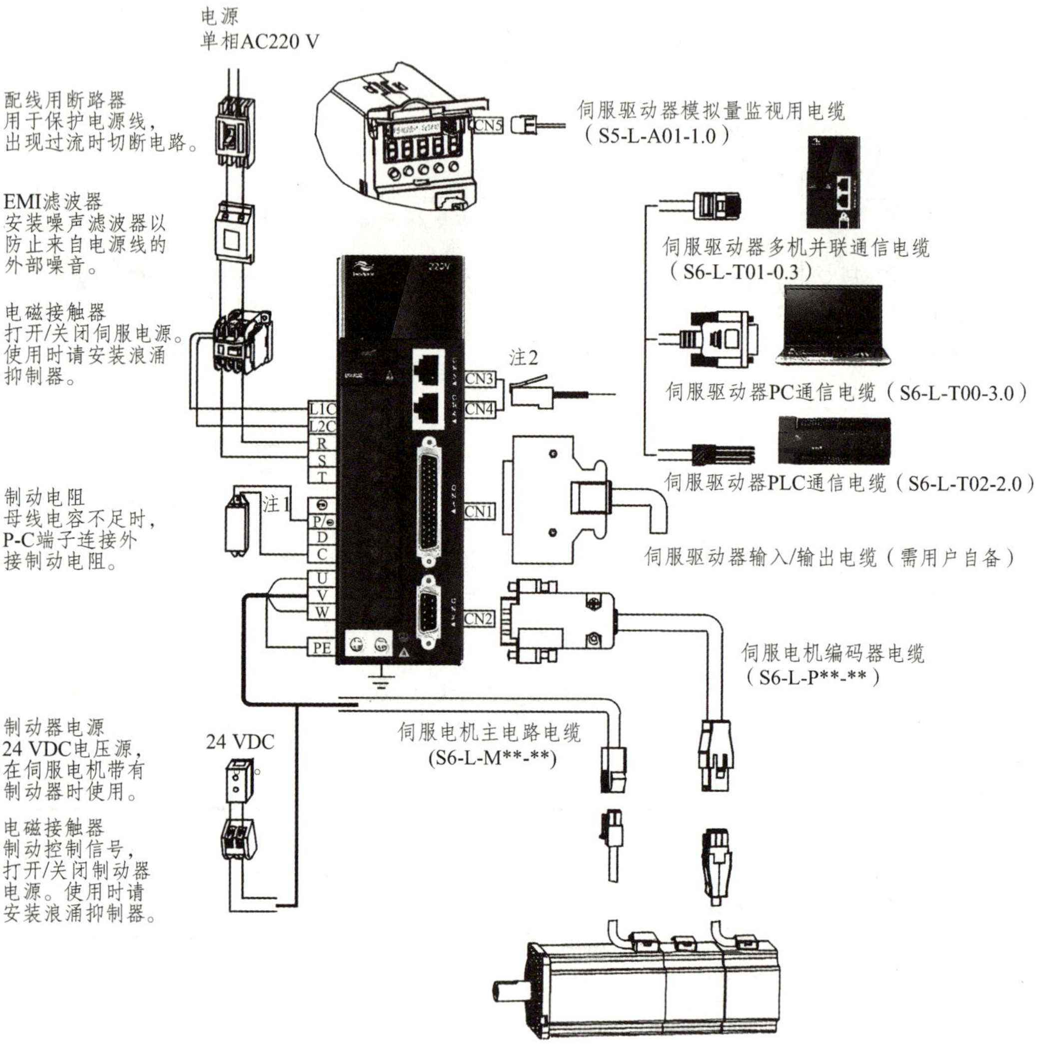

注1：外接制动电阻时，请拆下伺服驱动器P-D端子间短接线后再进行连接。
注2：CN3以及CN4为两针脚定义完全一致的通信接口，可以在两者间任意挑选使用。

图 2-5-4　台达伺服驱动器的连线图

项目二　轨道交通常用电机

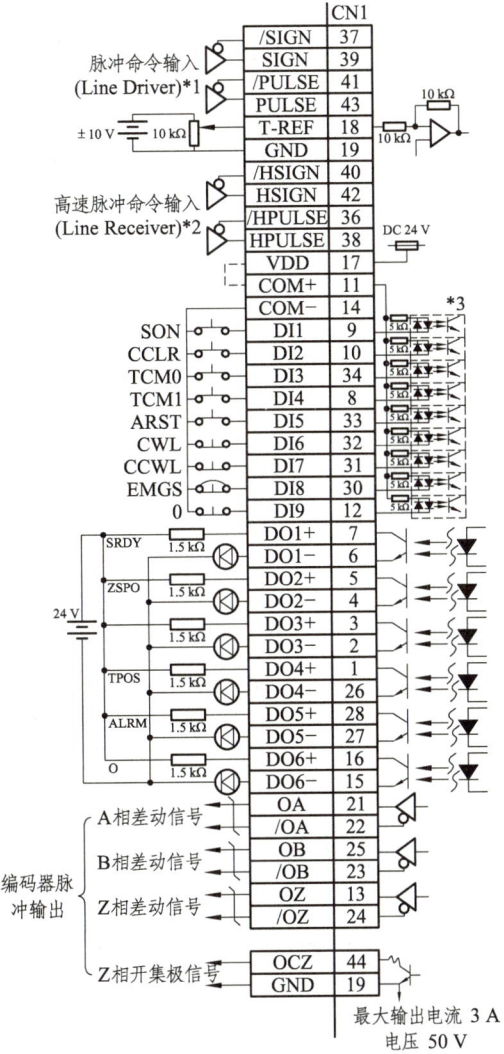

图 2-5-5　CN1 连接图

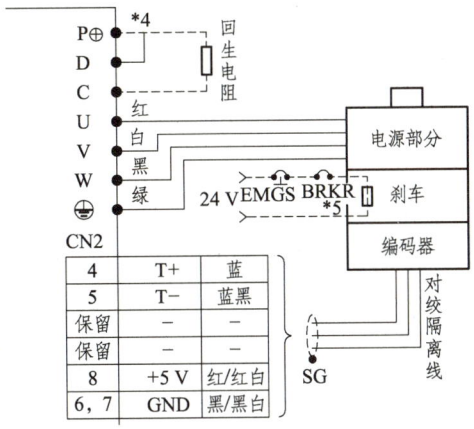

图 2-5-6　CN2 和伺服电机连接图

2. 伺服电机控制

图 2-5-7 所示是伺服电机控制原理图,在 S7-200 SMART CPU 中,提供了 4 种开环运动控制方法:

(1)脉冲串输出(PTO):内置在 CPU 的速度和位置控制。

(2)脉宽调制(PWM):内置在 CPU 的速度、位置或负载循环控制。

(3)运动轴:内置在 CPU 中的轴速度和位置控制方法。

(4)运动轴组:内置在 CPU 中的轴组速度和位置控制方法。

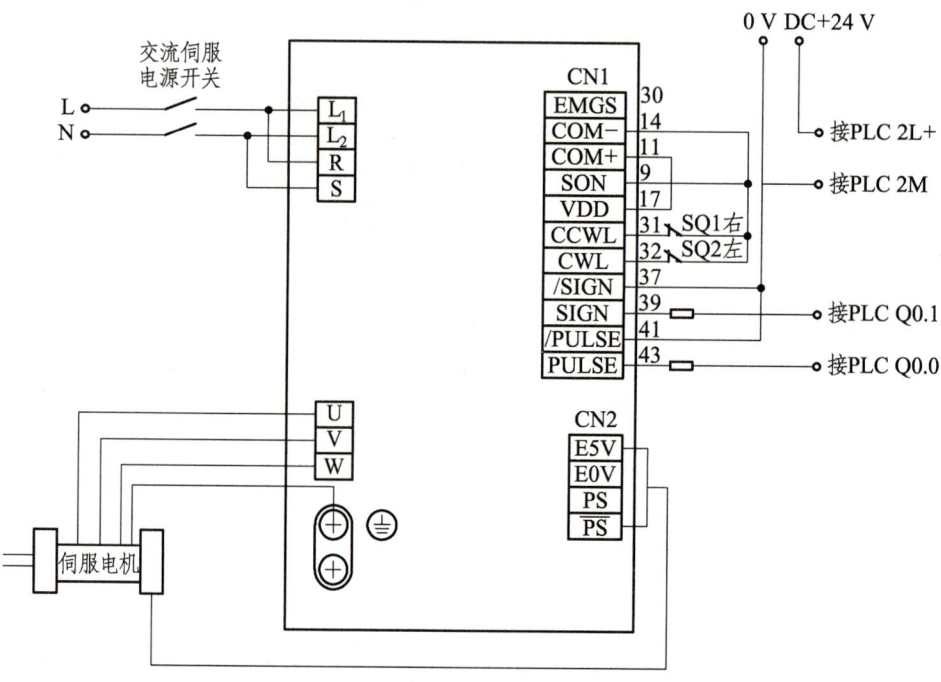

图 2-5-7 伺服电机控制原理图

CPU 提供了 4 个数字输出(Q0.0、Q0.1、Q0.2 和 Q0.3),可以通过 PLS 指令组态为 PTO 或 PWM 输出,通过 PWM 向导组态为 PWM 输出,对于新手来说,使用运动控制向导组态为运动控制输出更容易一些,接下来将具体介绍这种方法。

(1)激活"运动控制向导"。

打开 STEP 7 软件,在主菜单"工具"栏中单击"运动"选项,弹出装置选择界面,如图 2-5-8 所示。

图 2-5-8 STEP 7 软件运动控制向导

（2）选择需要配置的轴。

CPU ST40 系列 PLC 内部有 3 个轴可以配置，本例选择"轴 0"即可，如图 2-5-9 所示，再单击"下一步"按钮。

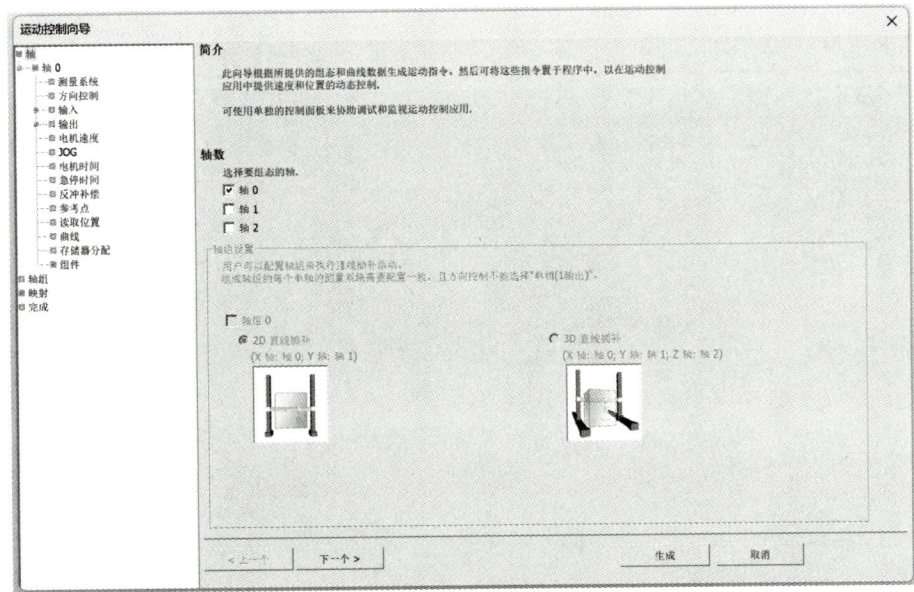

图 2-5-9　轴配置向导

（3）为所选择的轴命名。

为所选择的轴命名，本例为默认的"轴 0"，再单击"下一个"按钮，如图 2-5-10 所示。

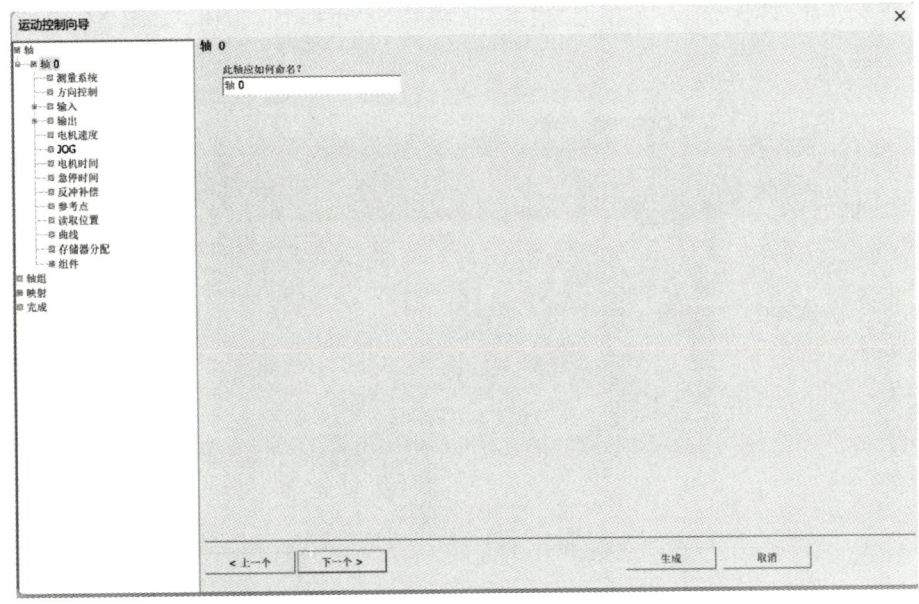

图 2-5-10　轴命名向导

（4）测量系统配置。

在"选择测量系统"选项中选择"工程单位"。通过设置步进电机驱动器细分，电动机转一圈需要 2 000 个脉冲，所以"电机一次旋转所需的脉冲数"为"2000"；"测量的基本单位"设为"mm"；"电机一次旋转产生多少'mm'运动"为"10.0"。这些参数与实际的机械结构有关，再单击"下一个"按钮，如图 2-5-11 所示。

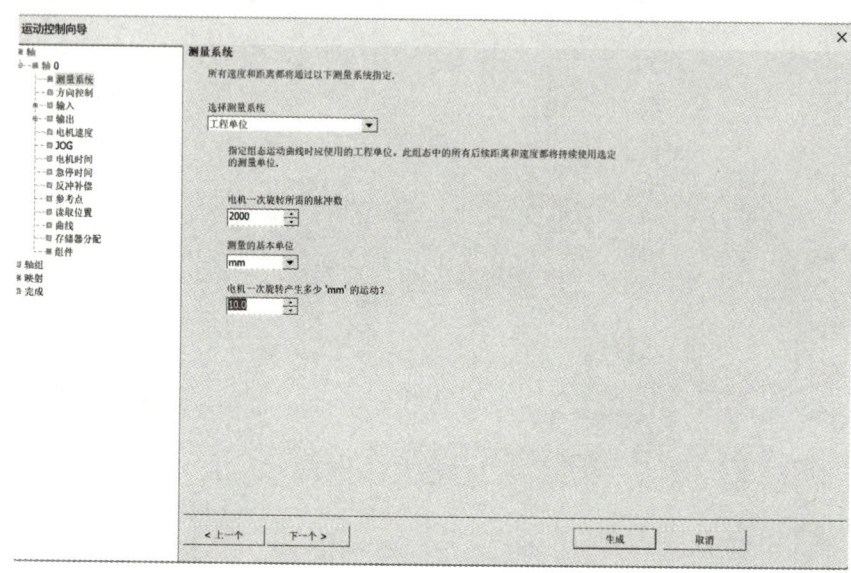

图 2-5-11　测量系统配置向导

（5）设置脉冲方向输出。

设置有几路脉冲输出，其中有单相（1 输出）、单相（2 输出）、双向（2 输出）和正交（2 输出）四个选项，本例选择"单相（2 输出）"，再单击"下一个"按钮，如图 2-5-12 所示。

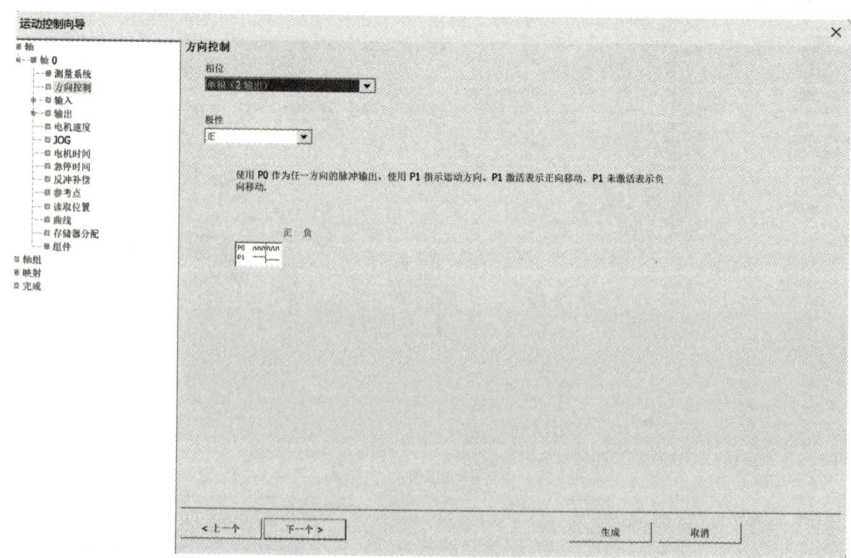

图 2-5-12　脉冲方向配置向导

（6）分配输入点。

本例中并不用到 LMT+（正限位输入点）、LMT-（负限位输入点）、RPS（参考点输入点）和 ZP（零脉冲输入点），所以可以不设置。直接选中"STP"（停止输入点），选择"已启用"，停止输入点为"10.0"，指定相应输入点有效时的响应方式为"减速停止"，再单击"下一个"按钮，如图 2-5-13 所示。

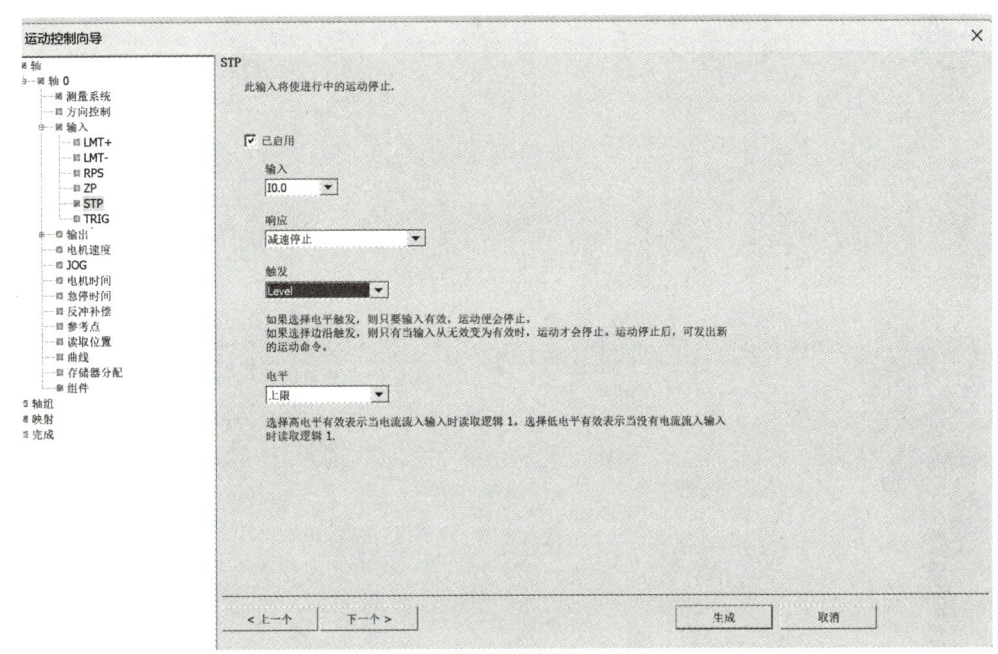

图 2-5-13　分配输入点向导

（7）指定电动机速度。

MAX_SPEED：定义电动机运动的最大速度。

SS_SPEED：根据定义的最大速度，在运动曲线中可以指定的最小速度。如果 SS_SPEED 数值过高，电动机可能在启动时失步，并且在尝试停止时，负载可能使电动机不能立即停止而多行走一段。停止速度也为 SS_SPEED。设置如图 2-5-14 所示，输入最大速度（最大值）、最小速度（最小值）、启动和停止速度（启动/停止），再单击"下一个"按钮。

（8）设置加速和减速时间。

ACCEL_TIME（加速时间）：电动机从 SS_SPEED 加速至 MAX_SPEED 所需要的时间，默认值为"1000"ms（1 s），本例选默认值；DECEL_TIME（减速时间）：电动机从 MAX_SPEED 减速至 SS_SPEED 所需要的时间，默认值为"1000"ms（1 s），本例选默认值。设置如图 2-5-15 所示，再单击"下一个"按钮。

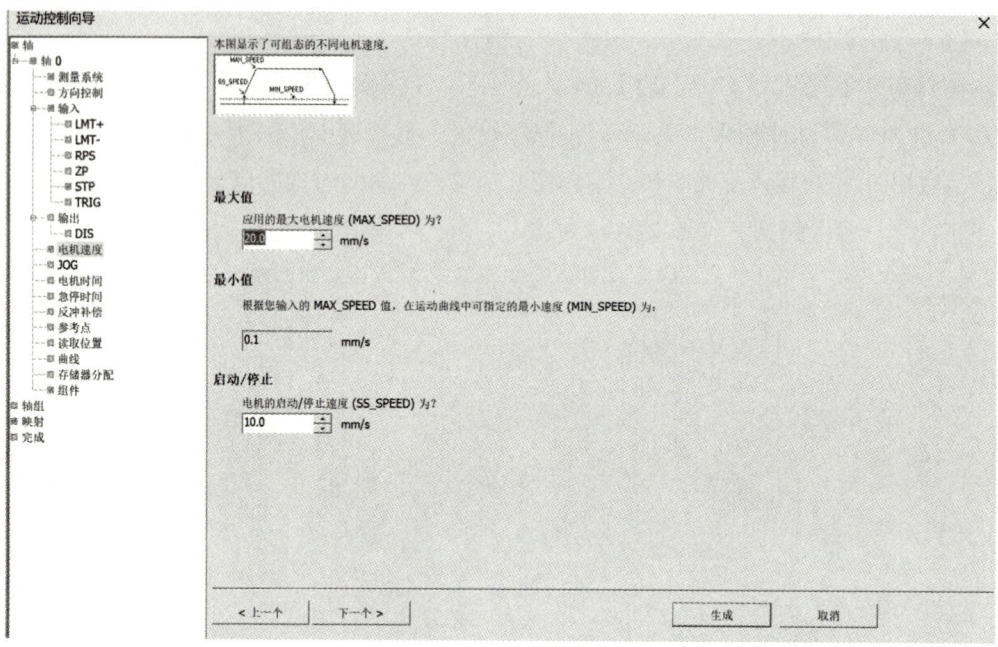

图 2-5-14 指定电机速度向导

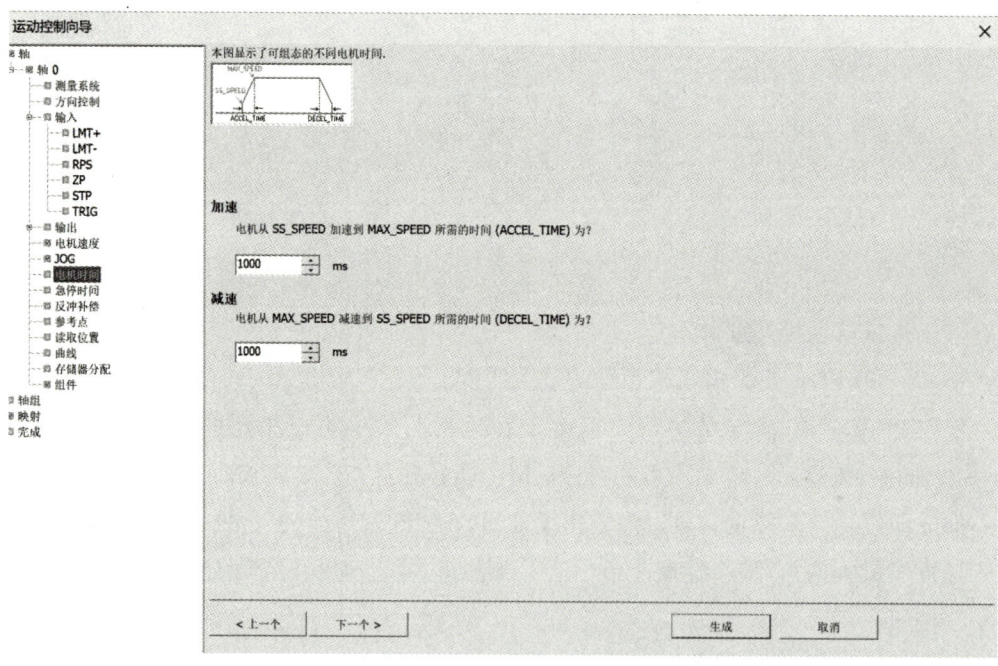

图 2-5-15 设置加速和减速时间向导

（9）配置存储区。

指令向导在 V 内存中以受保护的数据块页形式生成子程序，在编写程序时不能使用 PTO 向导已经使用的地址，此地址段可以由系统推荐，也可以人为分配，人为分配的好处是可以避开读者习惯使用的地址段。配置分配存储区的 VB 内存地址如图 2-5-16 所示，本例设置为"VB0～VB92",再单击"下一个"按钮。

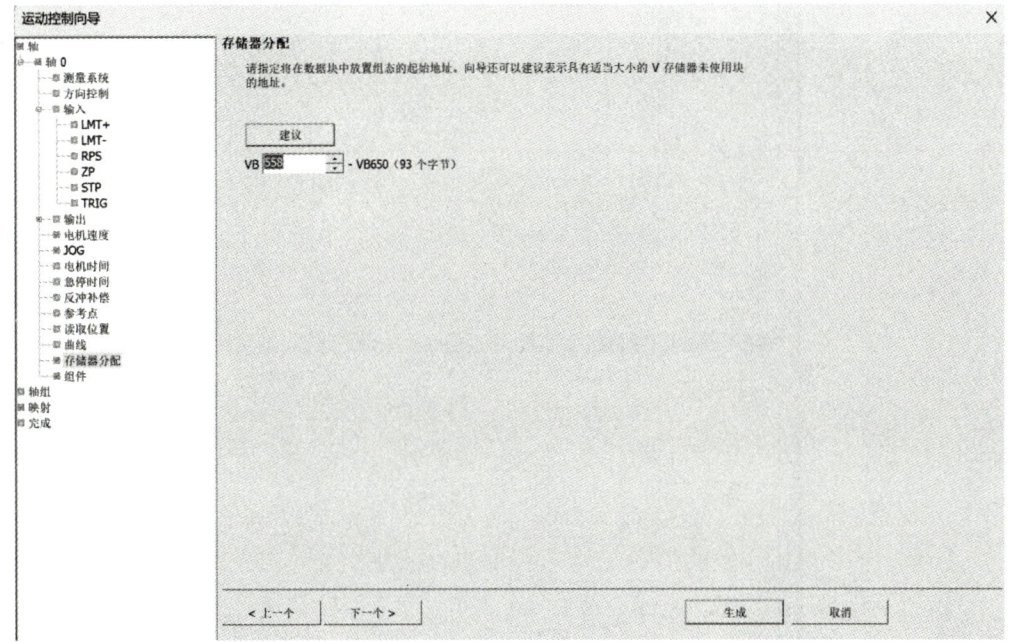

图 2-5-16　配置存储区向导

（10）完成组态。

单击图 2-5-16 中的"生成"按钮,即可生成相应子程序,弹出如图 2-5-17 所示的界面,完成组态。

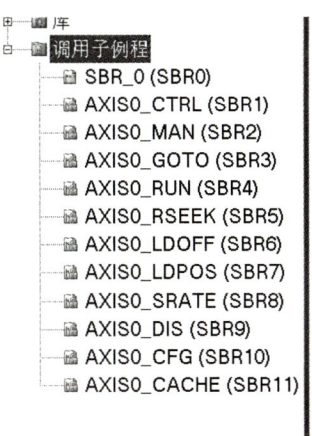

图 2-5-17　子程序树状图

3. 编写程序

因为使用了运动向导,编写程序就比较简单了,这里就不一一介绍程序指令了,梯形图程序如图 2-5-18 所示。

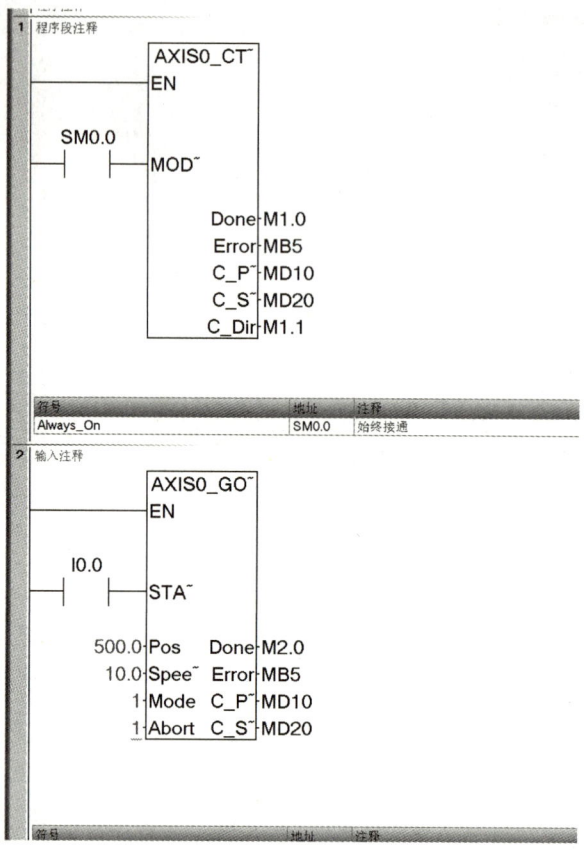

图 2-5-18　梯形图程序

四、任务评价

表 2-5-3　任务评价表

专业班级		组　号		姓　名		学　号	
考核项目	考核要求	分数配比	自　评		互　评		得分
工作准备情况	（1）书、网络资源、笔记本、笔、图纸、工器具等材料准备齐全； （2）实验计划等按要求准备； （3）安全保护措施等按要求准备	10					
参数设置	根据控制要求，能设置相应正确的参数，不正确，扣15分	15					
线路连接	（1）驱动器与电机的线路连接不正确，不得分； （2）驱动器与PLC之间线路连接不正确，不得分	20					
校验	（1）未校验此项不得分； （2）接线错误此项不得分	10					
功能测试	（1）能够实现伺服电机正反转点动功能，得5分； （2）能够实现伺服电机相对位置运行，得15分； （3）能够实现伺服电机绝对位置运行，得15分	35					
职业素养及安全文明操作	（1）严格遵守安全操作规程，符合管理要求； （2）不浪费耗材，不损坏工具、仪表等； （3）工作台工具摆放整齐，仪器仪表关闭到位，现场清洁卫生	10					
总分							

学生互动交流及改进总结：

教师评语及签名：

五、知识拓展

伺服电机的应用特性及维护

1. 伺服电机在不同应用场景中的性能要求和设计优化

伺服电机在不同的应用场景中会面临多样化的性能要求,因此在设计和优化时需要考虑特定的工作环境和性能指标。以下是一些典型应用场景中的性能要求和相应的设计优化策略:

1)机器人和自动化

性能要求:高动态响应、精确的位置控制、平滑的运动性能、快速启停。

设计优化:采用高性能的无刷直流电机;使用高分辨率的编码器;优化电机的机械结构以减少转动惯量;采用先进的控制算法。

2)数控机床(CNC)

性能要求:高精度、高刚性、稳定地运行、低噪声。

设计优化:采用高刚性的电机设计;优化电机的热管理;使用高精度的反馈系统;实施振动抑制技术。

3)医疗设备

性能要求:精确控制、低振动、低噪声、高可靠性。

设计优化:选择低噪声电机设计;使用特殊材料以满足医疗级标准;集成故障检测和安全功能;采用冗余设计。

4)航空航天

性能要求:轻量化、耐高温、高可靠性、抗振动。

设计优化:采用高温材料和设计;优化电机结构以减轻质量;使用特殊的防护措施以适应极端环境。

5)电动汽车

性能要求:高效率、高扭矩、宽速度范围、快速响应。

设计优化:采用高效率电机设计;优化电机的冷却系统;使用高能量密度的永磁材料;集成电池管理系统。

6)智能家居和办公设备

性能要求:低能耗、低噪声、紧凑设计、易于集成。

设计优化:采用低功耗电机和驱动器;集成智能控制功能;优化电机尺寸以适应紧凑空间。

在设计和优化伺服电机时,还需要考虑成本效益和市场竞争力。例如,高性能的电机设计可能会提高成本,但可以提供更好的性能和更长的使用寿命。设计团队需要在性能、成本和可靠性之间找到最佳平衡点。通过综合考虑应用场景的特点和要求,可以设计出满足特定需求的伺服电机。

2. 伺服电机与其他电机类型的比较

伺服电机、步进电机和直线电机都是用于精确控制的电机类型，但它们在工作原理、性能特点和应用领域上有所不同。以下是这些电机类型的比较。

1）伺服电机（Servo Motor）

工作原理：伺服电机通常是基于交流或直流电机，配有高精度的位置反馈装置（如编码器），并通过闭环控制系统实现精确控制。

特点：高精度、高响应速度、优秀的速度和位置控制能力、需要配套的驱动器和控制器。

应用：机器人、数控机床、自动化设备、精密定位系统等。

2）步进电机（Stepper Motor）

工作原理：步进电机通过接收脉冲信号来转动，每个脉冲使电机转动一个固定的角度步长。

特点：控制简单、无须反馈装置即可实现开环控制、成本相对较低、通常不如伺服电机精确。

应用：3D打印机、舞台灯光、医疗设备、办公自动化等。

3）直线电机（Linear Motor）

工作原理：直线电机将旋转运动转换为直线运动，通常通过在平面上布置电磁线圈和磁铁来实现。

特点：直接驱动、无须机械传动装置、高速响应、高精度、但成本较高。

应用：高速列车、自动化装配线、精密切割机、半导体制造设备等。

在选择电机类型时，需要根据具体的应用需求、成本预算和维护能力来决定。例如，对于需要高精度和快速响应的自动化设备，伺服电机可能是最佳选择；而对于成本敏感且控制要求不是特别高的应用，步进电机可能更为合适；对于需要直线运动的场合，直线电机提供了理想的解决方案。具体选用时，还需要考虑以下几个方面：

控制精度：伺服电机通常提供最高的控制精度，尤其是在需要快速响应和精确定位的应用中；步进电机虽然也能提供较好的控制精度，但在高速运行时可能会受到限制；直线电机则提供了直接的直线运动控制，无须转换机构，适用于高速和高精度的直线运动控制。

复杂性和成本：步进电机的控制系统相对简单，成本较低，但可能需要额外的控制算法来保证运动的平滑性；伺服电机需要配套的驱动器和控制器，成本较高，但提供了更优秀的性能；直线电机由于其直接驱动的特性，成本通常是最高的。

维护和可靠性：伺服电机和步进电机由于其旋转运动，可能需要定期维护，如润滑和检查机械部件；直线电机由于没有机械传动部件，通常具有更高的可靠性和更低的维护需求。

动态性能：伺服电机和直线电机通常具有更好的动态性能，能够快速响应控制信号，适合于要求高速和高加速度的应用；步进电机在低速时表现稳定，但在高速时可能会产生振动和失步现象。

3. 伺服电机的故障诊断和维护策略

伺服电机的故障诊断和维护对于确保其可靠性和延长使用寿命至关重要。以下是一些有效的故障诊断方法和维护策略。

故障诊断方法：

（1）性能监测：定期监测伺服电机的运行性能，包括转速、扭矩、电流和电压等参数，与正常运行状态进行比较，以便及时发现异常；使用振动分析和声音监测技术来识别电机可能的机械问题。

（2）电气检查：检查电机绕组的电阻和绝缘电阻，确保没有短路或漏电问题；对电机驱动器进行诊断，检查输入信号、输出电流和波形是否正常。

（3）反馈系统检查：验证编码器或其他位置反馈装置的准确性和响应性，确保闭环控制系统的精确性；检查连接线和接头是否松动或损坏，这可能会影响信号的传输质量。

（4）热像分析：使用热像仪监测电机和驱动器的温度，过热则可能指示电机过载或其他故障。

（5）软件诊断：利用伺服驱动器内置的诊断功能和软件工具，分析电机的运行日志和错误代码。

维护策略：

（1）定期清洁：定期清理电机和驱动器的灰尘和杂物，防止灰尘积聚影响散热和电气接触；检查风扇和冷却系统，确保它们工作正常，以保持良好的散热。

（2）润滑和保养：对于有轴承和其他移动部件的伺服电机，定期进行润滑，以减少磨损；检查和更换任何磨损的机械部件，如皮带、齿轮和联轴器。

（3）电气维护：定期检查电机的电缆和连接器，确保没有损坏或腐蚀；确保电源电压和电流稳定，避免电压波动或尖峰对电机造成损害。

（4）软件和固件更新：定期更新驱动器的控制软件和固件，以利用最新的功能和性能改进。

（5）记录和跟踪：记录电机的使用情况和维护历史，跟踪性能变化和故障发生情况，以便进行趋势分析和预防性维护。

（6）培训和知识更新：对操作人员和维护人员进行定期培训，确保他们了解电机的操作和维护要求；保持人员对伺服电机最新发展技术的了解。

通过实施这些故障诊断和维护策略，可以有效提高伺服电机的可靠性，预防故障发生，延长其使用寿命。

任务六　直线电机

2.9　直线电机

一、任务目标

（1）认识直线电机的基本结构，了解直线电机的工作原理，掌握如何构建与调式直线电机系统。

（2）通过相关基础知识的学习，完成对直线电机系统的构建和调试。

二、基础知识

（一）直线电机概述

直线电机是一种将电能直接转换为直线运动的电磁装置，它可以看成是一台旋转电机按径向剖开并展成平面而成的。与传统的旋转电机不同，它不需要通过机械传动机构（如丝杠、皮带等）来实现直线运动，因此具有结构简单、响应速度快、精度高等特点。图 2-6-1 所示是一种直线电机的实物。

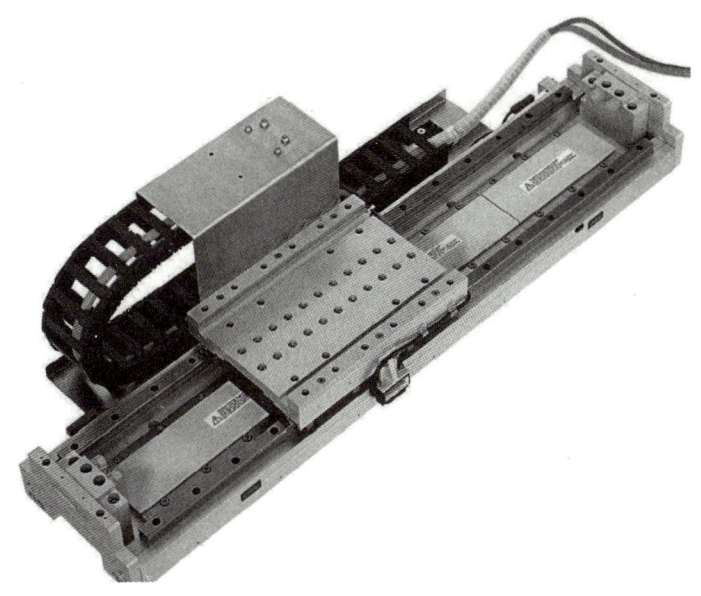

图 2-6-1　直线电机

直线电机因其精度高、反应快、结构简单和安全可靠等优点广泛应用于各种自动化设备和精密控制系统中，如数控机床、输送系统、高速列车等。

直线电机的技术发展经历了从早期的探索实验阶段到现代的广泛应用阶段。在早期，直线电机主要面临成本高、效率低等问题，但随着材料科学和控制技术的进步，这些问题逐渐得到解决，直线电机的应用范围也越来越广泛。

在现代工业中，直线电机不仅用于传统的直线运动控制，还被用于一些创新的应用。例如磁悬浮列车的驱动系统。这种列车使用直线电机产生的磁力来悬浮和驱动列车，从而实现高速、低噪声和低能耗的运输。此外，直线电机在自动化设备中的应用也非常广泛，如用于自动化仓库的货物搬运系统、高速分拣系统等。这些应用充分利用了直线电机高精度、高响应速度的特点，提高了生产效率和系统稳定性。总之，直线电机作为一种高效、精确的驱动方式，在现代工业和交通领域扮演着越来越重要的角色。随着技术的不断进步，直线电机的应用范围和性能还将继续扩展和提升。

（二）直线电机的基本结构

1. 直线电机的组成

直线电机的基本结构根据其类型和应用场景有所不同，但通常由以下几个关键部分组成：

（1）定子（初级线圈）：定子是直线电机的固定部分，通常包含绕组，当通电时会产生磁场。在某些设计中，定子可能是扁平的，而在其他设计中，它可能具有U形或其他形状，以适应不同的应用需求。

（2）动子（次级线圈或磁铁）：动子是直线电机的运动部分，它可以在定子产生的磁场中移动。动子可以包含永磁体或自身带有线圈。在有些直线电机设计中，动子和定子的相对位置可以互换，即动子可以是固定的，而定子是移动的。

（3）导轨和滑块：为了确保动子能够平稳且精确地沿直线路径移动，直线电机通常配备有精密的导轨和滑块系统。导轨提供稳定的支撑和导向，而滑块则安装在动子上，与导轨接触，减少摩擦并提供平滑的运动。

（4）传感器：为了实现精确的位置控制，直线电机通常需要位置传感器来反馈动子的实际位置。常见的传感器类型包括光栅尺、霍尔效应传感器、磁性编码器等。

（5）驱动器和控制系统：直线电机的驱动器负责提供适当的电流来驱动电机，而控制系统则根据所需的运动参数（如速度、加速度和位置）来调节驱动器的输出。控制系统可以是简单的开环控制，也可以是复杂的闭环控制，后者通常包括位置反馈和可能的速度和加速度控制。

2. 直线电机的分类

常见的直线电机品牌包括西门子、科尔摩根、派克、倍福、安川、碧绿威、三菱、雅科贝斯、大洋电机、德康威尔。直线电机可以根据其工作原理、结构特点和应用需求进行分类。以下是直线电机的一些主要分类。

1）根据工作原理分类

直流直线电机（DC Linear Motors）：类似于直流旋转电机，但其结构被展开以产生直线运动。

交流直线电机（AC Linear Motors）：包括交流永磁同步直线电机和交流感应异步直

线电机，工作原理类似于交流旋转电机。

步进直线电机（Stepper Linear Motors）：通过电磁线圈的脉冲激励来实现精确的步进运动。

无刷直线电机（Brushless Linear Motors）：使用无刷换向技术，动子和定子之间没有机械连接。

2）根据结构形式分类

U形直线电机：也可叫作空心直线电机，具有U型结构的磁轨和非钢动子，适用于高速、高加速度的应用。U型直线电机应用于XY运动平台，其具有无吸力、无齿槽、动子质量轻等优点，缺点是散热差、刚性差和推力较小。图2-6-2所示是U形直线电机的结构原理图。

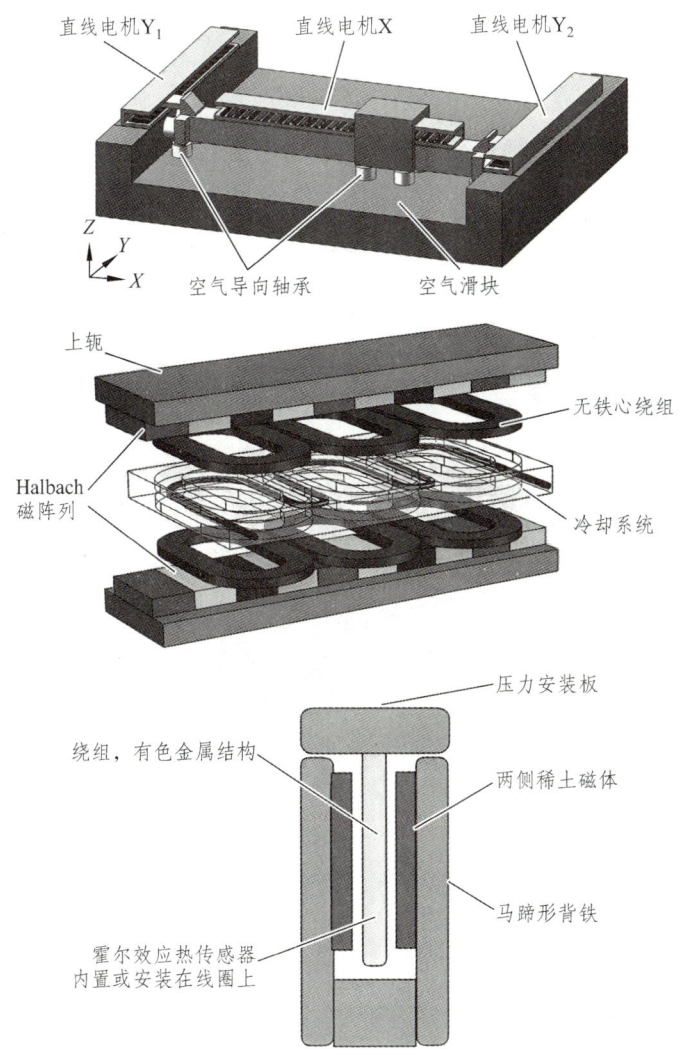

图 2-6-2　U 型直线电机结构原理

扁平直线电机：也可叫作铁心直线电机，具有平板形状的定子和动子，适用于需要较长行程的应用。扁平直线电机其具有推力大、低成本、散热好等优点，缺点是吸力大。图 2-6-3 所示是扁平直线电机的结构原理图。

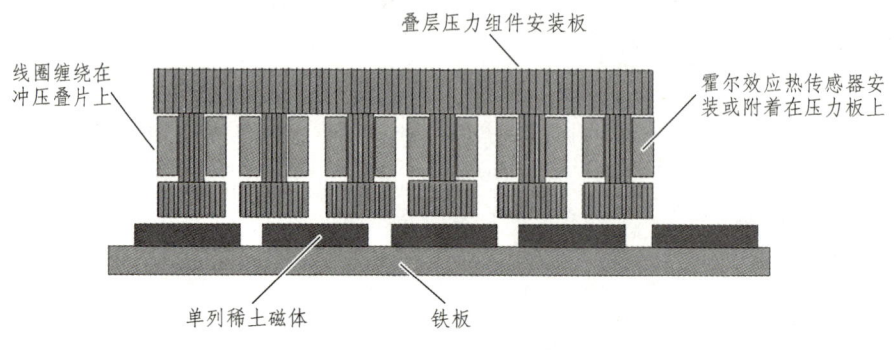

图 2-6-3　扁平直线电机结构原理

管状直线电机：也叫作轴式直线电机（柱状直线电机），设计为完全圆柱形，适用于需要径向支撑的场合。轴式直线电机应用于单轴运动平台，双电机驱动，电机轴两端固定，线圈组件运动，光栅尺及读数头布置在中央，导轨分布在光栅尺两侧。轴式直线电机具有体积小、散热好、工艺简单等优点，缺点是推力小、刚性差、长度受限。图 2-6-4 所示是管状直线电机的结构原理图。

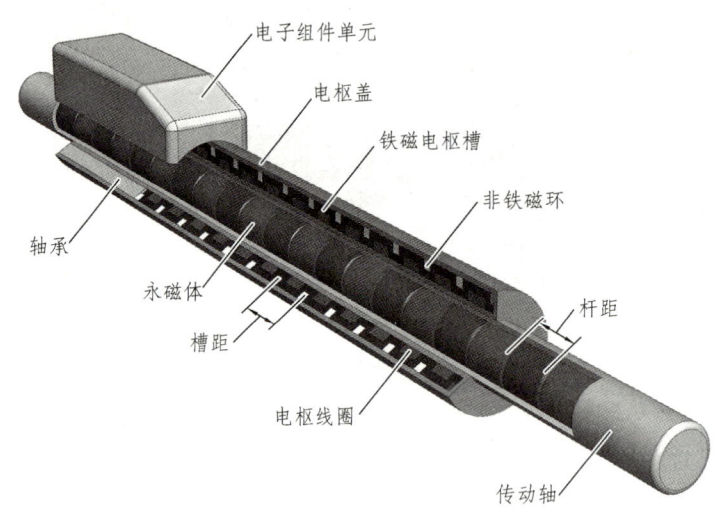

图 2-6-4　轴式直线电机

3. 根据应用场合对性能参数的要求分类

高推力直线电机：适用于需要大推力和大位移的场合，如高速数控机床和飞行模拟器。
高响应直线电机：适用于需要高频响和小位移的精密机床和控制系统。

(三)直线电机的工作原理

直线电机的工作原理基于洛伦兹力的作用,即通电导线在磁场中会受到力的作用而发生运动,即

$$F = k \cdot B \cdot L \cdot I \cdot N$$

式中,F 为合力(N);k 为力常数;B 为磁通密度(Tesla);L 为导线长度(m);I 为电流(A);N 为导线数目。

直线电机的工作原理与旋转电机相似,但直线电机将旋转运动转换为直线运动。以下是直线电机工作原理的几个关键点:

电磁场的产生:直线电机的定子(初级部分)通常包含绕组,当通以交流或直流电流时,会在定子中产生磁场。这个磁场可以是行波磁场,也可以是静态磁场,取决于电机的设计和应用。

力的作用:当定子产生的磁场与动子(次级部分)相互作用时,根据洛伦兹力定律,会在动子中产生力。这个力直接导致动子沿直线路径移动。在某些设计中,动子可能包含永磁体,而在其他设计中,动子可能是纯铁心,用于引导磁场。

直线运动的实现:直线电机的设计使得电磁力直接转化为直线推力,而不是旋转力矩。这种设计消除了传统旋转电机到直线运动所需的机械转换机构,如齿轮、皮带或丝杠等。

控制和调节:直线电机的控制系统调节通过定子的电流,从而控制动子的运动。这些控制系统可以是开环的,也可以是闭环的,后者包括位置、速度和加速度反馈,以实现精确的运动控制。

端部效应:在直线电机的端部,由于磁场的不连续性,会出现磁场畸变,这被称为端部效应。这种效应可能导致推力减小和效率降低。为了减少端部效应的影响,直线电机的设计需要考虑如何优化磁场分布。

直线电机一般使用光栅尺来确定位置,通过读数头来进行读数,读数头每扫描一个栅距就产生一个正弦波周期信号,再经过电子电路进行细分,以达到不同的分辨率。增量式光栅需要参考点,绝对式光栅不需要参考点可读到实时位置。

推动电机旋转的力矩是由两个相互作用的磁场产生的,寻找两个磁场的角度相当于寻相,对于每一个电机,该参数是一个固定的值,与电机生产过程中的码盘和转子的安装角度有关。可以理解为通过运动反馈来确认动子在定子磁场的位置。当相位角参数设置有误的时候就可能会发生飞车。

三、任务实施

直线电机接线及调试

以高创 CDHD 伺服驱动器搭配德康威尔 DKW 标准直线电机模组和大连榕树 ABS

系列绝对式光栅使用为例，介绍直线电机的接线和调试。CDHD 是一款全功能、高性能的伺服驱动器，采用创新技术设计制造，具有业界领先的功率密度。CDHD EtherCAT（EC）EtherCAT 总线驱动器，使用基于 CANOpen 的 EtherCAT（CoE）协议，支持旋转伺服电机、直线伺服电机，电机反馈支持增量式编码器、霍尔传感器、旋转变压器、正弦编码器、SSI（同步串行）编码器。图 2-6-5 所示是高创 CDHD 伺服驱动器。

图 2-6-5　高创 CDHD 伺服驱动器

高创 CDHD 伺服驱动器搭德康威尔 DKW 标准直线电机模组是含直线电机动/定子、直线导轨及导轨滑块的标准电机模组，外形如图 2-6-6 所示。

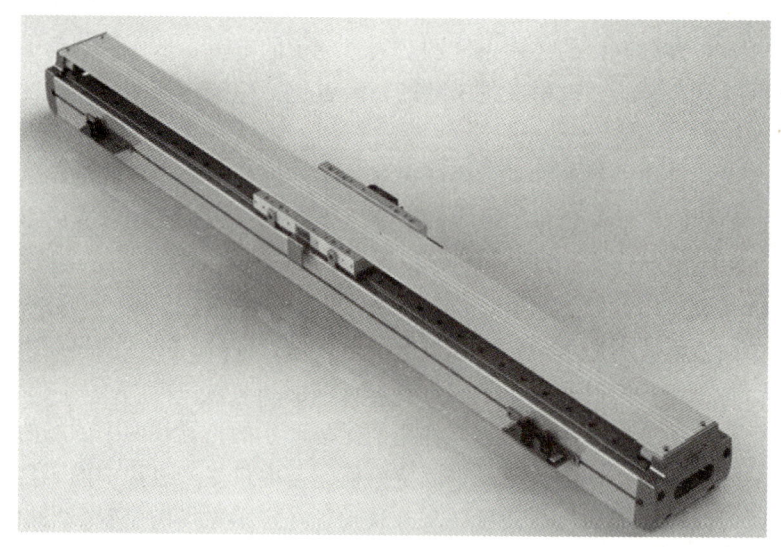

图 2-6-6　德康威尔 DKW 标准直线电机模组

大连榕树 ABS 系列绝对式光栅包含 ABS 读数头和 ABS 读数头兼容的栅尺，如图 2-6-7 所示。ABS 读数头采用 LAMOTION 先进的成像检测技术、单码道位置识别技术、自动增益控制技术、编码冗余检测技术等，实现高可靠性绝对式测量。光学系统具有良好的抗污能力，位置冗余检测使错误的风险降至最低，错误检测机制可确保在无法检测出位置时始终提示错误标记。

图 2-6-7 大连榕树 ABS 系列绝对式光栅

1. 伺服驱动器和直线电机的连接

下面以高创 CDHD 伺服驱动器搭配德康威尔 DKW 标准直线电机模组和大连榕树 ABS 系列绝对式光栅的连接作为示例进行介绍。图 2-6-8 所示为高创 CDHD 伺服驱动器系统布线图。

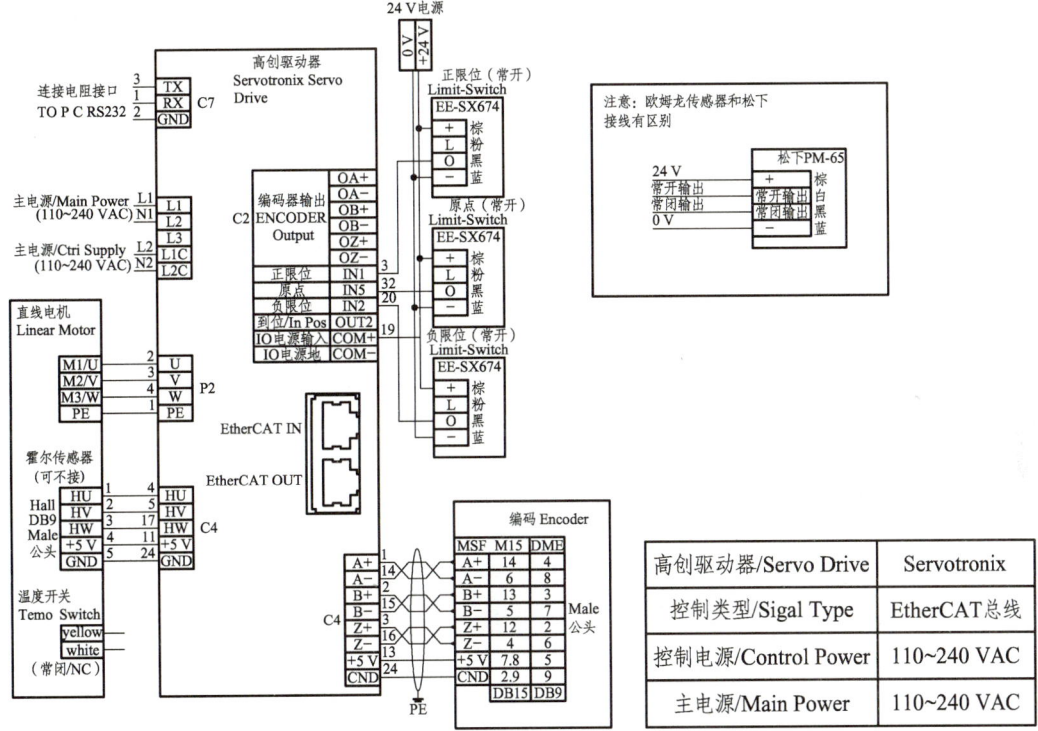

图 2-6-8 高创 CDHD 伺服驱动器系统接线图

C1：USB 通信接口，PC 调试用，使用两端为 USB 2.0 A 和 Mini-B 型电缆。

C2：控制器 I/O，可按照应用的要求配置输入和输出数字/模拟量。

C3：设备 I/O，可按照应用的要求配置输入或输出数字/模拟量。

C4：电机反馈，根据在应用中所使用的反馈装置类型，进行电机反馈接口的接线。

C5 和 C6：现场总线，CANopen、EtherCAT 及 PROFINET 通信连接。

C7：RS232 通信。

C8：菊花链，龙门同步用。

P1：STO 连接，24 V、GND。

P2：电机相线连接，U、V、W、PE。

P3：再生电阻接口。

2. 用 ServoStudio 软件调试伺服驱动器

（1）在 PC（个人计算机）上安装 ServoStudio 调试软件。

（2）完成硬件连接后，检查连接正确后接通驱动器电源。

（3）打开 ServoStudio 调试软件，将 PC 和驱动器通过 Mini USB 电缆进行连接。

（4）通过电机设置向导对直线电机主要参数进行配置（直线电机参数厂家提供），包括电机类型、电机峰值电流、电机持续电流、电机最大转速、电机电感、电机电阻、直线电机扭矩常数、转子线圈质量（直线电机）、电机节距等参数，并校验电机，如图 2-6-9 所示。

图 2-6-9　直线电机设置向导 1

（5）设定电机反馈，根据实际所连接编码器进行选择设置并寻相，如图 2-6-10 所示。

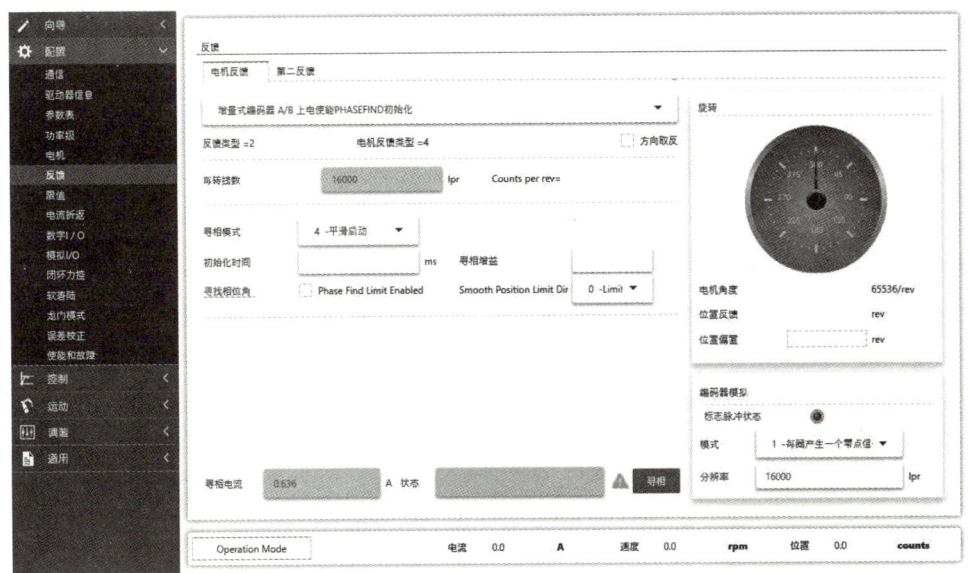

图 2-6-10　直线电机设置向导 2

（6）限值设定，根据实际精度和现场应用来设置位置限定、速度限定、电流限定等参数，如图 2-6-11 所示。

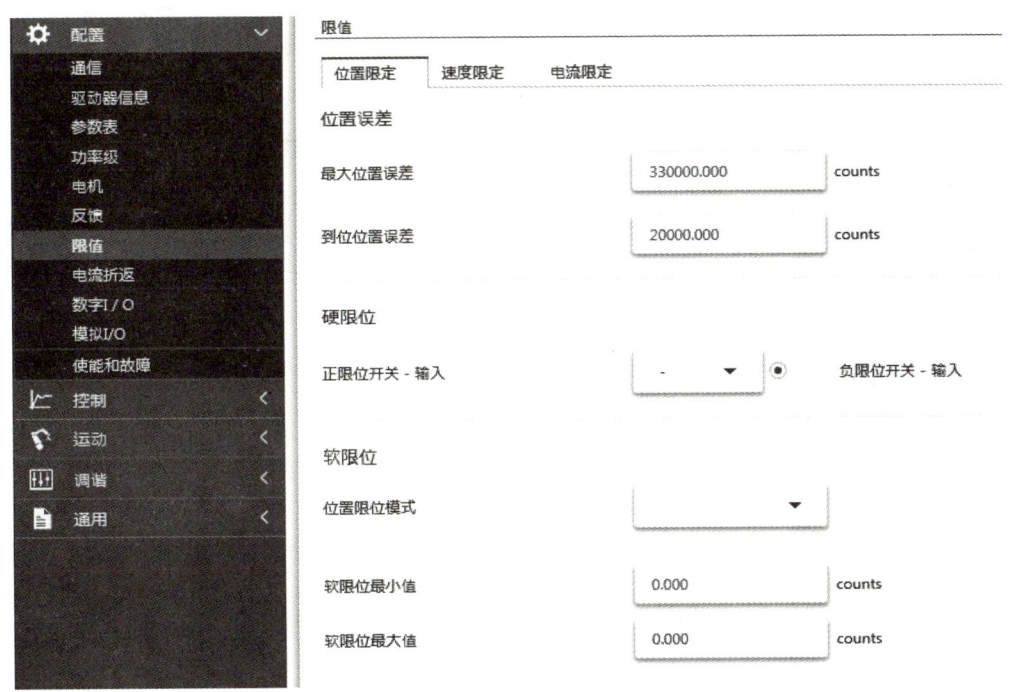

图 2-6-11　直线电机设置向导 3

（7）检查电机方向，电流环调试（进行电机方向检查前一定要将工作模式改为电流模式，避免上电动作异常的情况），如图 2-6-12 所示。

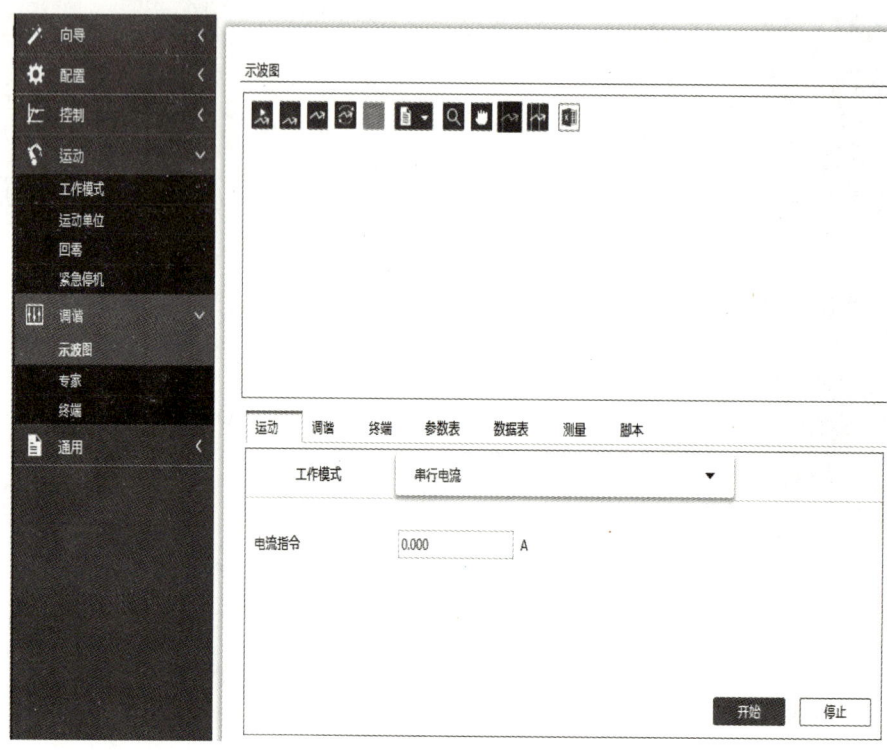

图 2-6-12　直线电机设置向导 4

（8）自动整定，开始负载估测，如图 2-6-13 所示。

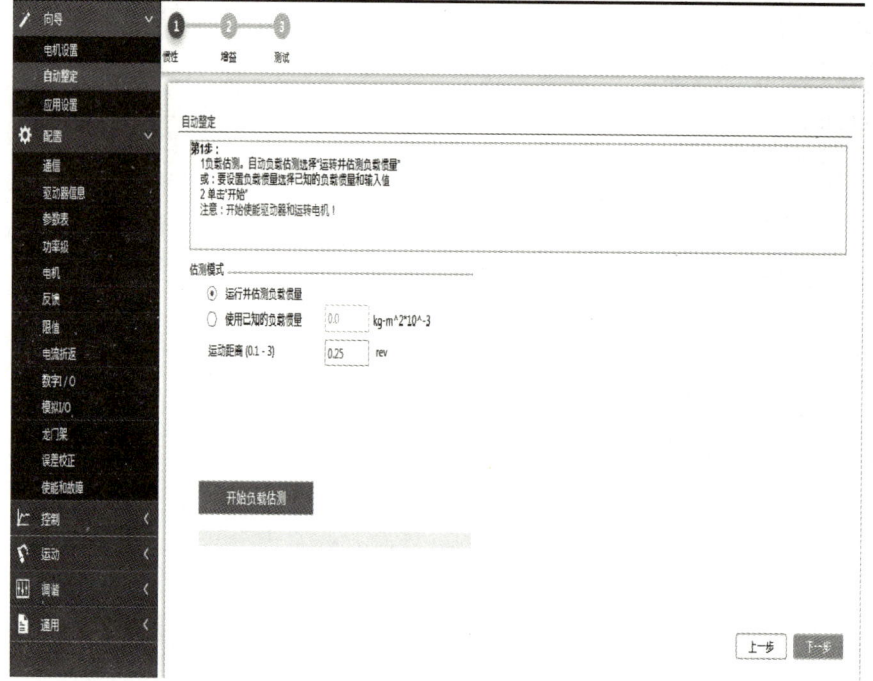

图 2-6-13　直线电机设置向导 5

（9）位置环速度环调试，如图 2-6-14 所示。

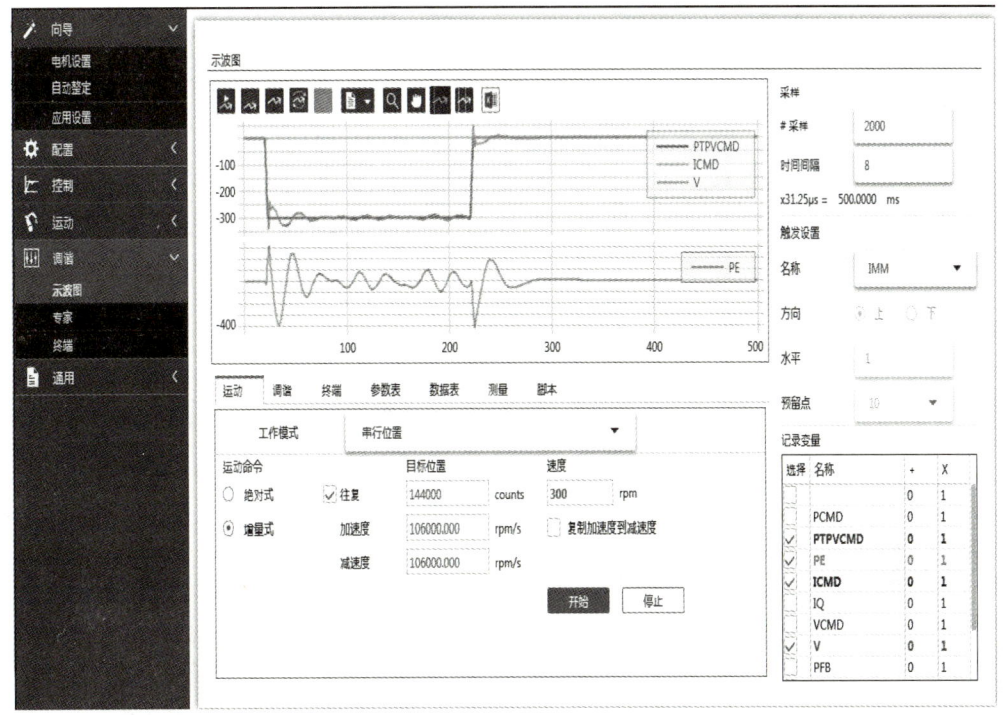

图 2-6-14 直线电机设置向导 6

（10）根据 PLC 控制方式选择接口模式 EtherCAT，总线模式选总线周期同步位置，设置总线配置相关参数并保存至驱动器。

3. 直线电机控制

使用汇川 AC 系列 PLC，通过 EtherCAT 总线下发控制指令到高创驱动器，驱动直线电机进行相应运动控制，主要步骤如下：

（1）在汇川 PLC 编程软件中安装高创驱动器设备描述文件 ESI。

（2）在汇川 PLC 编程软件中完成 PLC 和高创驱动器组态，并配置相关参数。

（3）下载硬件组态并完成 PLC 组网。

（4）编写 PLC 控制程序，使用 MC 运动控制指令编写点动功能、相对位置运行功能和绝对位置运行功能。

（5）下载程序并进行功能测试。

四、任务评价

表 2-6-1　任务评价表

专业班级		组　号		姓　名		学　号	
考核项目	考核要求	分数配比	自　评		互　评		得分
工作准备情况	（1）书、网络资源、笔记本、笔、图纸、工器具等材料准备齐全； （2）实验计划等按要求准备； （3）安全保护措施等按要求准备	10					
参数设置	根据控制要求，能设置相应正确的参数，不正确，扣15分	15					
线路连接	（1）驱动器与电机的线路连接不正确，不得分； （2）驱动器与PLC之间线路连接不正确，不得分	20					
校验	（1）未校验此项不得分； （2）接线错误此项不得分	10					
功能测试	（1）能够实现直线电机正反转点动功能，得5分； （2）能够实现直线电机相对位置运行，得15分； （3）能够实现直线电机绝对位置运行，得15分	35					
职业素养及安全文明操作	（1）严格遵守安全操作规程，符合管理要求； （2）不浪费耗材，不损坏工具、仪表等； （3）工作台工具摆放整齐，仪器仪表关闭到位，现场清洁卫生	10					
总分							
学生互动交流及改进总结：							
教师评语及签名：							

五、知识拓展

直线电机在不同场景的应用要求

直线电机因其独特的直接驱动能力和高精度控制特性，在多种应用场景中都有着广泛的应用。不同的应用场景对直线电机的性能要求和设计优化也有所不同。以下是一些典型应用场景中的性能要求和相应的设计优化策略：

1. 高速列车和磁悬浮列车

性能要求：高速度、高加速度、高可靠性、低能耗。

设计优化：采用长定子和次级部件的布局，以实现高速直线运动；优化磁路设计，减少磁通泄漏和提高效率；使用高温材料和冷却系统，以应对高速运行产生的热量。

2. 自动化生产线和装配系统

性能要求：精确的位置控制、快速响应、高重复定位精度。

设计优化：集成高精度的位置传感器和反馈系统；采用模块化设计，以便于集成到生产线中；设计易于维护和更换的部件，以减少停机时间。

3. 精密加工和测量设备

性能要求：高分辨率、稳定性好、低振动。

设计优化：使用高性能的控制系统和驱动器，以实现精细的运动控制；采用阻尼和隔振设计，减少振动对加工精度的影响；使用高精度的线性导轨和轴承。

4. 医疗设备（如 MRI 和手术机器人）

性能要求：精确控制、低噪声、无菌环境适应性。

设计优化：采用无铁心设计，以减少磁场干扰；使用特殊材料和涂层，以满足无菌要求；集成静音技术，以降低噪声水平。

5. 半导体和微电子制造设备

性能要求：极高的精度、真空环境适应性、无尘室兼容性。

设计优化：使用特殊的密封和涂层技术，以防止污染和满足真空环境的要求；采用无接触的直线驱动方式，减少机械磨损和颗粒产生。

6. 航空航天和军事应用

性能要求：高可靠性、耐高温、抗冲击和振动。

设计优化：采用高温和高应力环境下稳定的材料；设计冗余和故障安全机制；进行严格的测试和验证，以确保在极端条件下的使用性能。

在设计直线电机时，需要综合考虑应用场景的特殊要求，如环境条件、负载特性、精度要求等，以实现最佳的性能和可靠性。此外，为了提高直线电机的使用寿命，还需要考虑其维护和保养策略，如定期清洁、润滑和更换易损件等。通过这些设计优化和维护措施，可以确保直线电机在各种应用中都能发挥出最佳性能。

项目二练习题

一、填空题

1. 直流电机具有_____性，既可作发电机运行，又可作电动机运行。作发电机运行时，将_____变成_____输出，作电动机运行时，则将_____变成_____输出。

2. 直流发电机电磁转矩的方向和电枢旋转方向_____，直流电动机电磁转矩的方向和电枢旋转方向_____。

3. 对于直流电动机的电磁转矩 $T = C_T \Phi I_a$ 公式中各物理量的含义，C_T 表示转矩常数，Φ 表示_____，I_a 表示_____。

4. 他励直流电动机的固有机械特性是指在电枢电压、励磁磁通为额定值，且电枢回路不串电阻的条件下，_____和_____关系。

5. 直流电机的调速方法有_____调速、_____调速和_____调速。

6. 直流电动机的转子通称为_____，是电动机的_____部分。直流电机的换向器又称为_____。

7. 直流电机的换向极安装在_____，其作用是_____。

8. 直流电动机中常见的制动状态有_____、_____、_____三种。

9. 电动机是将_____能转换为_____能的设备。

10. 三相异步电动机主要由_____和_____两部分组成。

11. 三相异步电动机的定子铁心是用薄的_____叠装而成，它是定子的_____路部分，其内表面冲有槽孔，用来嵌放_____。

12. 三相异步电动机的定子主要由_____和_____组成。

13. 三相异步电动机的转子有_____式和_____式两种形式。

14. 三相异步电动机的三相定子绕组通以_____，则会产生_____。

15. 三相异步电动机旋转磁场的转速称为_____转速，它与_____和_____有关。

16. 三相异步电动机旋转磁场的转向是由_____决定的，运行中若旋转磁场的转向改变了，转子的转向_____。

17. 一台三相四极异步电动机，如果电源的频率 $f_1=50$ Hz，则定子旋转磁场每秒在空间转过_____转。

18. 三相异步电动机的转速取决于_____、_____和_____。

19. 三相异步电机的调速方法有_____、_____和_____。

20. 对于在额定工作情况下的三相异步电动机，已知其转速为 960 r/min，电动机的同步转速为_____、磁极对数为_____对，转差率为_____。

21. 三相异步电动机机械负载加重时，其定子电流将_____。

22. 三相异步电动机负载不变而电源电压降低时，其转子转速将_____。

23. 一台三相二极异步电动机，如果电源的频率 f_1 = 50 Hz，则定子旋转磁场每秒在空间转____转。

24. 笼型三相异步电动机常用的降压启动方法有：_____启动和_____启动。

25. 三相异步电动机采用 Y-△降压启动时，其启动电流是三角连接全压启动电流的_____，启动转矩是三角连接全压启动时的_____。

26. 三相异步电动机的额定功率是额定状态时电动机转子轴上_____功率，额定电流是满载时定子绕组的_____电流，其转子的转速_____旋转磁场的速度。

27. 电动机铭牌上所标额定电压是指电动机绕组的_____。

28. 某三相异步电动机额定电压为 380/220 V，当电源电压为 220 V 时，定子绕组应接成_____接法；当电源电压为 380 V 时，定子绕组应接成_____接法。

二、选择题

1. 直流电动机启动时电枢回路串入电阻是为了（　　）。
    A. 增加启动转矩　　　　　　　　B. 限制起动电流
    C. 增加主磁通　　　　　　　　　D. 减小启动时间

2. 在直流电机中，电枢的作用是（　　）。
    A. 将交流电变为直流电
    B. 实现直流电能和机械能之间的转换
    C. 在气隙中产生主磁通
    D. 将直流电流变为交流电流

3. 保持电枢电压不变，减小他励直流电动机的励磁电流，则该直流电动机（　　）。
    A. 理想空载转速升高，机械特性变软
    B. 理想空载转速升高，机械特性变硬
    C. 理想空载转速降低，机械特性变软
    D. 理想空载转速降低，机械特性变硬

4. 直流电动机工作稳定运行状态时，电磁转矩的大小由（　　）决定。
    A. 电压的大小　　　　　　　　　B. 电枢电阻的大小
    C. 负载转矩和空载转矩的大小　　D. 磁场的大小

5. 直流电动机中，电动势的方向与电枢电流方向（　　），直流发电机中，电动势的方向与电枢电流的方向（　　）。
    A. 相同，相同　　　　　　　　　B. 相同，相反
    C. 相反，相同　　　　　　　　　D. 相反，相反

6. 直流电机的磁极和电枢的铁心选材应是（　　）。
    A. 电枢用硅钢片，磁极用整块铸钢
    B. 电枢用整块铸钢，磁极用钢板冲片叠成

C. 电枢用硅钢片，磁极用钢板冲片叠成

D. 因是直流无铁损，故两者均可用整块铸钢

7. 直流电动机的几种人为机械特性中，哪种的硬度不变？（　　）

　　A. 电枢串电阻的人为机械特性　　B. 改变电枢电压的人为机械特性

　　C. 减弱磁通的人为机械特性　　　D. 以上三种都不是

8. 一台直流电动机启动时，励磁回路应该（　　）。

　　A. 与电枢回路同时接入　　B. 比电枢回路后接入

　　C. 比电枢回路先接入　　　D. 无先后次序

9. 直流电机的调速方法中，适合恒转矩负载并且低速时稳定性较好的是（　　）。

　　A. 弱磁调速　　B. 降压调速　　C. 串电阻调速　　D. 变频调速

10. 直流电动机在串电阻调速过程中，若负载转矩保持不变，则（　　）保持不变。

　　A. 输入功率　　B. 输出功率　　C. 电磁功率　　D. 电机的效率

11. 异步电动机在正常旋转时，其转速（　　）。

　　A. 低于同步转速　　　　B. 高于同步转速

　　C. 等于同步转速　　　　D. 和同步转速没有关系

12. 某三相电动机的额定值如下：功率 10 kW、转速 1 420 r/min、效率 88%、电压 380 V，则额定电流为（　　）。

　　A. 26.3 A　　　　　　　B. 15.2 A

　　C. 18.4 A　　　　　　　D. 以上答案都不对

13. 三相鼠笼式异步电动机直接启动电流过大，一般可达额定电流的（　　）倍。

　　A. 2~3　　B. 3~4　　C. 4~7　　D. 10

14. 要使三相异步电动机反转，只要（　　）就能完成。

　　A. 降低电压　　　　　　B. 降低电流

　　C. 将任两根电源线对调　　D. 降低线路功率

15. 在三相交流异步电动机定子绕组中通入三相对称交流电，则在定子与转子的空气隙间产生的磁场是（　　）。

　　A. 恒定磁场　　B. 脉动磁场　　C. 合成磁场为零　　D. 旋转磁场

16. 异步电动机的机械特性曲线中，当电源电压下降时，T_{max} 及 S_m 将分别（　　）。

　　A. 不变，不变　　B. 不变，减小　　C. 减小，不变　　D. 减小，减小

17. 转子绕组串电阻启动适用于（　　）。

　　A. 鼠笼式异步电动机　　B. 绕线式异步电动机

　　C. 串励直流电动机　　　D. 并励直流电动机

18. 异步电动机运行时，若转轴上所带的机械负载愈大，则转差率（　　）。

　　A. 愈大　　　　　　　　B. 愈小

　　C. 基本不变　　　　　　D. 在临界转差率范围内愈大

19. 三相异步电动机在电动状态稳定运行时的范围是（　　）。

　　A. 转差率在零和临界转差率之间，$0 < S < S_{临界}$

B. 转差率在额定转差率和 1 之间，$S_N < S < 1$

C. 转差率大于 1，$S > 1$

D. 转差率在临界转差率和 1 之间，$S_{临界} < S < 1$

20. U_N，I_N，η_N，$\cos\varphi_N$ 分别是三相异步电动机额定线电压、线电流、效率和功率因数，则三相异步电动机额定功率 P_N 为（　　）。

A. $\sqrt{3}U_N I_N \eta_N \cos\varphi_N$ 　　　　　B. $\sqrt{3}U_N I_N \cos\varphi_N$

C. $\sqrt{3}U_N I_N$ 　　　　　　　　　D. $\sqrt{3}U_N I_N \eta_N$

21. 某三相异步电动机额定转速为 1 460 r/m，$p = 2$，$f = 50$ Hz，当负载转矩为额定转矩的一半时，其转速为（　　）。

A. 1 500 r/m　　　B. 1 480 r/m　　　C. 1 460 r/m　　　D. 1 440 r/m

22. 异步电动机的启动转矩等于最大转矩的条件是（　　）。

A. 转差率 $S = 1$ 　　　　　　　B. 转差率 $S = S_N$

C. 临界转差率为 1 　　　　　　　D. 转差率 $S = 0$

三、判断题

1. 直流电动机的人为特性都比固有特性软。（　　）

2. 一台接在直流电源上的并励电动机，把励磁绕组的两个端头对调后，电动机就会反转。（　　）

3. 直流电机中，换向极的作用是改善换向，所以只要装置换向极都能起到改善换向的作用。（　　）

4. 换向器是直流电机特有的装置。（　　）

5. 直流电动机的额定功率指转轴上吸收的机械功率。（　　）

6. 直流电机的电刷因磨损而需更换时应选用与原电刷相同的电刷。（　　）

7. 直流电动机串多级电阻启动，在启动过程中，每消除一级启动电阻时，电枢电流都将突变。（　　）

8. 直流电动机的电磁转矩在电动状态时是驱动性质的转矩，当增大电磁转矩时，电动机的转速将会上升。（　　）

9. 他励直流电动机降压或串电阻调速时，最大静差率数值越大，调速范围越大。（　　）

10. 直流电动机反接制动时，当电动机转速接近于零时，就应立即切断电源，防止电动机反转。（　　）

11. 三相异步电动机的定子只要满足在空间对称的三相绕组中通过交流电流即可产生圆形旋转磁场。（　　）

12. 电动机的额定功率，既表示输入功率也表示输出功率。（　　）

13. 异步电动机的转子旋转速度总是小于旋转磁场速度。（　　）

14. 电动机稳定运行时，其电磁转矩与负载转矩基本相等。（　　）

15. 异步是指转子转速与磁场转速存在差异。（　　）

16. 异步电动机只有转子转速和磁场转速存在差异时才能运行。(　　)
17. 罩极式单相异步电动机铁心上的短路环的作用是产生一个附加磁场。(　　)
18. 交流测速发电机的主要特点是其输出电压和转速成正比。(　　)
19. 测速发电机分为交流和直流两大类。(　　)
20. 直流测速发电机的结构和直流伺服电动机基本相同，原理与直流发电机相同。(　　)
21. 直流伺服电动机不论是他励式还是永磁式，其转速都是由信号电压控制的。(　　)

四、简答题

1. 直流电机的基本结构由哪些部件所组成？
2. 直流电机中为何要用电刷和换向器，它们有何作用？
3. 直流电动机的励磁方式有哪几种？试画出电路图。
4. 简述直流电动机的工作原理。
5. 如何确定换向极的极性，换向极绕组为什么要与电枢绕组相串联？
6. 直流电动机电枢电动势为何称为反电动势？
7. 启动直流电动机前，电枢回路调节电阻 R_{Pa} 和励磁回路调节电阻 R_{Pf} 的阻值应分别调到什么位置？
8. 直流电动机在轻载或额定负载时，增大电枢回路调节电阻 R_{Pa} 的阻值，电动机的转速如何变化？增大励磁回路的调节电阻 R_{Pf} 的阻值，转速又如何变化？
9. 直流电动机停机时，应该先切断电枢电源，还是先断开励磁电源？
10. 他励直流电动机实现反转的方法有哪两种？实际应用中大多采用哪种方法？
11. 何谓直流电动机的机械特性？写出他励直流电动机的机械特性方程式。
12. 何谓直流电动机的固有机械特性与人为机械特性？
13. 他励直流电动机的机械特性 $n = f(T)$ 为什么是略微下降的？是否会出现上翘现象？为什么？上翘的机械特性对电动机运行有何影响？
14. 改变磁通调速的机械特性为什么在固有机械特性上方？改变电枢电压调速的机械特性为什么在固有机械特性下方？
15. 直流电动机一般为什么不允许采用全压启动？
16. 他励直流电动机有哪几种调速方法？各有什么特点？电枢回路串电阻调速和弱磁调速分别属于哪种调速方式？
17. 试分析他励直流电动机电枢串电阻启动物理过程。
18. 他励直流电动机电气制动有哪几种？
19. 何谓能耗制动？其特点是什么？
20. 试分析电枢反接制动工作原理。
21. 何谓发电回馈制动？其出现在何情况下？
22. 三相异步电动的旋转磁通是如何产生的？

23. 三相异步电动机旋转磁场的转速由什么决定？对于工频下的 2、4、6、8、10 极的三相异步电动机的同步转速为多少？

24. 试述三相异步电动机的转动原理，并解释"异步"的意义。

25. 旋转磁场的转向由什么决定？如何改变旋转磁场的转向？

26. 当三相异步电动机转子电路开路时，电动机能否转动？为什么？

27. 何谓三相异步电动机的转差率？额定转差率一般是多少？启动瞬时的转差率是多少？

28. 当三相异步电动机的机械负载增加时，为什么定子电流会随转子电流的增加而增加？

29. 三相异步电动机在空载时功率因数约为多少？当在额定负载下运行时，功率因数为何会提高？

30. 为什么变极调速时要同时改变电源相序？

31. 试述绕线转子异步电动机转子串电阻调速原理和调速过程，有何优缺点？

32. 什么是自转现象？如何消除？

33. 如何改变两相交流伺服电动机的转向？为什么能改变其转向？

34. 简述步进电动机的单三拍、六拍和双三拍工作方式。

35. 怎样改变步进电动机的转向？

36. 什么是脉动磁场？

37. 单相异步电动机有哪些基本类型？

38. 描述永磁同步电机与传统异步电机在结构和性能上的主要区别。

39. 描述步进电机的工作原理，并解释其如何实现精确的位置控制。

40. 描述伺服电机的工作原理，并解释其如何实现精确的动态性能控制。

五、计算题

1. 一台直流电动机额定数据为：额定功率 $P_N = 17\text{ kW}$，额定电压 $U_N = 220\text{ V}$，额定转速 $n_N = 1\,500\text{ r/min}$，额定效率 $\eta_N = 83\%$，求它的额定电流及额定负载时的输入功率。

2. 一台直流发电机额定数据为：额定功率 $P_N = 10\text{ kW}$，额定电压 $U_N = 230\text{ V}$，额定转速 $n_N = 2\,850\text{ r/min}$，额定效率 $\eta_N = 85\%$，求它的额定电流及额定负载时的输入功率。

3. 一台直流发电机数据为：$P_N = 10\text{ kW}$，$U_N = 110\text{ V}$，$n_N = 1\,450\text{ r/min}$，$\eta_N = 90\%$，求该电机的额定电流 I_N。

4. 一台直流电动机数据为：$P_N = 20\text{ kW}$，$U_N = 220\text{ V}$，$n_N = 1\,450\text{ r/min}$，$\eta_N = 90\%$，求该电机额定输入功率 P_{1N}、额定电流 I_{1N} 和额定输出转矩 T_N。

5. 一台他励直流电动机，铭牌数据如下：$P_N = 60\text{ kW}$，$U_N = 220\text{ V}$，$I_N = 305\text{ A}$，$n_N = 1\,000\text{ r/min}$。试求：（1）固有机械特性；（2）$R_{Pa} = 0.5\text{ }\Omega$ 的人为机械特性。

6. 一台并励直流发电机，铭牌数据如下：$P_N = 23\text{ kW}$，$U_N = 230\text{ V}$，$n_N = 1\,500\text{ r/min}$，励磁回路电阻 $R_f = 57.5\text{ }\Omega$，电枢电阻 $R_a = 0.1\text{ }\Omega$，不计电枢反应磁路饱和。现将这台发电机改为并励直流电动机运行，把电枢两端和励磁绕组两端都接到

220 V 的直流电源，运行时维持电枢电流为原额定值。求（1）转速 n；（2）电磁功率；（3）电磁转矩。

7. 在额定工作情况下的三相异步电动机 Y180L-6 型，其转速为 960 r/min，频率为 50 Hz，问电机的同步转速是多少？有几对磁极对数？转差率是多少？

8. 一台两极三相异步电动机，额定功率 10 kW，额定转速为 n_N = 2 940 转/分，额定频率 f_1 = 50 Hz，求额定转差率 s_N，轴上的额定转矩 T_N。

9. 一台三相异步电动机，电源频率 f_1 = 50 Hz，额定转差率 s_N = 2%。求当极对数 p = 3 时电动机的同步转速 n_1 及额定转速 n_N。

10. 已知一台三相异步电动机的技术数据如下：额定功率 4.5 kW，额定转速 950 r/min，f_1 = 50 Hz，试求：① 极对数 p；② 额定转差率 s_N；③ 额定转矩 T_N。

11. 一台三相异步电动机，在工频下其旋转磁场转速 n_0 = 1 500 r/min，这台电动机为几对磁极电动机？试分别求出 n = 0 时和 n = 1 450 r/min 时该电动机的转差率。

12. 一台三相异步电动机，其额定功率 P_N = 55 kW，电网频率为 50 Hz，额定电压 U_N = 380 V，额定效率 η_N = 0.8，额定功率因素 $\cos\phi_N$ = 0.9，额定转速 n_N = 590 r/min，试求：同步转速 n_1、极对数 p，额定电流 I_N，额定转差率 s_N，电机的输入功率 P_1。

13. 一台 7.5 kW 作空载起动的三相笼型异步电动机，用熔断器作短路保护，试选择熔断器型号和熔体的额定电流等级。

14. 某机床有 3 台三相笼型异步电动机，其容量分别为 2.8 kW、0.6 kW、1.1 kW，采用熔断器作短路保护，试选择总电源熔断器熔体的额定电流等级和熔断器型号。

项目三

轨道交通典型电气控制电路

任务一　电气控制线路的绘制与识读

3.1　电气系统图的绘制与识读

一、任务目标

掌握轨道交通电气控制线路的绘制原则、识读方法。

二、相关知识

电气控制系统图是由多种低压电器元件和导线按照一定功能要求连接而成,一般包括电气原理图、电器元件安装布置图、电气接线图,其作用是为了完整地表达生产机械电气控制系统的结构组成、工作原理,同时也为了便于电气线路的安装、接线、调试、运行、维护等。

电气设计人员需要掌握各种电气控制系统图的绘制和识读方法。常用的绘制电气系统图软件有 EPLAN、CAD、SEE Electrical 等。

(一) 电气原理图

电气原理图是用国家统一规定的图形符号和文字符号,表示各个低压电器元件的接线关系及电气控制线路的工作原理的一种电气图。图 3-1-1 所示为 CW6132 型普通车床的电气原理图。

1. 绘制电气原理图的基本原则

(1) 电气原理图中的所有元器件都应采用国家统一规定的图形符号和文字符号表示。

(2) 电气原理图一般分主电路和辅助电路两大部分。主电路是从电源到电动机的大电流通路,是电路的动力输出部分,包括刀开关、熔断器、接触器主触点、热继电器以及电动机,一般位于左侧或上方。辅助电路包括控制电路、指示电路、照明电路等部分,包括控制按钮、接触器辅助触点、继电器辅助触点、信号指示灯等器件,一般位于主电路右侧。辅助电路中通过的电流较小,是电路的运行控制输入及照明、信号指示部分。

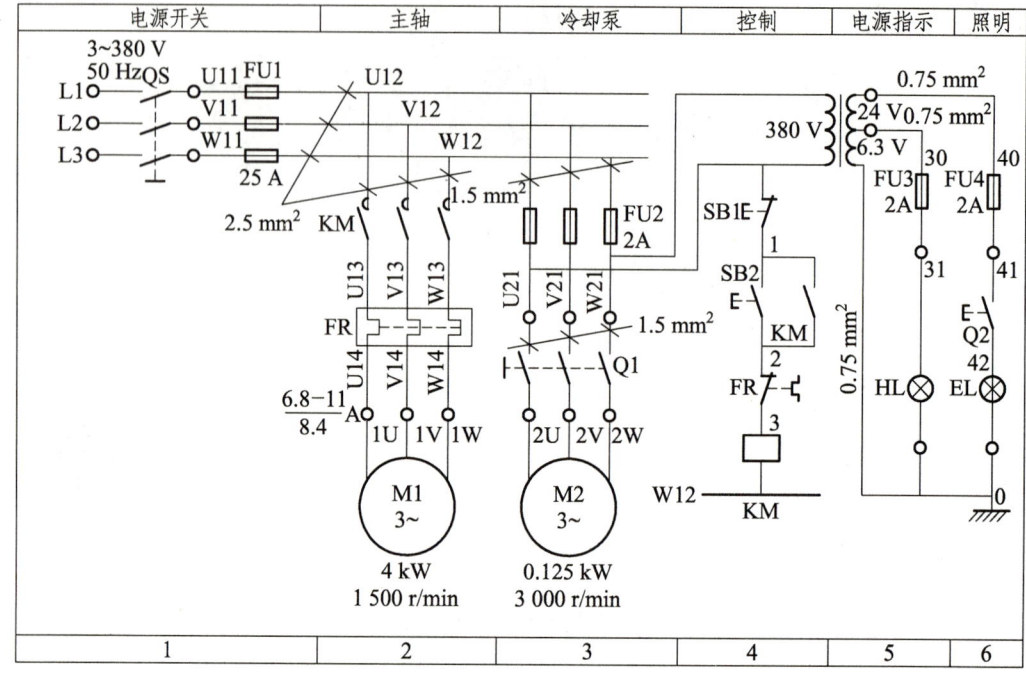

图 3-1-1　CW6132 型普通车床的电气原理图

（3）绘制电气原理图时，动力部分的主电路一般在左边，控制电路在右边。各电器元件应按动作顺序从上到下、从左至右依次排列，并尽可能减少线条和避免线条交叉。对有电联系的交叉导线连接点，要用小黑圆点表示；无电联系的交叉导线则不画小黑圆点。

（4）电气原理图中，各电器的触点状态都按电路未通电或电器未受外力作用时的常态位置画出，即常开触点断开，常闭触点闭合。电气触头按照"左开右闭、上闭下开"的原则绘制，即垂直放置的触点左侧为常开触点，右侧为常闭触点；水平放置的触点上方为常闭触点，下方为常开触点。分析电路的工作原理时，应从触点的常态位置出发。

（5）电气原理图中，同一电器的各部件不按实际位置画在一起，而是按其在线路中所起作用分别画在不同回路中，但其动作是相互关联的。因此，同一元件的各部分必须标注相同的文字符号。当使用多个相同类型的电器时，要在文字符号的后面标注不同的数字序号，以示区分，如 KM1、KM2 等。

（6）电气原理图的下方附图表示接触器和继电器线圈与触点的从属关系。接触器和继电器线圈的下方给出相应的文字符号，文字符号的下方要标注其触点位置的索引代号，对未使用的触点用"×"表示，如图 3-1-2 所示。

KM			KA	
4	6	×	9	×
4	×	×	13	×
4			×	

图 3-1-2　线圈与触点从属关系图

对于接触器，左栏表示主触点所在的图区号，中栏表示辅助动合触点所在的图区号，右栏表示辅助动断触点所在的图区号。对于继电器，左栏表示动合触点所在的图区号，右栏表示动断触点所在的图区号。

（7）为了方便阅读和分析，在电气原理图的上方，将图分成若干图区，并在其下方从左到右用数字编号，各图区的名称代表了下方对应电路的主要功能，这样便于理解和分析电路的工作原理。

（8）电气原理图中的各支路采用等电位原则进行编号，即对电路中各个电位相同的接点用字母或数字表示。另外，为了清晰地表达电路设计要求，可在对应元器件或导线旁边，标注设备主要参数或导线线径等。

2. 线号的标注原则和方法

以图 3-1-1 为例，说明线号的标注方法。

（1）主电路在电源开关的出线端按相序依次编号为 U11、V11、W11，然后按从上至下、从左至右的顺序，每经过一个电器元件后，编号依次递增，如 U12、V12、W12，U13、V13、W13 等。单台三相交流电动机的三根引出线按相序依次编号为 U、V、W。对于多台电动机引出线的编号，为了不致引起误解和混淆，可在字母前用不同的数字加以区别，如 1U、1V、1W；2U、2V、2W 等。

（2）辅助电路编号按等电位原则，从上到下、从左至右用数字依次编号，每经过一个电器元件后，编号依次递增。

3. 电气原理图中技术数据的标注

电气原理图中，各元器件的相关数据和型号，常在电器元件的电气符号的下方或侧面标注出来。如图 3-1-1 中热继电器 FR 下方标有 6.8 ~ 11 A，该数据表示为热继电器的动作电流值范围，而 8.4 A 为该继电器设置的整定电流值。图中电机 M1 功率较大，因此使用导线线径 2.5 mm^2，电机 M2 功率相对较小，采用线径 1.5 mm^2，控制电路采用 0.75 mm^2。

（二）电器元件安装布置图

电器元件安装布置图是根据电器元件在控制板或控制柜上的实际安装位置，采用简化的外形符号（如正方形、矩形、圆形等）而绘制的一种简图。它不表达各电器的具体结构、作用、接线情况以及工作原理，主要用于电器元件的布置和安装。图中各电器的文字符号必须与电气原理图和接线图的标注一致。图 3-1-3 所示是 CW6132 型普通车床的电器元件布置图。

一般的情况下，电器元件布置图是与电器安装接线图组合在一起使用的，既起到电器安装接线图的作用，又能清晰表示出所使用电器的实际安装位置。

绘制电器元件安装布置图的原则

（1）体积大和较重的电器元件应安装在电器安装板的下方，而发热元件应安装在电器安装板的上面。

（2）强电、弱电应分开，弱电应屏蔽，防止外界干扰。

（3）需要经常维护、检修、调整的电器元件安装位置不宜过高或过低。

（4）电器元件的布置应考虑整齐、美观、对称。外形尺寸与结构类似的电器安装在一起，以方便安装和配线。

（5）电器元件布置不宜过密，应留有一定间距，以方便散热和布线。如用走线槽时，应加大各排电器间距，以方便布线和维修。

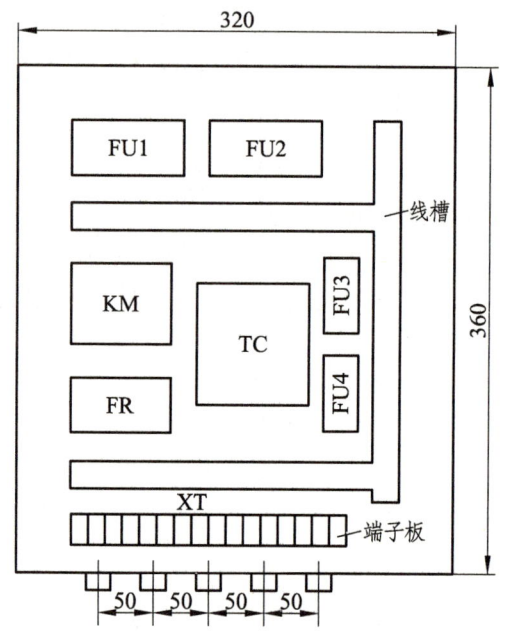

图 3-1-3　CW6132 型普通车床的电器元件布置图

（三）电气接线图

电气接线图是用来表明各电器元件之间的连接关系的一种电气图，主要用于电器的安装接线、线路检查、维修和故障处理。图 3-1-4 所示是 CW6132 型普通车床的电器箱外连部分的电气安装接线图。

绘制电气接线图的一般原则是：

（1）接线图中的各个器件采用简化外形表示，简化外形旁应标注项目代号，并应与电气原理图中的标注一致。同一器件中所有的带电部件均画在一起，并用点划线框起来，即采用集中表示法。

（2）接线图中一般表示出各器件的相对位置、项目代号、端子号、导线号、导线型号、导线截面等内容。

（3）各电气元件上凡是需接线的部件端子都应绘出，并予以编号，各接线端子的编号必须与电气原理图上的导线编号相一致。

（4）盘内的各电器元件可以直接相连，但盘内与外部器件连接时，必须通过端子排进行连接，走向相同的相邻导线可以绘成一股线。

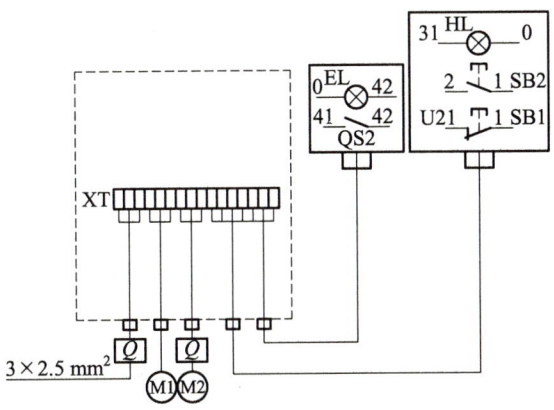

图 3-1-4　CW6132 型普通车床电气安装接线图

需要注意的是，接线图一般不表示导线安装的实际路径，施工时接线员可根据控制柜或盘面的实际情况选择最佳的走线方式。另外，为了方便识读，有时接线图也可以由实物模型按照线路走向和线号连接组成。图 3-1-5 所示是三相异步电动机 Y-△ 降压启动控制的一种电气接线图。

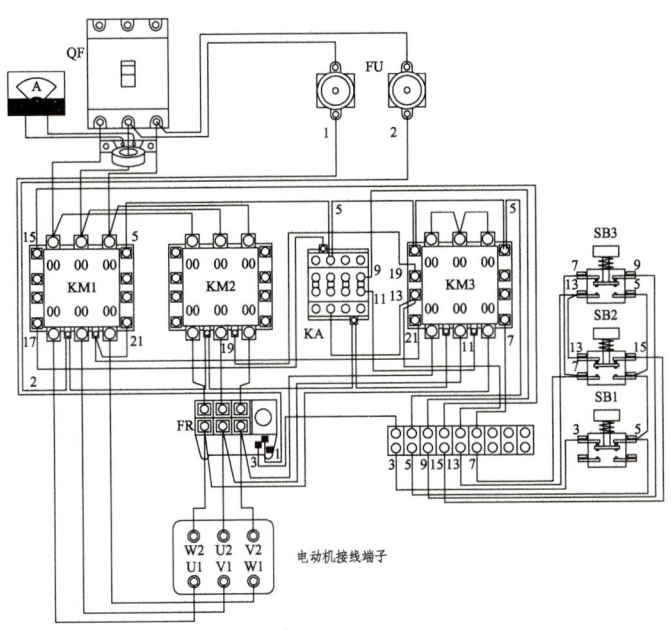

图 3-1-5　某电路的电气接线图

三、任务实施

列车受电弓控制电路分析

图 3-1-6、图 3-1-7、图 3-1-8 所示分别是轨道交通列车激活控制电路、司机室激活控制电路和受电弓控制电路。其基本背景是列车驶出前，需对其进行一系列的激活控制，

以及升弓受电，然后才能正常行驶。请根据该系统原理图，结合电气控制线路的识读方法，分析其工作过程，并将结论填在任务实施记录表 3-1-1 中。

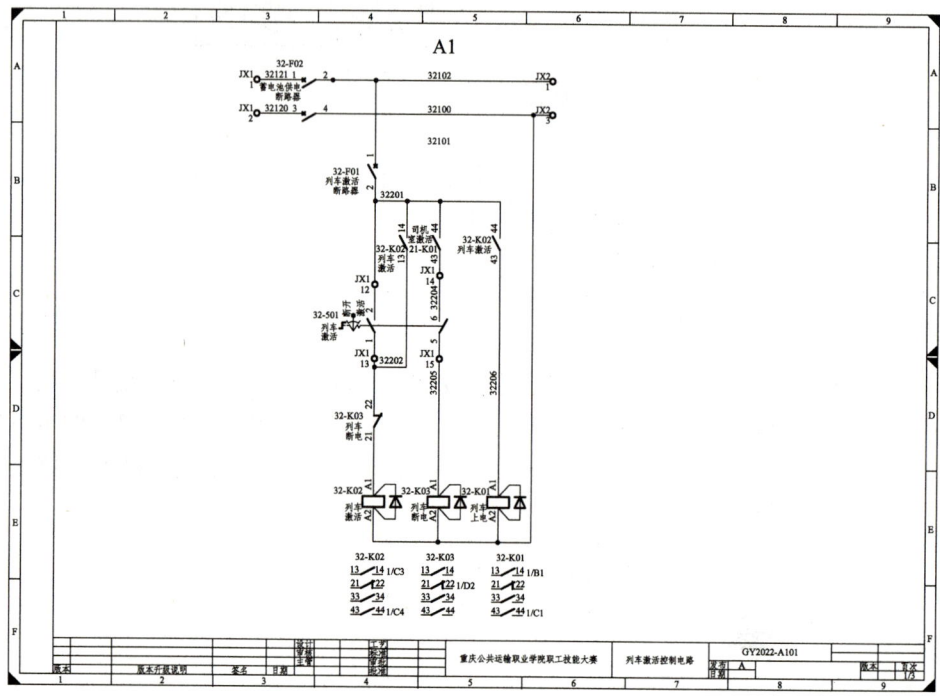

图 3-1-6　列车激活控制电路

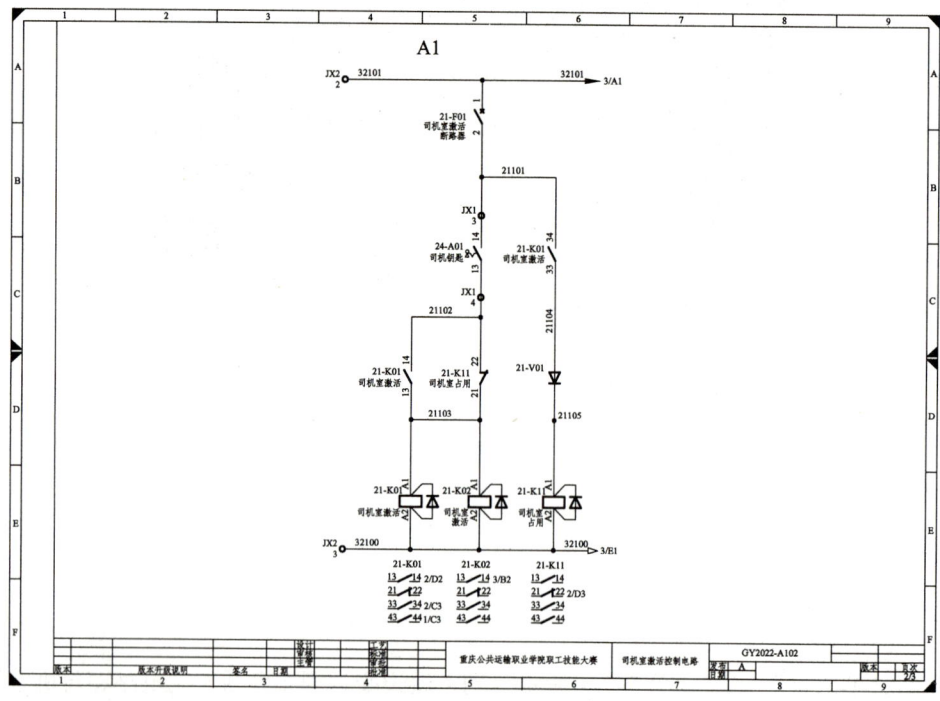

图 3-1-7　司机室激活控制电路

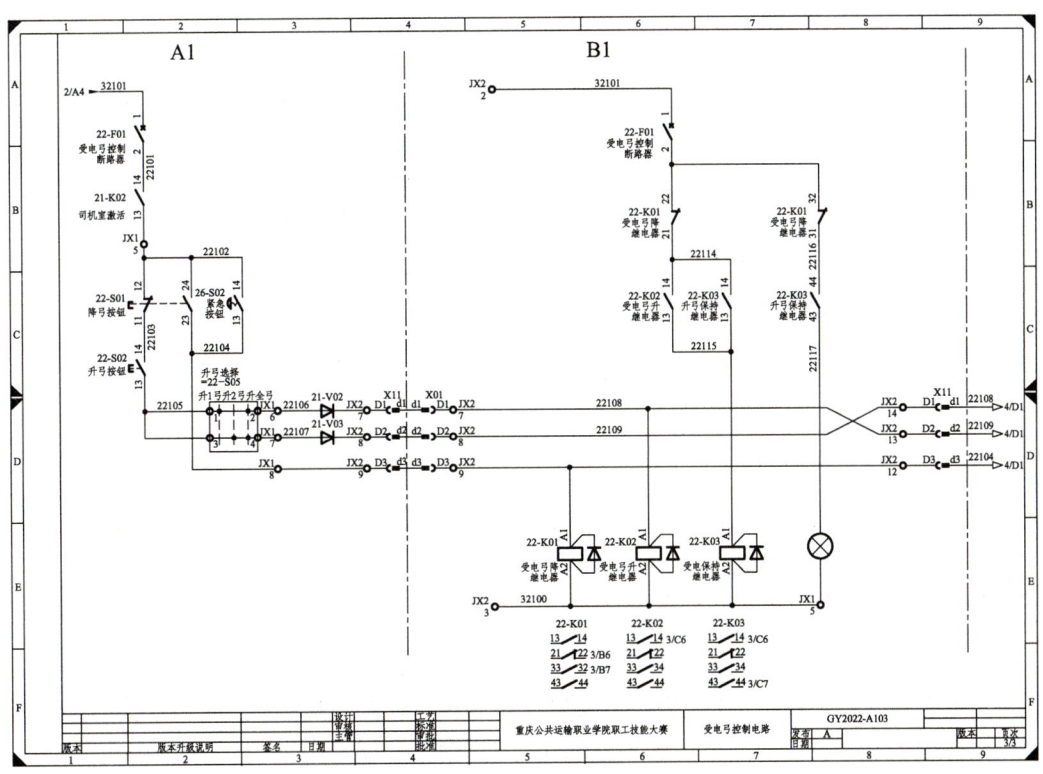

图 3-1-8　受电弓控制电路

引导问题 1：电气系统图一般包含_____、_____、_____三种电路图。

引导问题 2：解释电气原理图、电气接线图、电器元件安装布置图及其功能。

_____
_____
_____
_____

引导问题 3：电气原理图一般分为_____和_____两大部分。

引导问题 4：说明电气原理图的标注原则及方法。

_____
_____
_____
_____

引导问题 5：在图 3-1-6 中，列车激活电路如何控制列车上电和断电？

_____
_____
_____

引导问题 6：在图 3-1-7 中，司机室激活 21-K02 触点在什么情况下动作？

_____
_____
_____

引导问题 7：在图 3-1-8 中，若受电弓控制断路器和司机室激活触点闭合，按下升弓按钮 22-S02 后，哪些继电器和触点动作，如何动作？

_____
_____
_____

引导问题 8：在图 3-1-8 中，在升弓状态下，按下降弓按钮 22-S01 后，哪些继电器和触点动作，如何动作？

_____
_____
_____

表 3-1-1　任务实施记录表

任务实施记录表
1. 列车激活控制电路分析，工作过程描述：
2. 司机室激活控制电路分析，工作过程描述：
3. 受电弓控制电路分析，工作过程描述：
存在问题及处理情况：

四、任务评价

表 3-1-2 任务评价表

专业班级		组　号		姓　名		学　号	
考核项目	考核要求	分数配比	自　评	互　评	得分		
工作准备情况	（1）书、网络资源、笔记本、笔、图纸等材料准备齐全； （2）学习计划等按要求准备	10					
列车激活控制电路分析	（1）电路功能描述准确，工作过程完整； （2）填表数据正确，结论描述规范	20					
司机室激活控制电路分析	（1）电路功能描述准确，工作过程完整； （2）填表数据正确，结论描述规范	20					
受电弓控制电路分析	（1）电路功能描述准确，工作过程完整； （2）填表数据正确，结论描述规范	30					
讨论情况	讨论过程记录	10					
职业素养及安全文明操作	工作台工具摆放整齐，严格遵守安全操作规程及管理要求	10					
总分							

学生互动交流及改进总结：

教师评语及签名：

五、知识拓展

复杂电气系统图的识读技巧

对于比较简单的电气原理图，能够在一张图中进行清晰地表达，其识读也相对简单。但是，在实际应用中，各种机电设备系统往往具有错综复杂的联锁关系和功能需求，其原理图可能包含十几页或更多。例如，图 3-1-9 所示是某设备的部分电气原理图。

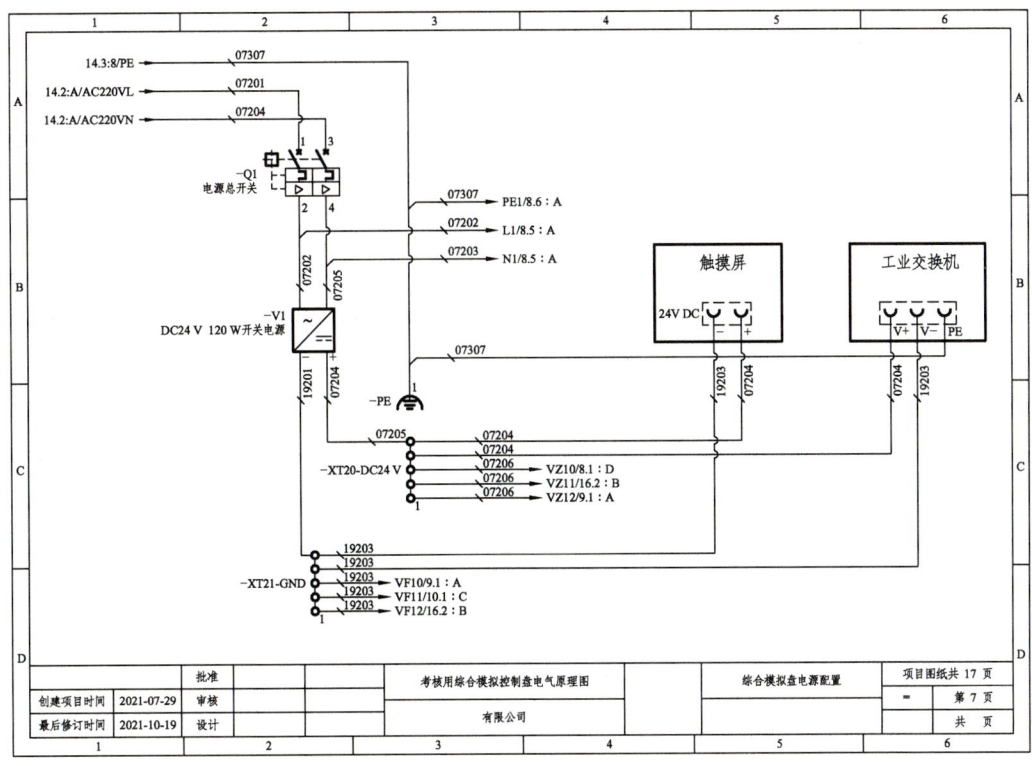

图 3-1-9　某设备的部分电气原理图

从图中可知，该系统原理图包含 17 页，对于这种复杂的电气原理图绘制和识读除了掌握基本的方法外，还需要注意以下几点：

（1）对于复杂电气原理图的识读，要有整体思维和全局观念，即系统的功能不可能在一页图中能够直接表达，需要将各个部分的功能汇总，摸清其连接和控制关系，才能梳理出系统的逻辑。

（2）每一页系统图纸既包含电路原理本身，又包含了设计时间、单位、作者、页码、功能说明等基本信息。

（3）对于轨道交通电气系统图或其他特殊设备的控制系统图，在绘制时，需遵循该设备所用各器件通用的国标符号；识读时，应首先理解组成电路的各个电器元件的电气符号及功能表达，然后再进行电气系统的功能分析。

（4）单页系统原理图的上下和左右都有分区，在识读时应重点观察，该部分电路在哪一页、哪个区，同时，应注意每一个引出点具体的去向，这是识读复杂电气原理图的关键。例如，图 3-1-9 中接地端子排 XT21-GND 后面的 VF10~VF12，表示这几个点分别连接到 9.1:A，10.1:C，16.1:B，其中 9.1:A 则表示该连接点位置具体在系统图纸的第 9 页 1A 区，其他可依次类推。

任务二　轨道交通单梁起重机控制电路分析

单梁起重机在轨道交通站场、车辆段等场所经常使用，主要用于大型器械的吊装和搬运等，是一种最简单的电机控制设备。其安装布置图如图 3-2-1 所示，包含主梁、大车电机、电葫芦运行电机、起升电机、左右限位、上下限位、控制箱等。

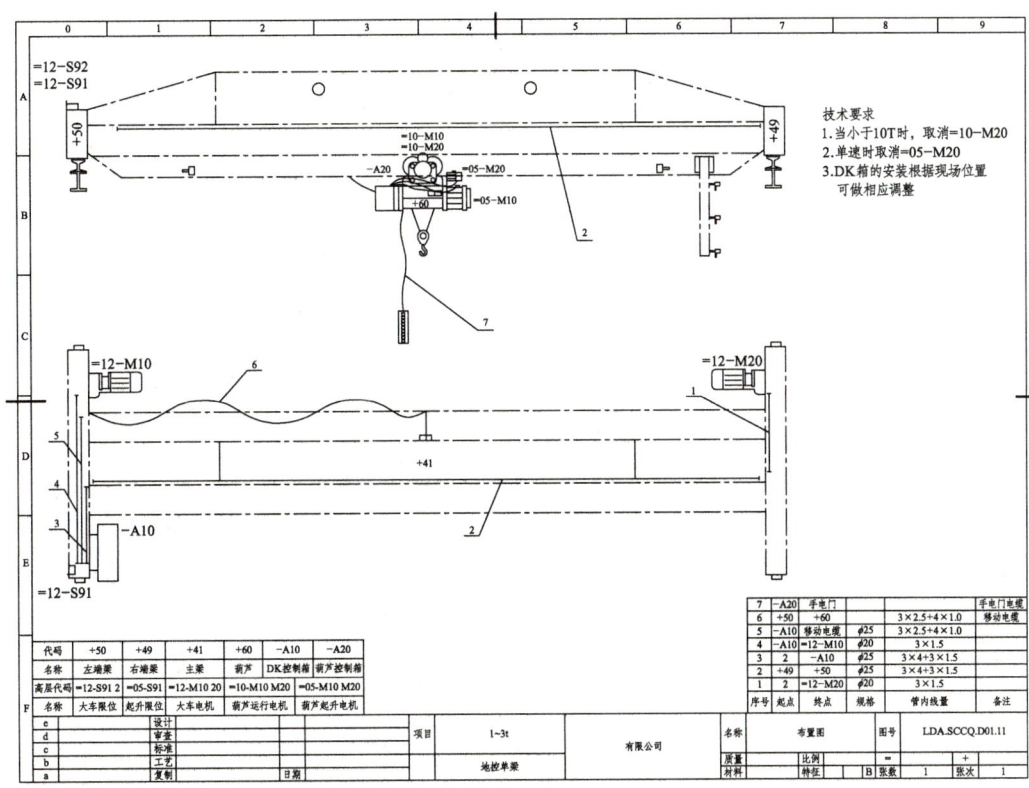

图 3-2-1　某地控单梁起重机布置图

一、任务目标

（1）掌握三相异步电动机点动、连续控制及点长动控制电路的分析方法。
（2）掌握三相异步电动机点动、连续控制及点长动控制电路安装调试方法。
（3）掌握轨道交通单梁起重机控制电路的分析及应用。
（4）掌握电气控制线路的检测方法。

二、相关知识

（一）三相异步电动机点动控制电路

点动控制电路即按下按钮，电动机转动；松开按钮，电动机停转。它能实现电动机的短时启停控制，常用于机床对刀的手动调整、电动葫芦及地面操作的小型行车控制等。

三相异步电动机点动控制电路的原理图如图 3-2-2 所示。

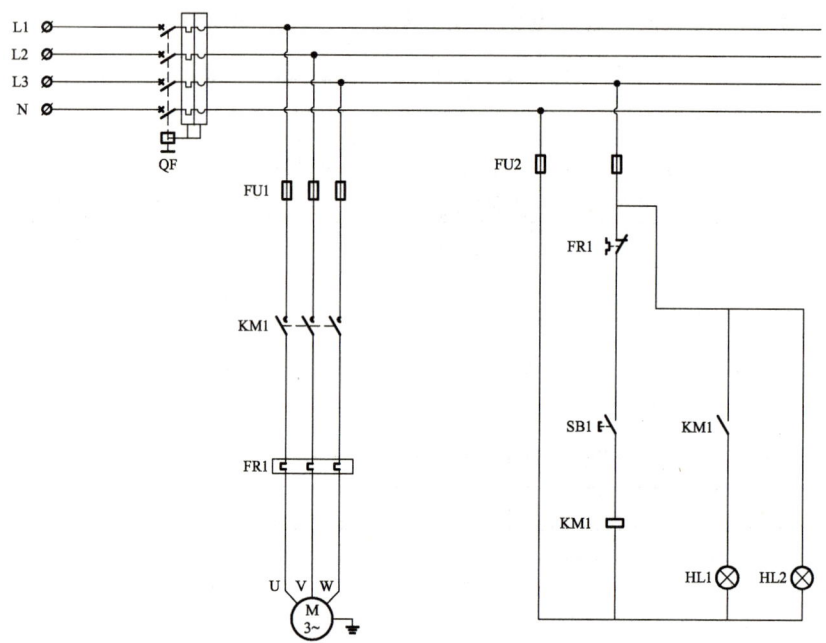

图 3-2-2　点动控制电路原理图

原理图包括主电路和控制电路两部分。其中，主电路由断路器 QF、熔断器 FU1、交流接触器 KM1 的主触点、热继电器 FR1 的热元件和电动机 M 组成；控制电路由熔断器 FU2、热继电器 FR1 的常闭触点、启动按钮 SB1、交流接触器 KM1 的线圈及辅助触点、指示灯 HL1 和 HL2 组成。

主电路中断路器 QF 为电源开关，起电源隔离和通断的作用；熔断器 FU1 对主电路进行短路保护；FR1 对电机进行过载保护；主电路由接触器 KM1 的主触点进行通断控制。熔断器 FU2 对控制电路进行短路保护；指示灯 HL1 和 HL2 分别为运行指示灯和电源指示灯。

线路的工作过程如下：

启动：合上断路器 QF→按下启动按钮 SB1→接触器 KM1 线圈通电→KM1 主触点和常开辅助触点闭合→电动机 M 得电运行，运行指示灯 HL1 亮；

停机：松开按钮 SB1→KM1 线圈失电→KM1 主触点和辅助动合触点断开→电动机 M 断电停转，运行指示灯熄灭。

（二）三相异步电动机连续运行控制电路

在实际生产中往往要求电动机能够长时间连续转动，即实现所谓长动控制。如图 3-2-3 所示，主电路由断路器 QF、熔断器 FU1、接触器 KM1 的主触点、热继电器 FR1 的热元件和电动机 M 组成；控制电路由熔断器 FU2、停止按钮 SB1、启动按钮 SB2、接触器 KM1 的常开辅助触点和线圈、热继电器 FR1 的常闭触点、指示灯 HL1 和 HL2 组成。

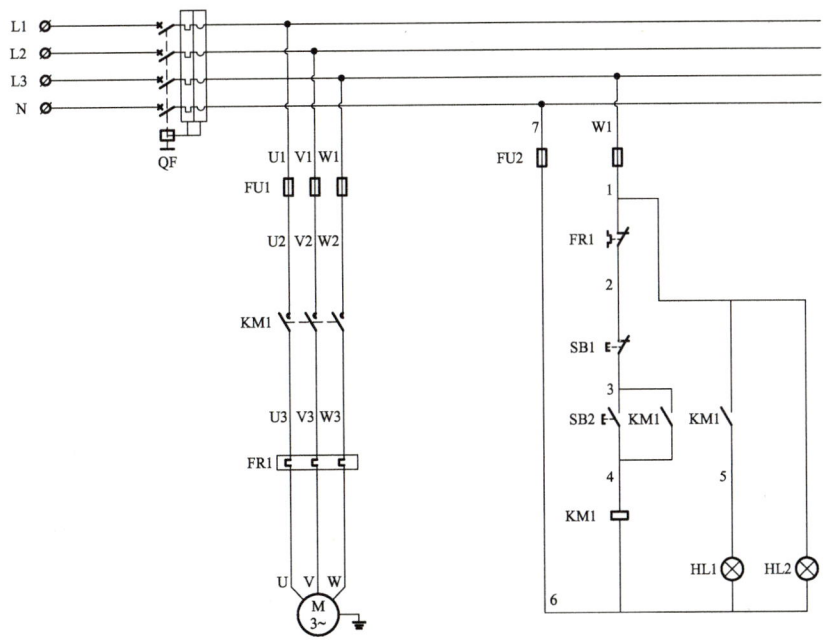

图 3-2-3　连续运行控制电路原理图

其工作过程如下：

启动：合上断路器 QF→按下启动按钮 SB2→接触器 KM1 线圈通电→KM1 主触点和常开辅助触点闭合（自锁）→电动机 M 得电连续运行，且运行指示灯 HL1 亮；

停机：按下停止按钮 SB1→KM1 线圈断电→KM1 主触点和辅助常开触点断开（自锁解除）→电动机 M 断电停转，运行指示灯熄灭。

在电动机连续运行的控制电路中，当启动按钮 SB2 松开后，接触器 KM1 的线圈通过其辅助常开触点的闭合仍继续保持通电，从而保证了电动机的连续运行。这种依靠接触器自身辅助常开触点的闭合而使其线圈保持通电的控制方式，称为自锁。通常，把起到自锁作用的辅助常开触点称为自锁触点。

为了保证电路及设备运行安全，电路中通常设有以下保护环节：

（1）短路保护：短路时熔断器 FU 的熔体熔断从而切断电路起保护作用。

（2）过载保护：电动机长期过载时，热继电器 FR 的热元件发热，使其常闭触点断开从而切断控制电路，使 KM 主触点断开，起到保护电动机的作用。

（3）欠压、失压保护：当电源电压由于某种原因而严重欠压或失压时，接触器 KM 线圈断电，触点复位，电动机停止转动。

(三)三相异步电动机点长动运行控制电路

在生产实践中,对于起重机或行车也往往需要人工手动操作,这就要求电动机既能实现点动又能实现长动,即点长动控制。图 3-2-4 所示为采用复合按钮控制的点长动电路原理图,其在基本控制功能基础上,增加了电源指示、运行指示和测试灯。

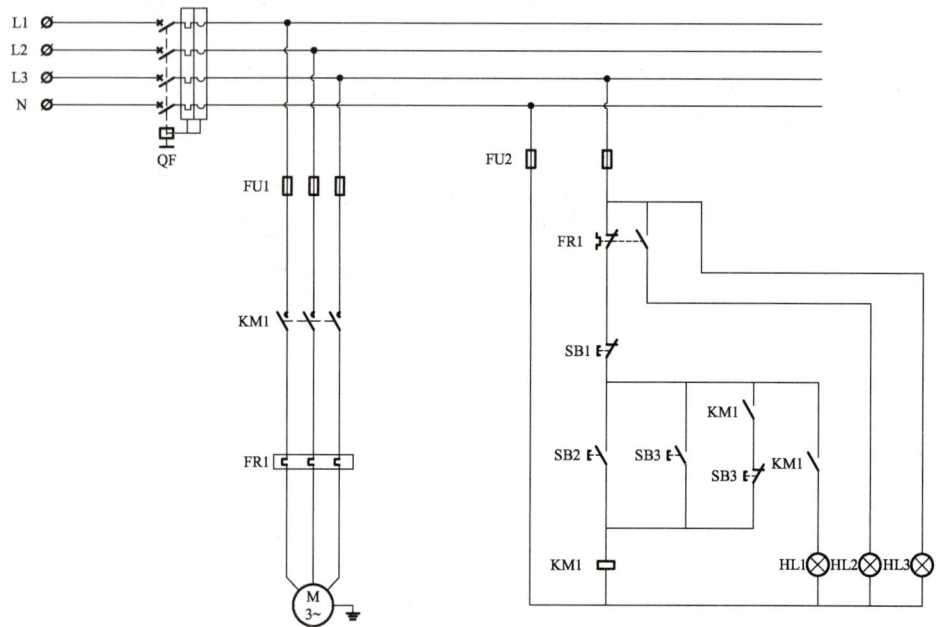

图 3-2-4 点长动控制原理图

常见的点长动控制电路主要有以下几种,如图 3-2-5 所示。

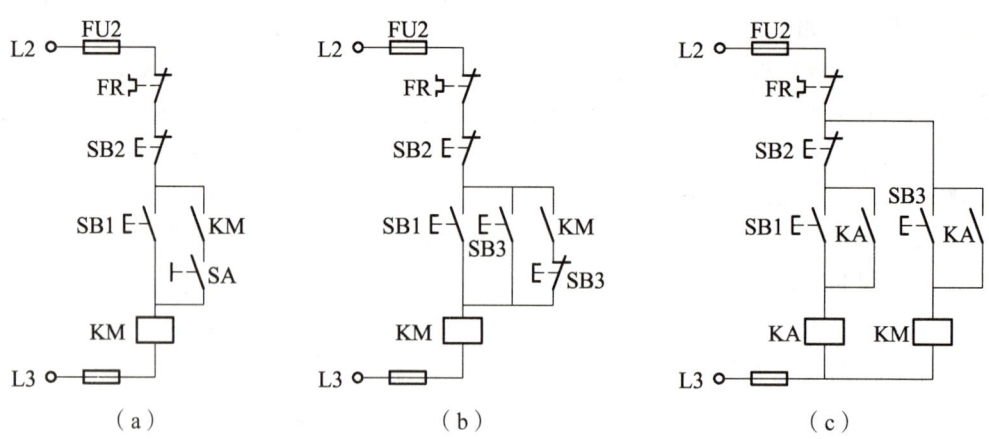

图 3-2-5 几种点长动控制电路

图 3-2-5(a)所示电路采用手动开关 SA 实现控制。点动控制时,先把 SA 打开,断开自锁电路→按动 SB1→KM 线圈通电→电动机 M 点动;长动控制时,把 SA 合上→按动 SB1→KM 线圈通电→自锁触点起作用→电动机 M 实现长动。

图 3-2-5（b）所示电路采用复合按钮实现控制。点动控制时，按下复合按钮 SB3，断开自锁回路→KM 线圈通电→电动机 M 点动；长动控制时，按下启动按钮 SB1→KM 线圈通电→自锁触点起作用→电动机 M 长动运行。此电路在点动控制时，若接触 KM 的释放时间大于复合按钮的复位时间，则 SB3 松开时，其常闭触点已复位但接触器 KM 的自锁触点尚未断开，会使自锁电路继续通电，此时线路不能实现正常的点动控制。

图 3-2-5（c）所示电路采用中间继电器 KA 实现控制。点动控制时，按下启动按钮 SB3→KM 线圈通电→电动机 M 点动；长动控制时，按下启动按钮 SB1→中间继电器 KA 线圈通电并自锁→KM 线圈通电→M 实现长动。此线路多用了一个中间继电器，但提高了工作可靠性。

三、任务实施

3.2 单梁起重机控制电路分析

单梁起重机控制电路分析

某地控单梁起重机的控制原理图如图 3-2-6 所示。其中图 3-2-6（a）是其动力主电路部分，图 3-2-6（b）是其控制电路部分。请根据原理图，结合本项目相关基础知识，分析其工作过程，并将结论填在任务实施记录表 3-2-1 中。

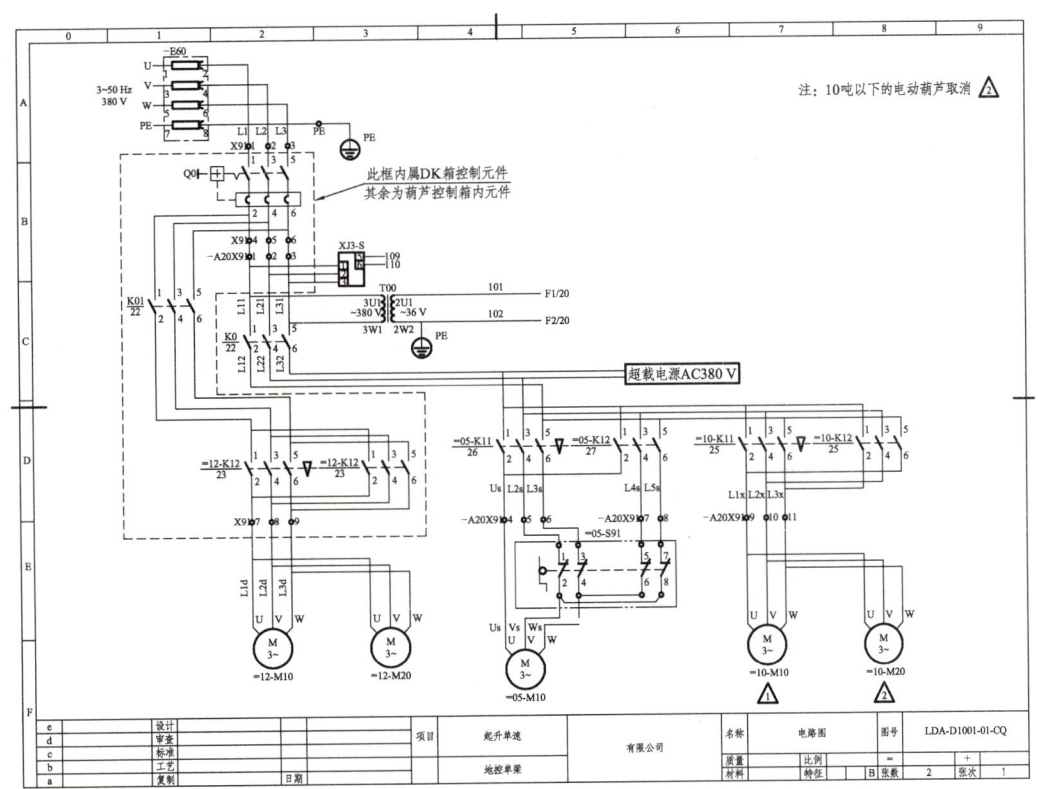

（a）

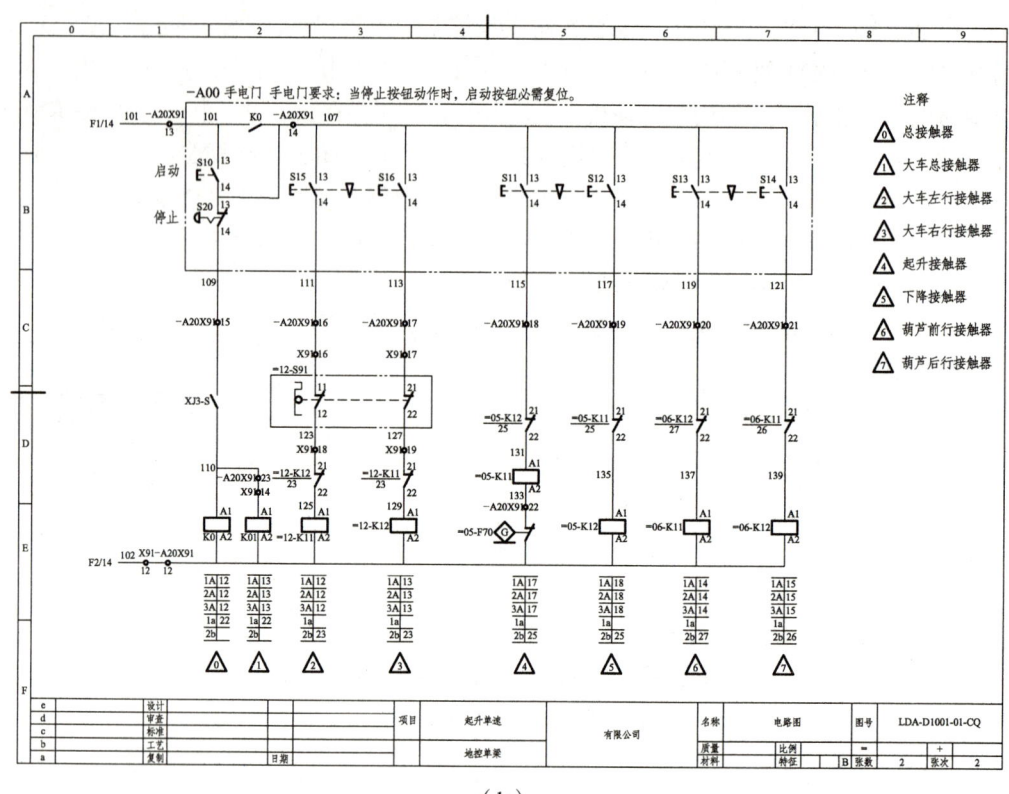

（b）

图 3-2-6　某地控单梁起重机控制电路

引导问题 1：低压电路常用的保护环节包括_____、_____、_____等。

引导问题 2：解释自锁，并在图 3-2-6 中找到自锁电路。

引导问题 3：在图 3-2-6（a）中，Q0 是什么元件，其功能是什么，有什么样的特点？

引导问题 4：在图 3-2-6（a）中，T00 是什么器件，有什么作用，其输出点 101 和 102 分别连接到哪里？

引导问题 5：在图 3-2-6（a）中，用了几个接触器，其分别的作用是什么？

引导问题 6：在图 3-2-6（a）中，电机 05-M10 与 12-M10 在换向上有什么不同，分别是怎么实现的？

引导问题 7：在图 3-2-6（b）中，当合上 XJ3-S，并按下启动按钮 S10，系统有什么反应？

引导问题 8：在图 3-2-6（b）中，行车起升和下降是如何实现的？

表 3-2-1　任务实施记录表

任务实施记录表
1. 主电路分析，功能描述：
2. 控制电路分析，各部分工作过程描述：
存在问题及处理情况：

单按钮启停控制电路的设计、安装与调试

利用继电器、接触器设计一个单按钮启停控制电路。要求：奇数次按下按钮，电机启动，偶数次按下按钮，电机停止，电路具备必要的保护。

1. 所需器材

控制板（1块），交流接触器、熔断器、热继电器、电源隔离开关、按钮、指示灯、接线端子排、三相异步电动机、万用表及电工常用工具（1套）、导线、号码管等。材料清单如表 3-2-2 所示。

表 3-2-2　材料清单

序号	名称	型号与规格	单位	数量	备注
1	三相异步电动机	Y-112M-4，4 kW、380 V、△接法	台	1	
2	断路器	DZ47-63 D20	只	1	
3	组合三联按钮	LAY37	只	1	
4	交流接触器	CJT1-10 380V	只	3	
5	中间继电器		只	3	
6	热继电器	JR36-20（0.4-63A）	只	1	
7	熔断器	RT18-32（10A×3　6A×2）	套	5	
8	接线端子排	TD-1520	条	2	
9	网孔板	600*500	块	1	
10	试车专用线		根	10	
11	塑料铜芯线	BV 1 mm^2	米	5	
12	塑料铜芯线	BV 0.75 mm^2	米	10	
13	线槽板		米	若干	
14	螺丝		只	若干	
15	万用表		块	1	
16	编码套管		米	5	
17	指示灯	220 V	只	2	

2. 安装调试步骤

（1）画出电路图，分析工作原理，并按规定标注线号。

（2）列出元件明细表并进行检测，将元件的型号、规格、质量检查结果及有关测量值记入控制电路元件明细表中。检查内容有：电源开关的接触情况；拆下接触器的灭弧罩，检查相间隔板；检查各主触点表面情况；按压其触点架观察动触点（包括电磁机构的衔铁、复位弹簧）的动作是否灵活；检查接触器电磁线圈的电压与电源电压是否相符，

用万用表测量电磁线圈的通断，并记下直流电阻值；测量电动机每相绕组的直流电阻值，并做记录。检查中发现异常应检修或更换元件。

（3）画出元件安装布置图及接线图。绘制安装接线图时，将电器元件的符号画在规定的位置，对照原理图的线号标出各端子的编号。控制按钮盒和电动机 M 在安装板外，通过接线端子排 XT 与安装底板上的电器连接。在配电板上布置元件，控制板上各元件的安装位置应整齐、匀称、间距合理、便于接线和检修。

（4）按照接线图规定的位置定位打孔，将电器元件固定牢靠。注意熔断器 FU1 中间相和 KM 主触点中间相的接线端子成一直线，以保证主电路走线美观；断路器、按钮盒的受电端子应安装在控制板的外侧，以方便接线和操作。

（5）按电路图的编号在各元件和连接线两端做好编号标志。按图接线，一般先接主电路，再接控制电路。板前明线接线时注意：控制板上的走线应横平竖直，变换走向应垂直，避免交叉；转角处要弯成慢直角，控制板至电动机的连接导线要穿软管保护，电动机外壳要安装接地线。走线时应注意：走线通道应尽可能少，同一通道中的沉底导线应按主控电路分类集中，贴紧敷面单层平行密排；同一平面的导线应高低一致或前后一致，不能交叉，当必须交叉时，该根导线应在接线端子引出时合理水平跨越；导线与接线端子连接时，应不压绝缘层，不反圈，不露铜过长，要拧紧接线柱上的压紧螺钉；一个电器元件接线端子上的连接导线不得超过两根，每节接线端子排上的连接导线一般只允许连接一根。

（6）检查线路无误后，通电试车。观察电动机运行是否符合设计要求，若发生故障，应立即切断电源并检查。

3. 参考电路

根据题目要求，设计参考电路如图 3-2-7 所示，该电路采用了 2 个中间继电器和 1 个接触器配合完成单按钮启停控制，其工作原理可自行分析。

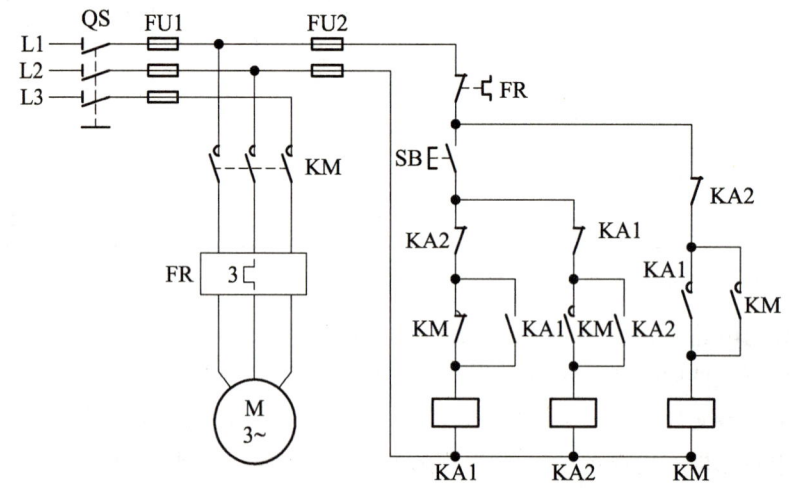

图 3-2-7 单按钮启停控制电路

四、任务评价

表 3-2-3 任务评价表

专业班级		组 号		姓 名		学 号	
考核项目	考核要求	分数配比	自 评		互 评		得分
工作准备情况	（1）书、网络资源、笔记本、笔、图纸等材料准备齐全； （2）学习计划等按要求准备	5					
图 3-2-6 主电路分析	（1）电路功能描述准确，工作过程完整； （2）填表数据正确，结论描述规范	10					
图 3-2-6 控制电路分析	（1）电路功能描述准确，工作过程完整； （2）填表数据正确，结论描述规范	10					
电路设计及绘制	（1）原理图绘制正确； （2）元器件选择合理； （3）电气接线图绘制正确、合理； （4）电路设计符合功能要求	15					
元器件布置安装及工艺要求	（1）不按原理图安装，扣 10 分； （2）元件安装不牢固，每只扣 2 分； （3）安装元件时漏装螺钉，每只扣 0.5 分； （4）接点松动、接点露铜过长、压绝缘层、反圈等，每处扣 0.5 分； （5）损伤导线绝缘或线芯，每根扣 0.5 分； （6）元件安装不整齐、不匀称、不合理，每只扣 3 分； （7）损坏元件，扣 10 分； （8）套管、标号符合工艺要求； （9）安装结束，盖好线槽盖板	30					

续表

考核项目	考核要求	分数配比	自　评	互　评	得分
线路检查	（1）正确使用万用表； （2）正确检查主电路； （3）正确检查控制电路	10			
功能	（1）按正确的流程完成系统调试和功能演示； （2）线路通电正常工作，各项功能完好； （3）第一次试车不成功，扣5分； （4）第二次试车不成功，扣8分； （5）第三次试车不成功，扣10分	10			
职业素养及安全文明操作	（1）工作台工具摆放整齐，严格遵守安全操作规程，符合管理要求； （2）操作过程中保持工具、仪表、元器件、设备等摆放整齐； （3）操作过程中无不文明行为，具有良好的职业操守，独立完成考核内容，合理解决突发事件； （4）作业完成后清理、清扫工作现场	10			
	总分				

学生互动交流及改进总结：

教师评语及签名：

五、知识拓展

电气控制线路的安装工艺与检测方法

1. 工艺规范

（1）各元件的安装位置整齐、匀称，元件之间的距离合适，便于元件的更换及后期布线，紧固元件时要用力均匀，避免损伤器件。

（2）动力主电路的 U、V、W 三相导线颜色分别采用黄色、绿色、红色，零线采用蓝色，接地保护线（PE）采用黄绿双色线，控制回路采用黑色线。

（3）按钮盒采用软线连接，绿色作启动控制，红色作停止控制，黑色做点动或其他控制。

（4）布线时严禁损伤线心和导线绝缘。

（5）布线通道尽可能少，同路并行导线按主电路、控制电路分类集中，单层密排，紧贴安装面布线。

（6）布线要横平竖直，分布均匀，变换走向时应垂直。

（7）同一平面的导线应高低一致或前后一致，不能交叉。非交叉不可时，此根导线应在接线端子引出时就水平架空跨越，且必须走线合理。

（8）导线与接线端子或接线桩连接时，不得压绝缘层，不露铜过长。

（9）同一元件、同一回路不同接点的导线间距离应保持一致。

（10）一个电器元件接线端子上的连接导线不得多于两根，每节接线端子排上的连接导线一般只允许连接一根。

2. 通电前的线路检测

安装完毕的控制电路板必须经过认真检查以后才允许通电试车，以防止错接、漏接，造成不能正常运转或短路事故。

1）外观检查

对照电路原理图、接线图，从电源端开始逐段核对端子接线的线号，排除漏接、错接现象。检查所有端子接线的接触情况，用手摇动、拉拨端子上的接线，保证所用导线不松脱，避免通电试车时因虚接造成接触不良或故障。

2）电阻测量法检查线路

（1）万用表检测主电路。

万用表调到电阻挡，将两表笔分别接在三相电源 L1、L2、L3 的任意一相输入端及电动机 U、V、W 三相对应的出线端之间，分别测量 U 相、V 相、W 相在接触器不动作时的直流电阻，读数应为"∞"；用螺丝刀将接触器的触头系统按下，再次测量三相的直流电阻，读数应为每相定子绕组的直流电阻。根据所测数据判断主电路是否正常。

（2）万用表检测控制电路。

万用表调到电阻挡，将两表笔分别接在 FU_2 两输入端，读数应为"∞"，若按下启动按钮时，读数应为接触器线圈的直流电阻。若按下启动后，同时按下停止按钮，读数应再次为"∞"。根据所测数据判断控制电路是否正常。用此方法可分段测量电路各触点之间的通断情况，如图 3-2-8 所示。

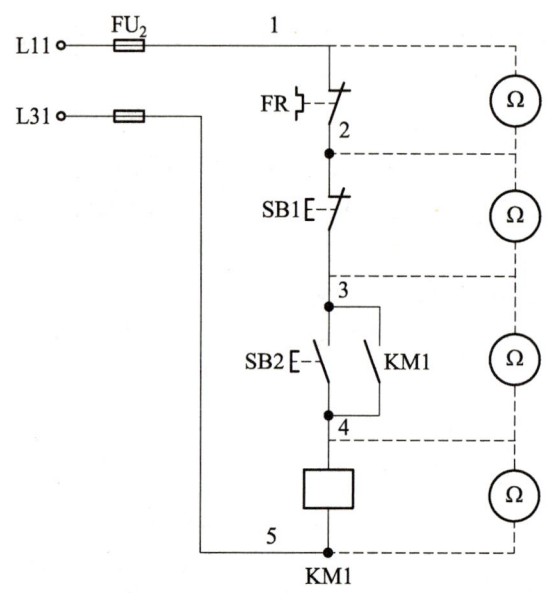

图 3-2-8　电阻测量法分段检查线路

3．通电试车

通电试车必须经老师同意，并由老师接通三相电源，同时在现场监护。

（1）合上电源开关 QS，用验电笔检查熔断器出线端，氖管亮则说明电源接通。

（2）按下启动按钮，观察电动机运行情况是否正常；按下停止按钮，观察电动机是否正常停车。若有异常现象应立即停车，并切断电源。出现故障时，学生应独立进行检修；若需带电进行检查，老师必须在现场监护。检修完毕后，可进行再次试车。

（3）试车结束后，应先切断三相电源线，再拆除电动机连线。

任务三　轨道交通消防泵控制电路分析

地铁车站是城市轨道交通的重要枢纽，人流量大、密度高，若发生火灾等紧急情况，可能会造成严重的人员伤亡和财产损失。因此，车站消防设备的完善性和可靠性显得尤为重要。其中，消防泵作为车站消防设备的核心部件之一，其自动启泵设计的可靠性直接影响车站火灾应对的效果，甚至关系到乘客和员工的生命安全。

轨道交通消防泵系统是指车站内安装的消防水泵及其配套管道、阀门、消火栓等设备，能够将消防水从地下水箱、水井等消防水源输送到车站各个楼层的消火栓和灭火系统。在火灾发生时，消防泵系统将提供消防水源，帮助灭火。

一、任务目标

（1）掌握三相异步电动机多点多地控制电路的功能及设计方法。
（2）掌握三相异步电动机顺序控制电路设计和分析方法。
（3）掌握轨道交通消防泵控制电路的分析及应用。

二、相关知识

（一）三相异步电动机多点多地控制电路

电动机的多点多地控制是指能在两地或多地控制同一台电动机的控制方式。在实际应用中，有些生产设备，特别是大型生产设备，为了操作方便，常常需要在两个地点进行同样的操作。

图 3-3-1 所示为两地启停控制电路。其中 SB11、SB12 为安装在甲地的停止按钮和启动按钮；SB21 和 SB22 是安装在乙地的停止按钮和启动按钮。线路的特点是：两地的启动按钮 SB12 和 SB22 并联在一起；停止按钮 SB11 和 SB21 串联在一起。这样就可以在甲、乙两地分别启、停同一台电动机，方便操作。对三地或多地控制，只要把各地的启动按钮并联在一起，停止按钮串联在一起就可实现。

在某些时候，需要多按钮同时操作才能控制设备，如图 3-3-2 所示，启动按钮串联，停止按钮并联。启动时，需要同时按下 SB3 和 SB4；停止时，需要同时按下 SB1 和 SB2。

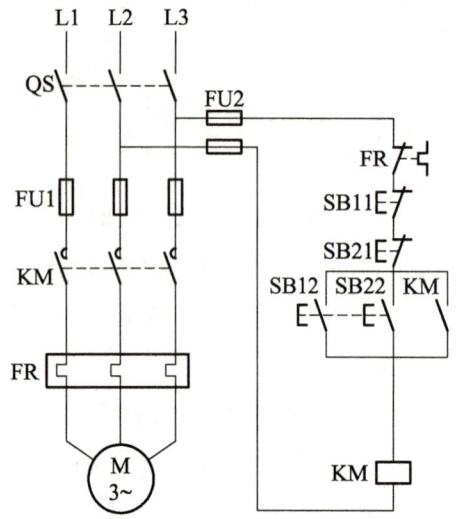
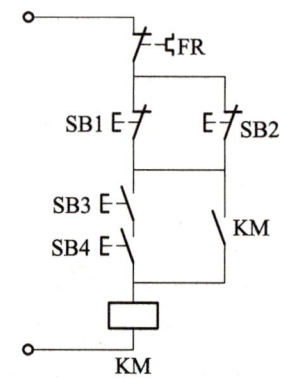

图 3-3-1　电动机两地启停控制电路　　　　图 3-3-2　电动机多点控制电路

（二）三相异步电动机顺序控制电路

在实际生产中，往往有多台电动机需要按一定顺序动作，才能保证整个生产机械连续加工。例如，X62W 型万能铣床上要求主轴电动机启动后，进给电机才能启动；平面磨床中，要求砂轮电动机启动后，冷却泵电动机才能启动等。这种只有当一台电动机启动后，另一台电动机才允许启动的控制方式，称为电动机的顺序控制。

1. 利用按钮与接触器的互锁机制实现顺序控制

图 3-3-3 所示为利用按钮与接触器的互锁机制实现两台电动机顺序启动控制的电路原理图。

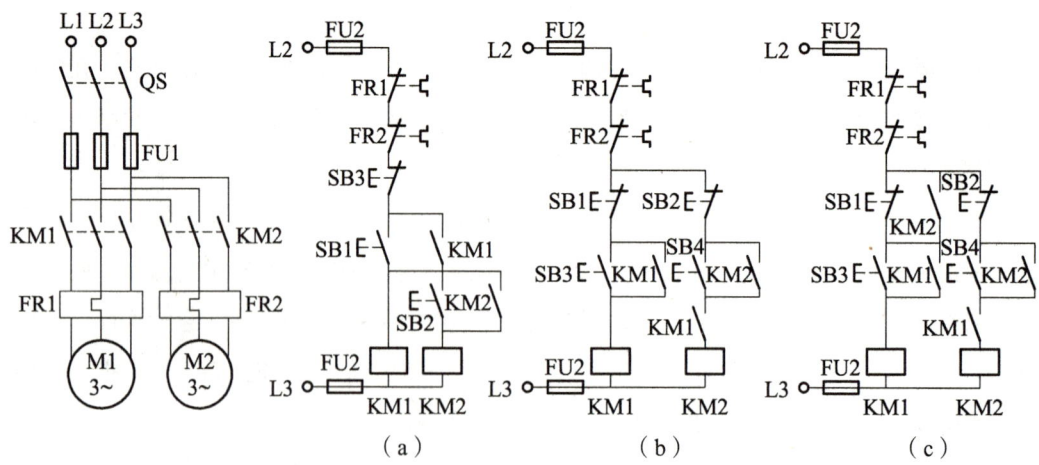

图 3-3-3　两台电动机顺序启动的控制电路

图 3-3-3（a）所示是利用 KM1 的辅助常开触点起自锁和顺序控制的双重作用。其实

项目三 轨道交通典型电气控制电路

现了 M1 先启动，M2 后启动，且两台电机同时停车的功能。

图 3-3-3（b）所示是单独用 KM1 的一个辅助常开触点串接在 KM2 回路中以实现顺序控制。其功能是 M1 先启动，M2 后启动，停车时 M1 若停车，M2 则同时停车，M2 也可单独停车。

图 3-3-3（c）所示的功能是 M1 先启动，M2 后启动，停车时 M2 先停车，M1 才能停车。

2. 利用时间继电器实现顺序控制

图 3-3-4 所示是利用时间继电器的延时闭合常开触点来实现顺序启动的控制线路。电动机 M1 启动后，延时一段时间，电动机 M2 自动启动。

3. 利用主电路实现顺序控制

利用主电路实现顺序启动的电路如图 3-3-5 所示。图中电动机 M1、M2 分别由接触器 KM1 和 KM2 控制，但电动机 M2 的主电路接在接触器 KM1 主触头的下方，这样就保证了启动时必须先启动 M1，之后才能启动 M2，从而实现顺序启动功能。

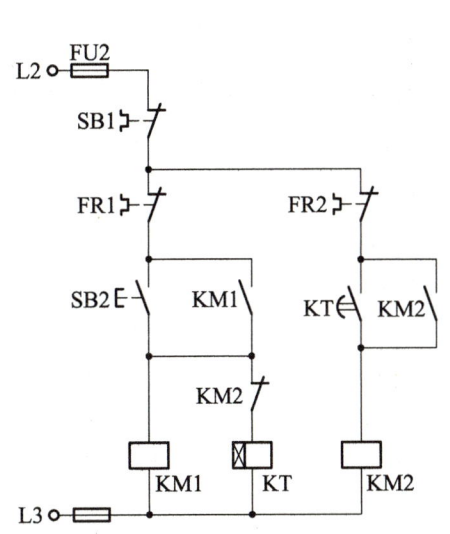

图 3-3-4 采用时间继电器的顺序启动控制线路

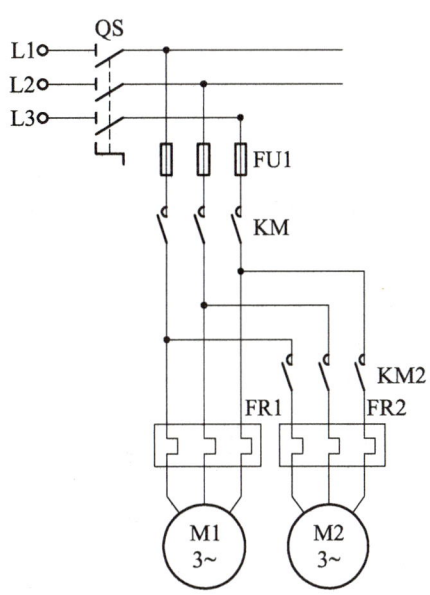

图 3-3-5 主电路顺序启动控制线路

三、任务实施

轨道交通消防泵控制电路分析

3.3 轨道交通消防泵控制电路分析

某轨道交通消防泵控制电路原理图如图 3-3-6 所示。其中图 3-3-6（a）所示是其水泵主电路部分，图 3-3-6（b）所示是其控制电路部分。需要说明的是，由于水泵控制原图较大，不方便展示，本项目任务只保留了继电器控制电路部分，原控制图还包括水泵运行智

-233-

能显示、低液位启泵控制、综合报警以及 PLC 自动控制电路等。请根据电路原理图，结合本项目相关基础知识，分析其工作过程，并将结论填在任务实施记录表 3-3-1 中。

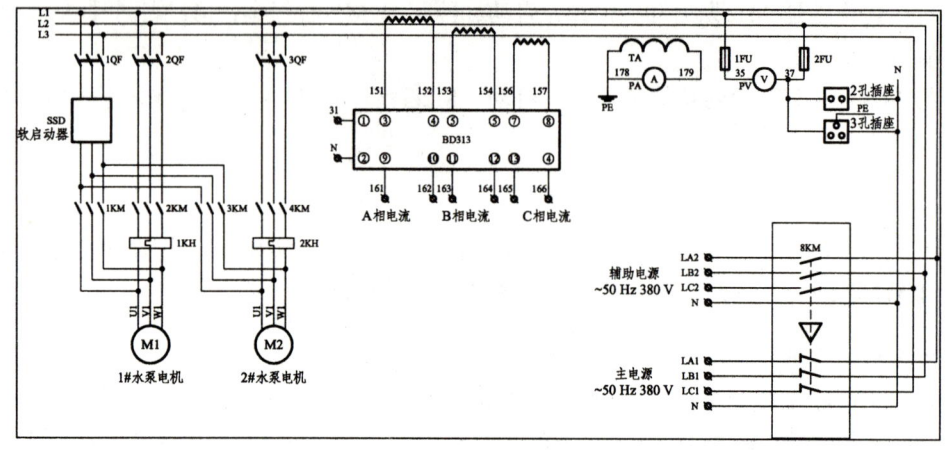

（a）主电路

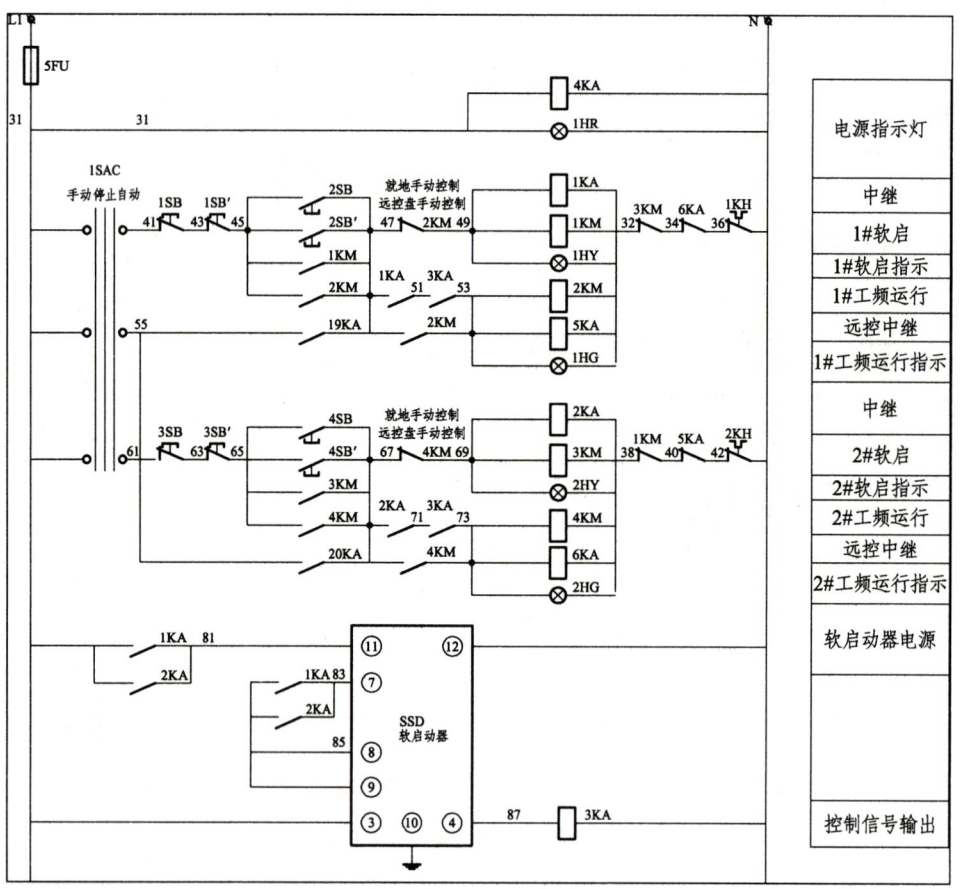

（b）部分控制电路

图 3-3-6 某消防水泵控制电路原理图

引导问题 1：多地控制电路启动按钮应该_____，停止按钮应该_____。

引导问题 2：什么是顺序控制，实现顺序控制的一般方法有哪几种？

_____

_____

_____

引导问题 3：在图 3-3-6 中，用到了软启动器，请自行查阅相关资料，解释什么是软启动器，其功能是什么，有什么样的特点？

_____

_____

_____

_____

引导问题 4：在图 3-3-6（a）中，为什么使用了主电源和辅助电源两个电源，有什么作用？

_____

_____

_____

_____

引导问题 5：在图 3-3-6（a）中，用了几个接触器，其分别的作用是什么？

_____

_____

_____

引导问题 6：在图 3-3-6（b）中，哪些地方是多点多地控制，具体的功能是什么？

_____

_____

_____

引导问题 7：在图 3-3-6（b）中，水泵 1 如何实现软启和工频运行？

_____

_____

_____

引导问题 8：在图 3-3-6（a）中，为什么要把 2KM 的常闭触点串接在水泵 1 软启回路中，有什么作用？

_____

_____

_____

引导问题 9：解释为什么有水泵 1 和水泵 2 两台电机，在功能上它们的控制要求有什么，是如何实现的？请结合图 3-3-6 的主电路和控制电路进行分析。

_____

_____

_____

表 3-3-1　任务实施记录表

任务实施记录表
1. 主电路分析，功能描述：
2. 控制电路分析，各部分工作过程描述：
存在问题及处理情况：

城轨车辆客室门开关控制电路优化设计

1. 问题背景

某地铁车辆客室门开关操作采用司机手动控制方式，但在开门状态下，司机关闭主控钥匙（-S01）时，发现列车客室车门存在无法保持开门状态而自行关闭的问题，给地铁运营及维修生产带来不良影响。

2. 基本原理

1）列车激活状态及模式

如图 3-3-7 所示，激活列车蓄电池，列车线 30271 有 DC 110 V 电压输出，打开司机台主钥匙（-S01）后，列车控制继电器 02K01，02K04，02K05，02K07 得电，其常开触点闭合，常闭触点断开；反之，当关闭主钥匙开关后，这些继电器失电，其常开触点恢复常开状态，常闭触点恢复常闭状态。

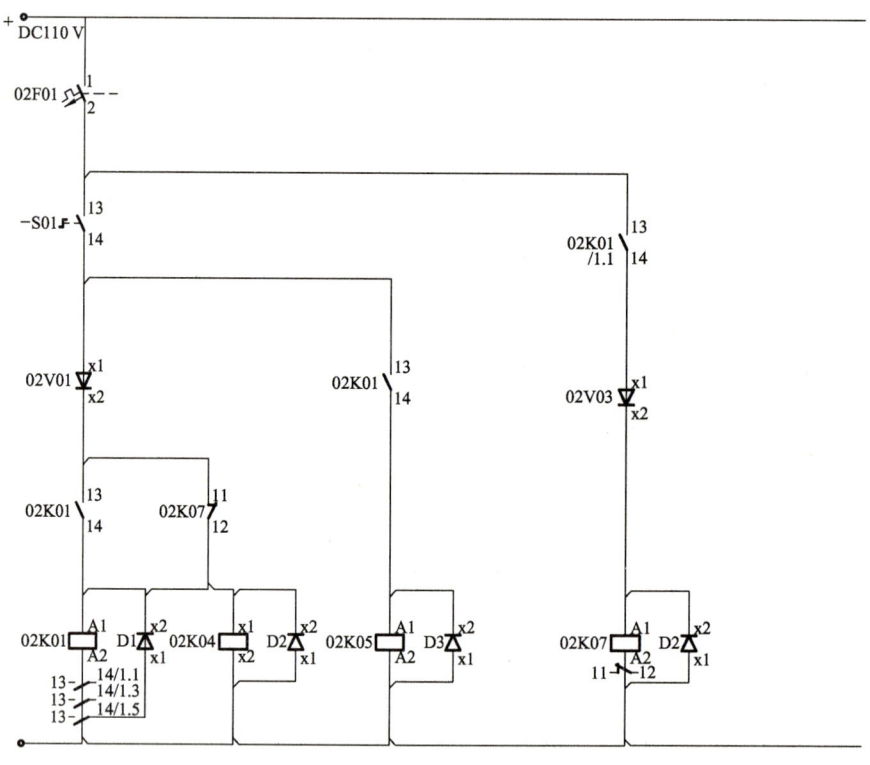

图 3-3-7　列车基本控制电路

2）开门使能电路

当列车开关 04S01 处于合位时，列车运行模式为 ATP 模式；当切除 04S01 开关时，列车运行模式为 URM 模式。如图 3-3-8 所示，在 URM 模式下，列车蓄电池激活后打开主控钥匙，02K04 得电；当列车处于零速时（-S02 闭合模拟列车零速），02K11 得电，左侧车门使能继电器 08K01 得电，按下左侧开门按钮后可以打开左侧车门。

项目三　轨道交通典型电气控制电路

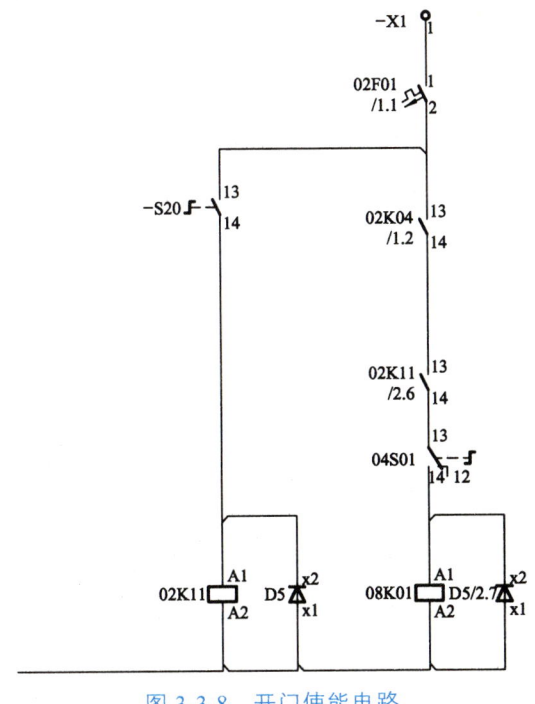

图 3-3-8　开门使能电路

经测试发现，在开门使能电路中，当左侧门使能继电器 08K01 得电后，关闭主钥匙开关时，08K01 立刻失电，导致左侧门开使能信号丢失，车门关闭。

3. 优化设计要求

当左侧门使能继电器 08K01 得电后，关闭主钥匙开关时，08K01 延时 1 s 后失电。请通过串并联、替换、短接等方式优化设计图 3-3-8 的开门使能电路，完成题目要求。

四、任务评价

表 3-3-2　任务评价表

专业班级		组　号		姓　名		学　号	
考核项目	考核要求	分数配比	自　评		互　评		得分
工作准备情况	（1）书、网络资源、笔记本、笔、图纸等材料准备齐全； （2）学习计划等按要求准备	5					
图3-3-6主电路分析	（1）电路功能描述准确，工作过程完整； （2）填表数据正确，结论描述规范	25					
图3-3-6控制电路分析	（1）电路功能描述准确，工作过程完整； （2）填表数据正确，结论描述规范	30					
图3-3-8电路优化设计	（1）元器件选择合理； （2）电路设计符合功能要求	30					
职业素养及安全文明操作	（1）工作台工具摆放整齐，严格遵守安全操作规程，符合管理要求； （2）操作过程中保持工具、仪表、元器件、设备等摆放整齐； （3）操作过程中无不文明行为，具有良好的职业操守，独立完成考核内容，合理解决突发事件； （4）作业完成后清理、清扫工作现场	10					
总分							
学生互动交流及改进总结：							
教师评语及签名：							

五、知识拓展

软启动器

随着电力电子技术的快速发展，智能型软启动器得到广泛应用。智能型软启动器 Soft Starter 是一种集软启动、软停车、轻载节能和多功能保护于一体的新型电机控制装备。它不仅能实现在整个启动过程中无冲击而平滑地启动电机，而且可根据电动机负载的特性来调节启动过程中的参数，如限流值、启动时间等。此外，它还具有多种对电机保护功能，这就从根本上解决了传统的降压启动设备的诸多弊端。图 3-3-9 所示是某品牌软启动器的外形结构。

软启动器的主要构成是串接在电源与被控电机之间的三相反并联晶闸管及其电子控制电路。运用不同的方法控制三相反并联晶闸管的导通角，使被控电机的输入电压按不同的要求而变化，就可实现不同的功能。其内部结构原理如图 3-3-10 所示。软启动器和变频器是两种完全不同用途的产品。变频器是用于需要调速的地方，其输出不但能改变电压而且同时改变频率。而软启动器实际上是个调压器，用于电机启动时，输出只改变电压并没有改变频率。变频器具备所有软启动器功能，但它的价格比软启动器贵得多，结构也复杂得多。

图 3-3-9 某品牌软启动器

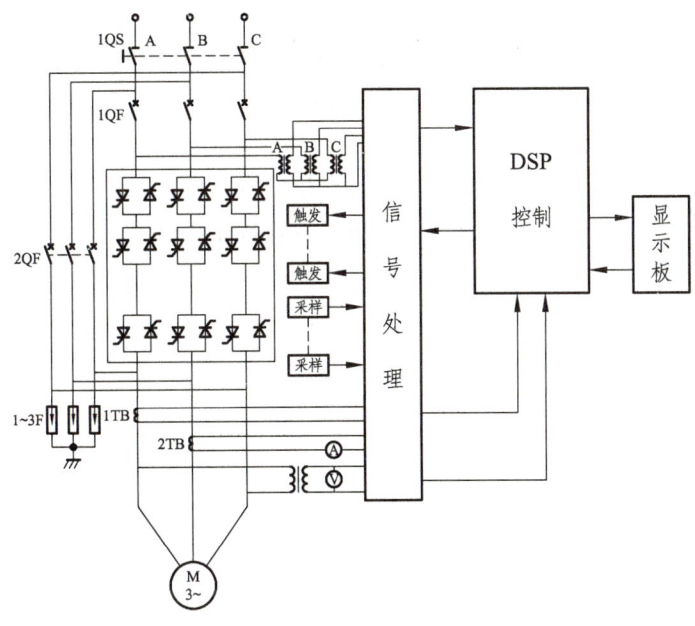

图 3-3-10 软启动器结构原理图

相比传统启动技术，软启动技术有着无可比拟的优点。

第一，软启动技术有着多种启动方式，这样相关工作人员就可以结合实际情况选择相应的启动方式，从而灵活地对电机进行启动，避免了传统启动技术的固定性。并且，软启动技术还比较灵活多变，相关工作人员可以对电机的启动参数自由设置，从而使电机可以达到最佳效果，保证电机可以处于最好的运行状态之中，更好地保护相关设备。在软启动技术中有着三种最常用的启动方式，分别是限流启动、软启动以及脉冲突跳启动。这三种方式能够应付各种情况下启动，这样相关工作人员就能够根据生产需求选择合适的启动方式。

第二，软启动技术可以更好地保护电机设备，例如故障保护、过载保护以及电压保护等。比如，一旦电机发生短路的问题，那么电机就会处于电压过小或者过大的故障状态，那么如果应用的是软启动技术，就可以更好地保护电机，使电机可以处于正常的工作状态，不会造成更严重的后果。并且在应用软启动技术的过程中，还可以在电机设备的工作中对其进行自动检测，获取电机的各种工作数据资料，从而可以为相关工作人员评估电机的运行状态提供准确的参考，不仅可以减少传统检测的成本，还有效地减少了检查的时间。同时，万一电机设备出现任何故障，采用软启动技术还可以自动分析故障原因，使维修人员可以"对症下药"，更好更快地维修设备，有效减少设备的维护成本。

第三，通过使用软启动技术可以保证电机的平稳运行，即使电机出现了任何问题，也可以更好地维修。并且，由于软启动器的大电流没有触点，所以就可以有效地避免出现接触不良的问题，保证电机的平稳工作。同时，由于软启动器通常都会配置可视化菜单，其中都会有着十分全面的功能，可以使相关工作人员更好地工作，可以自动化地操作各种电机设备，从而有效地提升电机的可操作性，一旦电机设备出现任何问题，都可以迅速地找到故障点，使维修效率大幅上升。

第四，采用软启动技术可以有效地节约能源。由于软启动器不属于用电设备，只可以实现控制功能，并且软启动器的启动时间也比较迅速，所以启动时间也不会很长，通常电机完成启动之后就会自动关闭。虽然软启动技术并没有包含节能功能，但是该技术能够有效减少启动电机所需要的电力，还能够很好地节省电力变压器的无端损耗，就可以起到良好的间接节能作用。并且软启动技术主要是针对电机的启动，从而有效减少电机自身为了控制启动所消耗的能源，所以说软启动技术可以有效地节约能源。

任务四　轨道交通自动扶梯控制电路分析

自动扶梯作为地铁车站内集散乘客的主要运输工具，主要用来快速疏散乘客，即解决列车到达后大量的乘客从候车站台向地面站台疏散的问题。由于车站的候场站厅一般离开地面 5～7 m（浅埋式），甚至 7～10 m（深埋式），乘客的上下只能依赖于楼梯，而自动扶梯则提供了一种自功输送乘客的能力，它可以将乘坐地铁的乘客安全、快捷、舒适地送入或送出车站，是地铁车站建筑设计中非常重要的一个环节。同时自动扶梯作为主要的大运载工具，能有效地解决地面至站厅、站厅至站台不同标高间乘客的乘降需要，改善乘客乘车条件，增加乘车舒适度。

一、任务目标

（1）掌握三相异步电动机正反转控制电路的功能及设计方法。
（2）掌握三相异步电动机自动往返控制电路设计和分析方法。
（3）掌握轨道交通自动扶梯控制电路的分析及应用。

二、相关知识

（一）三相异步电动机正反转控制电路

三相异步电动机的单向转动控制线路比较简单，但只能带动生产机械朝一个方向运动。在实际应用中，往往要求生产机械改变运动方向，如工作台前进、后退，电梯上升、下降等，这就要求电动机能实现正反转运动。对于三相异步电动机来说，可通过改变电动机定子绕组的三相电源相序来实现。下面介绍几种常见的正反转控制电路。

1. 转换开关控制的正反转电路

转换开关是一种多触点的开关电器，可用于多种功能的切换控制。转换开关控制的正反转电路如图 3-4-1 所示。图中转换开关通过改变触电接线关系，使第一相和第三相电源交换相序，进而改变电动机的旋转方向。转换开关作为电动机转动方向的预选开关，其基本原理仍然是由按钮控制交流接触器的线圈，再通过主触头来接通和断开电动机，实现系统的启停控制。

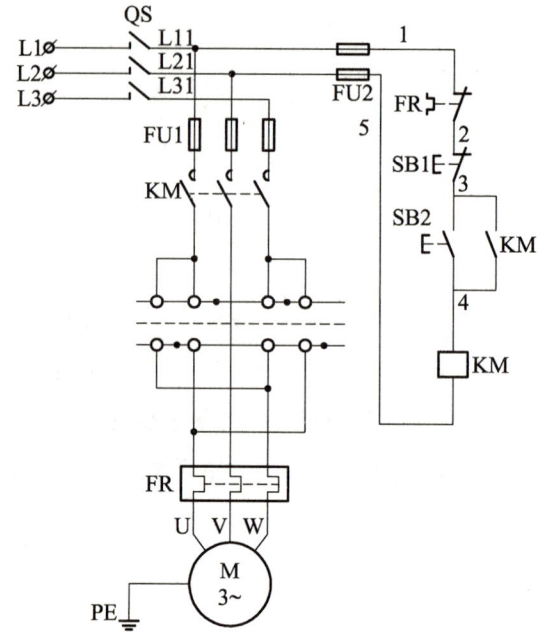

图 3-4-1 转换开关控制的正反转电路

2. 无互锁的正反转控制电路

图 3-4-2 所示是无互锁的正反转控制电路。主电路通过 KM1 和 KM2 交换三相电源两相相序，使电动机产生的电磁转矩反向，从而实现电动机的正反转。按下正转启动按钮 SB2，接触器 KM1 线圈吸合并自锁，电动机正向启动并运转；按下反转启动按钮 SB3，接触器 KM2 线圈吸合并自锁，电动机反向启动并运转；按下停止按钮 SB1，系统停止运行。

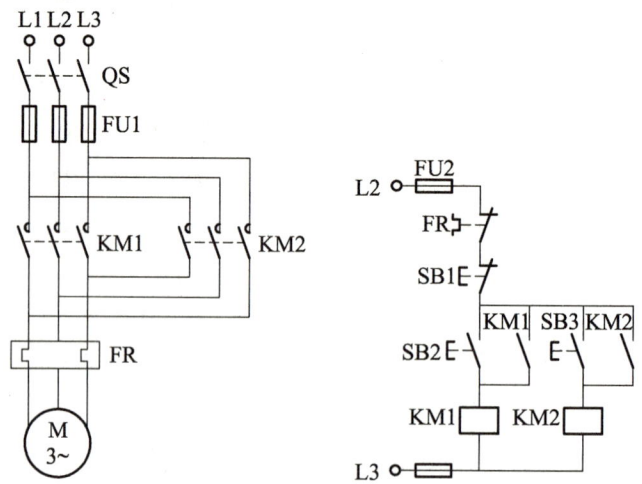

图 3-4-2 无互锁的正反转控制电路

但是，此电路只能用于理论分析，不能应用于实际控制。因为，该电路存在巨大的操作风险，在正反转切换工作时，必须先按下停止按钮，才能反方向接通，若不按此操作，接触器 KM1 和 KM2 将可能同时接通，此时，主电路将发生相间短路，危及设备及供电系统安全。为了保障系统安全，必须设置电路联锁。

3. 按钮互锁正反转控制电路

图 3-4-3（a）是引入了按钮互锁的正反转控制电路。所谓互锁，指的是两条回路的接触器、继电器或按钮利用其常闭触点串入对方的控制回路中，形成相互制约的关系，当其中一条回路工作时，其对应的互锁回路将被断开，从而起到保护作用，把这种电路称为互锁或联锁电路，起互锁作用的触点称为互锁触点。通常，把这种利用复合按钮的常闭触点串入对方回路中的互锁称为机械互锁。

正转回路中，串接了 SB3 的常闭触点，同理，反转回路中串入了 SB2 的常闭触点。当按下正转启动或反转启动按钮，相对应的反转回路或正转回路将在复合按钮常闭触点的作用下断开，从而保证了在同一时间只有一个接触器能够接通，这种机制大大提高了系统的可靠性和方便性。但是，这种电路仍然存在接触器本身故障导致的短路风险。

4. 接触器互锁正反转控制电路

图 3-4-3（b）所示是引入了接触器互锁的正反转控制电路。图中，将接触器 KM1 的常闭触点串接在 KM2 的回路中，同样，把接触器 KM2 的常闭触点串接在 KM1 的回路中。通常，把这种接触器或继电器利用其辅助常闭触点串入双方回路中实现互锁的电路称为电气互锁。工作时，当电动机进入正转，其对应的反转回路将断开，此时若按下反转启动按钮，系统将无法动作，从而形成了保护。只有当系统停止后，再启动反转，电动机才能切换运行方向。这种电路提高了系统的可靠性，避免了由接触器误动作造成的短路风险，但是每次功能切换必须经过停止过程，因此，操作不便的问题仍然存在。

5. 按钮、接触器双重联锁控制电路

为了进一步提升系统的可靠性和方便性，在吸收以上两种电路优点的基础之上，设计了双重联锁正反转控制电路。其原理如图 3-4-3（c）所示。该控制电路引入了机械互锁和电气互锁两种保护机制，在保障安全的前提下，提高了生产效率，实现了电机正、反、停任意操作切换。

其工作过程如下：

正转控制：合上 QF→按下正向启动按钮 SB2→接触器 KM1 通电→KM1 主触点闭合、辅助常开触点闭合（自锁）、辅助常闭触点断开（互锁）→切断反转，电动机 M 正转运行。

反转控制：合上 QF→按下反向启动按钮 SB3→接触器 KM2 通电→KM2 主触点闭合、辅助常开触点闭合（自锁）、辅助常闭触点断开（互锁）→切断正转，电动机 M 反转运行。

停止：按下停止按钮 SB1→KM1 或 KM2 线圈断电→主触点断开→M 停转。

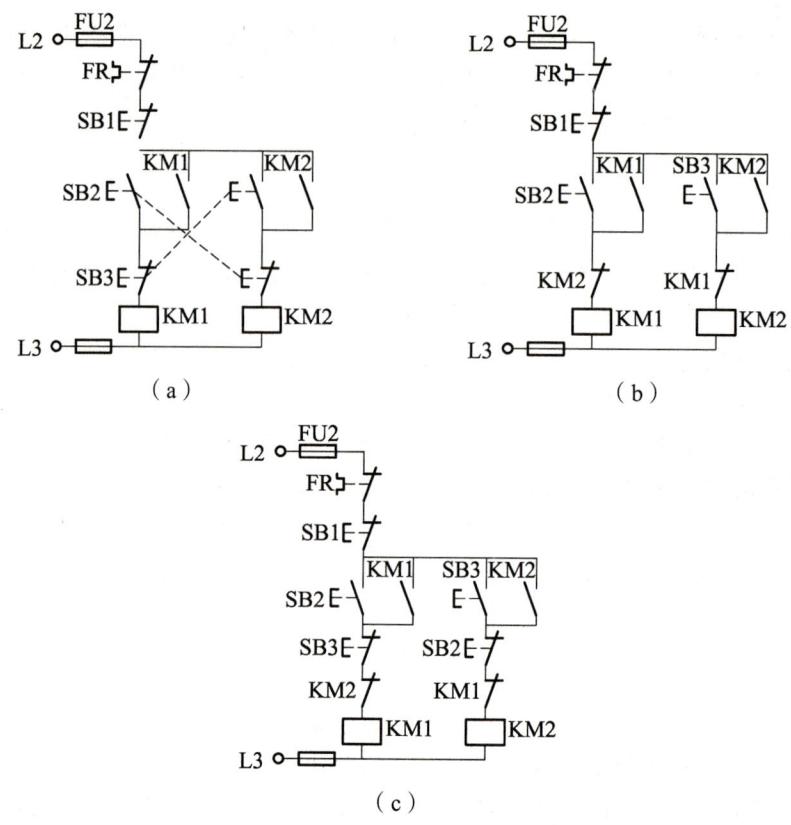

图 3-4-3　正反转控制原理

（二）三相异步电动机自动往返控制电路

在机床电气设备中，有时需要工作台自动往复循环工作，例如龙门刨床的工作台前进、后退。电动机的正反转是实现工作台自动往复循环的基本环节。控制线路利用行程开关（位置开关）实现行程控制。

图 3-4-4 所示是机床工作台自动往返运行示意图。SQ1、SQ2、SQ3、SQ4 为行程开关，其中，SQ1、SQ2 用来控制工作台的自动往返，相当于双重联锁正反向控制线路中的正向启动按钮 SB2 和反向启动按钮 SB3。SQ3、SQ4 分别为正、反向极限位置保护开关，防止行程开关 SQ1、SQ2 失灵时造成工作台从机床上冲出的事故。

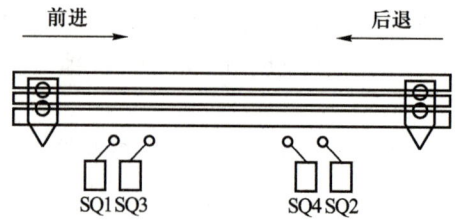

图 3-4-4　机床工作台自动往返运行示意图

自动往返控制电路原理如图 3-4-5 所示。

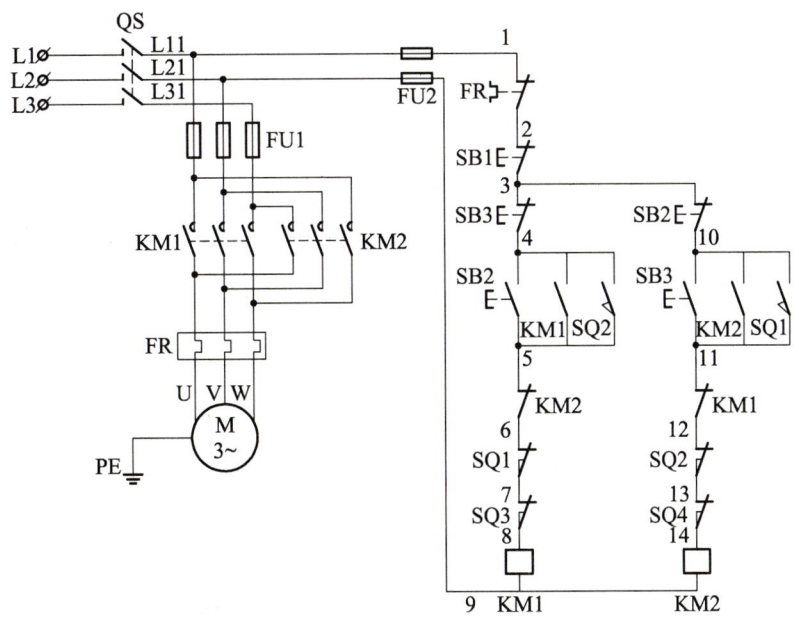

图 3-4-5 自动往返控制电路原理图

其工作过程如下：

合上电源开关 QS→按下启动按钮 SB2→接触器 KM1 通电→电动机 M 正转→工作台向右运行→前进到一定位置，撞块压动限位开关 SQ1→SQ1 常闭触点断开→KM1 断电→电动机 M 停止正转，工作台停止向右运行。同时，SQ1 常开触点闭合→KM2 通电→电动机 M 改变电源相序而反转，工作台向左运行→后退到一定位置，撞块压动限位开关 SQ2→SQ2 常闭触点断开→KM2 断电→M 停止向左运行。同时，SQ2 常开触点闭合→KM1 通电→电动机 M 又正转，工作台又开始右行，如此往复循环工作，直至按下停止按钮 SB1→KM1 或 KM2 断电→电动机停止转动。

三、任务实施

轨道交通自动扶梯控制电路分析

3.4 轨道交通自动扶梯控制电路分析

某轨道交通自动扶梯控制电路原理图如图 3-4-6 所示。其中图 3-4-6（a）所示是其主电路部分，图 3-4-6（b）、（c）所示是其控制电路部分。需要说明的是，在实际应用中，自动扶梯一般都采用变频器和专用 MCU（多点控制单元）控制，但其基本电路仍然属于正反转控制。为了方便展示，本项目任务只保留了其主电路、主板输入和主板输出电路部分，原控制图还包括控制及照明电源、功能安全板、安全回路、故障显示电路，以及其他加热、语音播报等选配电路。请根据电路原理图，结合本项目相关基础知识，分析其工作过程，并将结论填在任务实施记录表 3-4-1 中。

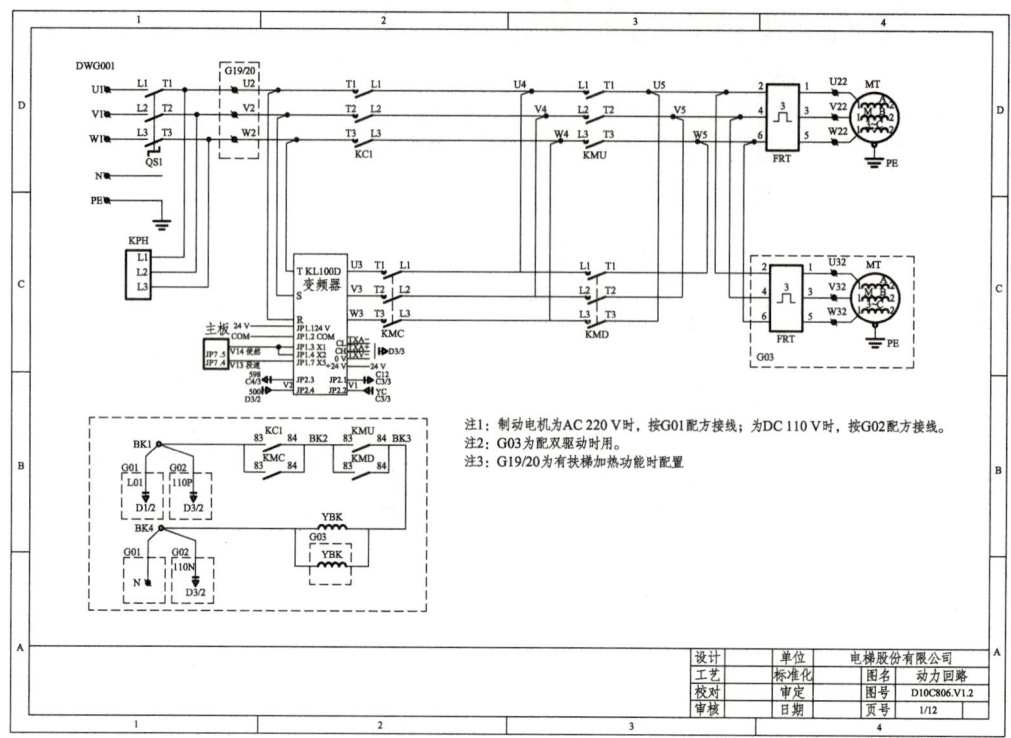

（a）主电路

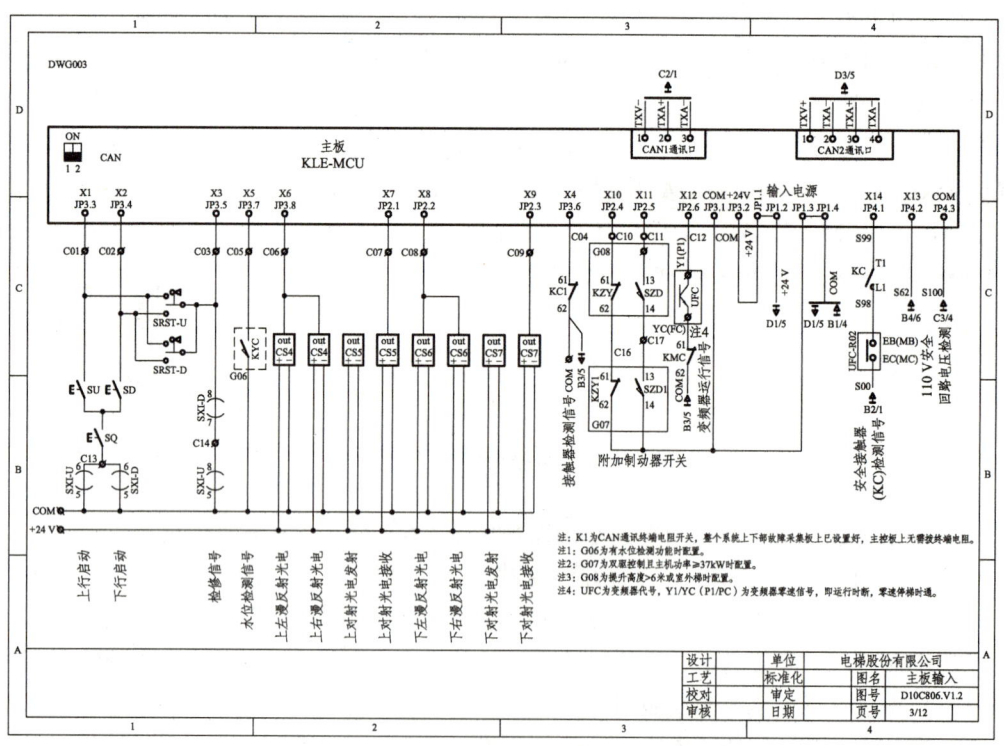

（b）控制电路1

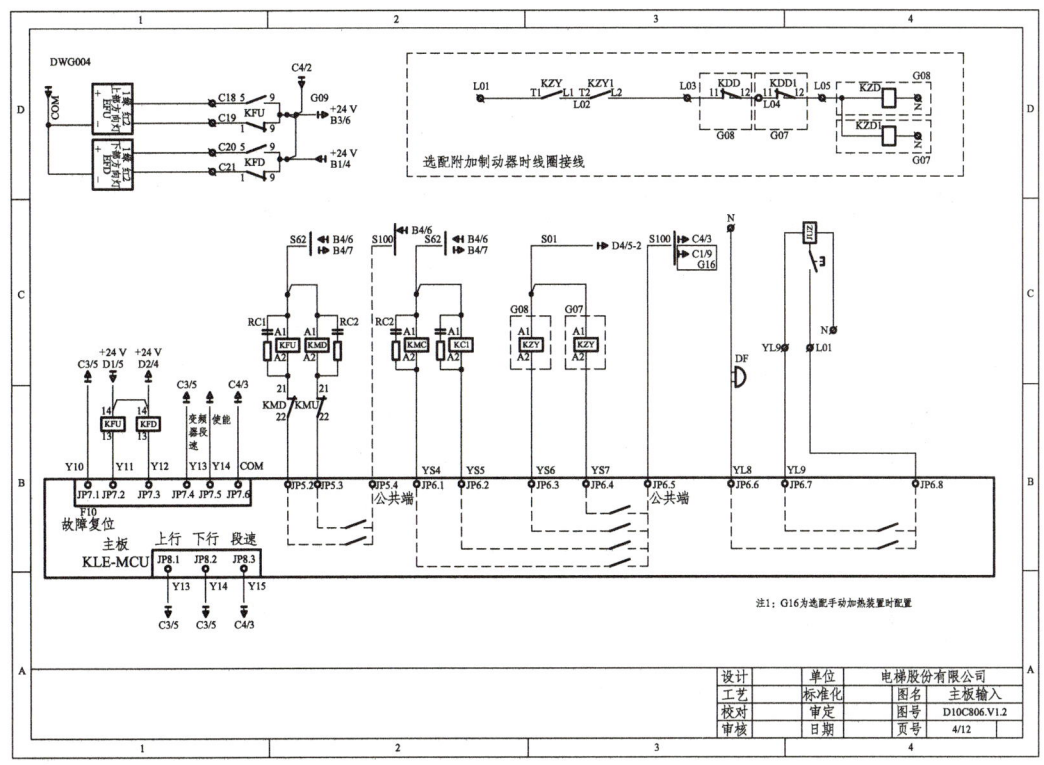

（c）控制电路2

图 3-4-6　某轨道交通自动扶梯控制电路原理图

引导问题 1：什么叫互锁或联锁？

引导问题 2：三相异步电动机是如何实现正反转控制的，主要的方法有哪些？

引导问题 3：请画出转换开关实现三相异步电动机正反转的触点接线图。

引导问题 4：为什么三相异步电动机正反转控制通常采用双重联锁电路，其优势是什么？

引导问题 5：在图 3-4-6 控制电路中，限位开关分别的作用是什么？

引导问题 6：在图 3-4-5（a）中，控制电机正反转的接触器分别是哪两个？其功能是如何实现的？

引导问题 7：在图 3-4-5（a）中，接触器 KC1 和 KMC 分别的功能是什么，两种接触器分别闭合，意味着曳引电机分别处于何种工况下运行？

引导问题 8：在图 3-4-5（b）中，自动扶梯的上下行运行分别由哪个按钮控制，若要启动，还需要哪些开关或触点动作？

引导问题 9：请结合图 3-4-5 分析当闭合电源总开关，按下自动扶梯上行启动按钮后，主电路和控制电路的动作过程。

表 3-4-1　任务实施记录表

任务实施记录表
1. 主电路分析，功能描述：
2. 控制电路分析，各部分工作过程描述：
存在问题及处理情况：

双重联锁正反转控制电路的安装与调试

参考电路图 3-4-7，利用按钮、接触器、继电器等器件，按照工艺规范要求，完成双重联锁正反转控制电路的安装与调试。

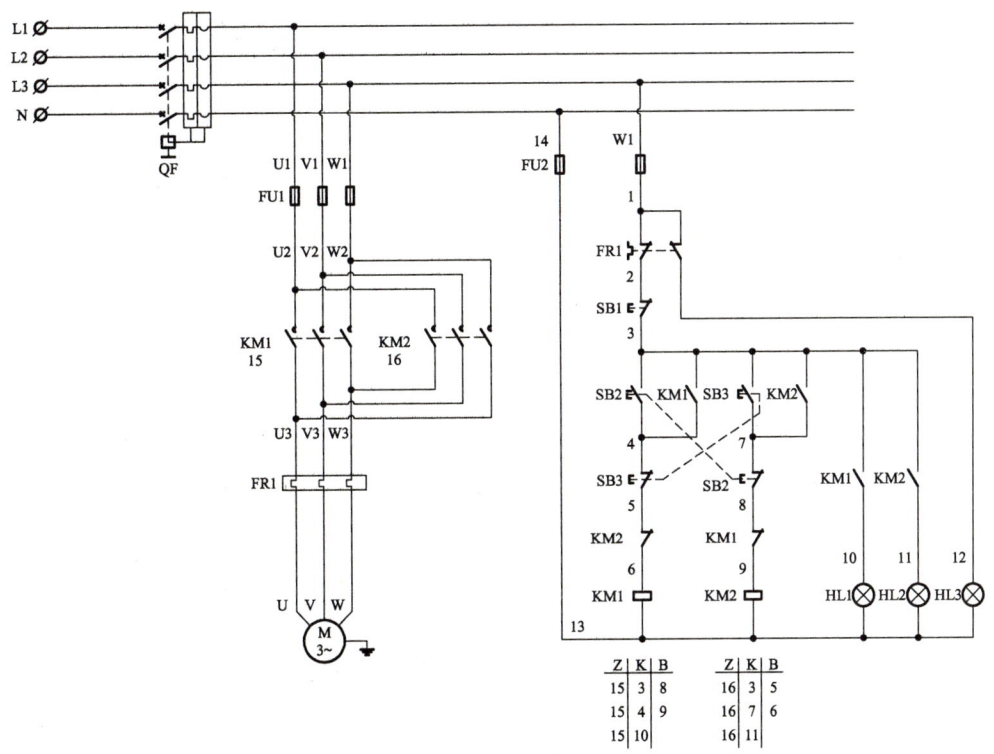

图 3-4-7　双重联锁正反转控制电路

1. 所需器材

控制板（1 块），交流接触器、熔断器、热继电器、电源隔离开关、按钮、指示灯、接线端子排、三相异步电动机、万用表及电工常用工具（1 套）、导线、号码管等。材料清单如表 3-4-2 所示。

表 3-4-2　材料清单

序号	名称	型号与规格	单位	数量	备注
1	三相异步电动机	Y-112M-4，4 kW、380 V、△接法	台	1	
2	断路器	DZ47-63 D20	只	1	
3	组合三联按钮	LAY37	只	1	
4	交流接触器	CJT1-10 380V	只	3	
5	中间继电器		只	3	
6	热继电器	JR36-20（0.4-63A）	只	1	

续表

序号	名称	型号与规格	单位	数量	备注
7	熔断器	RT18-32（10A×3 6A×2）	套	5	
8	接线端子排	TD-1520	条	2	
9	网孔板	600*500	块	1	
10	试车专用线		根	10	
11	塑料铜芯线	BV 1 mm²	米	5	
12	塑料铜芯线	BV 0.75 mm²	米	10	
13	线槽板		米	若干	
14	螺丝		只	若干	
15	万用表		块	1	
16	编码套管		米	5	
17	指示灯	220 V	只	3	

2. 安装调试步骤

（1）画出电路图，分析工作原理，并按规定标注线号。

（2）列出元件明细表并进行检测，将元件的型号、规格、质量检查结果及有关测量值记入控制电路元件明细表中。检查内容有：电源开关的接触情况；拆下接触器的灭弧罩，检查相间隔板；检查各主触点表面情况；按压其触点架观察动触点（包括电磁机构的衔铁、复位弹簧）的动作是否灵活；检查接触器电磁线圈的电压与电源电压是否相符，用万用表测量电磁线圈的通断，并记下直流电阻值；测量电动机每相绕组的直流电阻值，并做记录。检查中发现异常应检修或更换元件。

（3）画出元件安装布置图及接线图。绘制安装接线图时，将电器元件的符号画在规定的位置，对照原理图的线号标出各端子的编号。电动机 M 在安装板外，通过接线端子排 XT 与安装底板上的电器连接。在配电板上布置元件，控制板上各元件的安装位置应整齐、匀称、间距合理，便于接线和检修。

（4）按照安装布置图规定的位置定位打孔，将电器元件固定牢靠。

（5）按图接线，一般先接主电路，再接控制电路。板前明线接线时注意：控制板上的走线应横平竖直，变换走向应垂直，避免交叉；转角处要弯成慢直角，控制板至电动机的连接导线要穿软管保护，电动机外壳要安装接地线。走线时应注意：走线通道应尽可能少，同一通道中的沉底导线应按主控电路分类集中，贴紧敷面单层平行密排；同一平面的导线应高低一致或前后一致，不能交叉，当必须交叉时，该根导线应在接线端子引出时合理水平跨越；导线与接线端子连接时，应不压绝缘层，不反圈，不露铜过长，要拧紧接线柱上的压紧螺钉；一个电器元件接线端子上的连接导线不得超过 2 根，每节接线端子排上的连接导线一般只允许连接 1 根。

（6）上电前的检查，利用万用表分别测试主电路、控制电路通断情况，并检查功能。

分别测试正转控制回路和反转控制回路的启动和停止，观察线圈阻值变化，并测试互锁功能是否正常。

（7）检查线路无误后，通电试车。观察电动机运行是否符合设计要求，若发生故障，应立即切断电源并检查，待故障排查后，方可再次上电测试。

3. 故障排查及处理方法

（1）观察法。出现故障后，一般先及时切断电源，通过观察法找出故障现象。主要是看有无引起故障的明显外观征兆，如线头松脱、发热、冒烟、烧焦等。

（2）逻辑分析法。根据电路的工作原理图以及各个控制环节的关系，结合故障现象进行具体分析，逐步缩小故障范围，确定故障点。

（3）测量法，用验电笔、万用表等对电路进行断电或带电逐级测量，确定故障点。

在检查和分析电路故障时，有时需要结合以上几种方法，才能迅速找到故障原因。同时，现场经验也十分重要，工程师往往能够很快解决设备问题，就是因为不断磨炼技术和总结经验。

4. 实训报告

任务完成后，请提交实训报告一份。主要内容包括：实训目的及要求，实训设备及器件清单，实训内容及过程描述，实训数据及现象，主要问题分析以及实训总结和心得体会。

四、任务评价

表 3-4-3　任务评价表

专业班级		组　号		姓　名		学　号	
考核项目	考核要求	分数配比		自　评		互　评	得分
工作准备情况	（1）书、网络资源、笔记本、笔、图纸等材料准备齐全； （2）学习计划等按要求准备	5					
图3-4-6主电路分析	（1）电路功能描述准确，工作过程完整； （2）填表数据正确，结论描述规范	15					
图3-4-6控制电路分析	（1）电路功能描述准确，工作过程完整； （2）填表数据正确，结论描述规范	20					
正反转控制电路元器件布置、安装及工艺要求	（1）不按原理图安装，扣10分； （2）元件安装不牢固，每只扣2分； （3）安装元件时漏装螺钉，每只扣0.5分； （4）接点松动、接点露铜过长、压绝缘层、反圈等，每处扣0.5分； （5）损伤导线绝缘或线芯，每根扣0.5分； （6）元件安装不整齐、不匀称、不合理，每只扣3分； （7）损坏元件，扣10分； （8）套管、标号符合工艺要求； （9）安装结束，盖好线槽盖板	30					
线路检查	（1）正确使用万用表； （2）正确检查主电路； （3）正确检查控制电路	10					

续表

考核项目	考核要求	分数配比	自　评	互　评	得分
功能	（1）按正确的流程完成系统调试和功能演示； （2）线路通电正常工作，各项功能完好； （3）第一次试车不成功，扣5分； （4）第二次试车不成功，扣8分； （5）第三次试车不成功，扣10分	10			
职业素养及安全文明操作	（1）工作台工具摆放整齐，严格遵守安全操作规程，符合管理要求； （2）操作过程中保持工具、仪表、元器件、设备等摆放整齐； （3）操作过程中无不文明行为，具有良好的职业操守，独立完成考核内容、合理解决突发事件； （4）作业完成后清理、清扫工作现场。	10			
	总分				

学生互动交流及改进总结：

教师评语及签名：

五、知识拓展

变频器

变频器是应用变频技术与微电子技术,通过改变电机工作电源大小和频率方式来控制交流电动机的电力控制设备。图 3-4-8 所示是某品牌变频器的外形结构。

图 3-4-8 某品牌变频器

变频器主要由整流(交流变直流)、滤波、逆变(直流变交流)、制动单元、驱动单元、检测单元及微处理单元等组成。变频器靠内部 IGBT 的开断来调整输出电源的电压和频率,根据电机的实际需要来提供其所需要的电源电压,进而达到节能、调速的目的。另外,变频器还有很多的保护功能,如过流、过压、过载保护等。随着工业自动化程度的不断提高,变频器在自动化产线、电梯、恒压供水等系统中得到了非常广泛的应用。

采用变频器主要有以下好处:

(1)能对电动机实现无级调速控制。其输出频率在 0~400 Hz。频率大小除由生产工艺对传动电动的调速要求决定外,还受电动机允许的最大频率制约。

(2)能提高电动机效率,实现节能。电动机采用变频器调速,其效率可提高 5%~10%,当用于风机、泵、挤压机、搅拌机等负载设备的拖动时,可节电 20%~30%。变频器用于节能场合,使用频率大小由设备类型、工况条件等决定。

(3)能实现电动机软启动、软制动以及平滑调速。用变频器作软启动器,能减小电动机启动电流,避免负载设备受到大的冲击,特别适合于重载启动或满载启动的机械设备,如大功率高压风机、大型压缩机、挤压机的启动。

(4)能实现多台电动机按比例速度运行或同步运行。

(5)能提高生产效率,降低设备维修量,提高产品质量。

变频器按不同的分类方式,主要有以下几种:

按变换频率的方法不同可分为交-交型变频器和交-直-交型变频器。交-交型变频器可将工频交流电直接转换成频率、电压均可以控制的交流,故称直接式变频器。交-直-交型变频器则是先把工频交流电通过整流装置转变成直流电,然后再把直流电变换成频率、电压均可以调节的交流电,故又称为间接型变频器。

按主电路工作方式不同可以分为电压型变频器和电流型变频器。电压型变频器工作原理是将电网来的交流电转换成直流电,经三相桥式逆变电路转变为频率可调的交流电。电压型变频器的中间环节采用大电容。电流型变频器是通过调节控制电路的输出电流来实现对电机的速度、扭矩和运行状态等的控制。电流型变频器与电压型变频器的最主要区别在于:电流型变频器的直流中间环节采用大电感滤波,这也导致了它俩在储能上面的差异。

按照工作原理不同可分为 V/F 控制变频器、转差频率控制变频器和矢量控制变频器等。V/F 控制变频器结构简单,但这种变频器采用开环控制方式,不能达到较高的控制性能,而且在低频时,必须进行转矩补偿,以改变低频转矩特性。转差频率控制变频器是一种直接控制转矩的控制方式,采用闭环控制方式,可以使变频器具有良好的稳定性,并对急速的加减速和负载变动有良好的响应特性。矢量控制变频器也属于闭环控制方式,但需要在电动机上安装速度传感器,这也使其应用范围受到限制。

变频器国外品牌主要包括 ABB、SIEMENS、Schneider、三菱、安川等,国产品牌主要有台达、汇川、英威腾等。虽然变频器的种类很多,每一种变频器的结构和外观有所差异,但其基本操作大致相同,使用时应注意以下几点:

1. 开机与关机

变频器开机前,需要先确认电源电压是否与变频器标称电压一致。开启电源后,变频器会进行自检,根据设定的参数进行初始化设置。关机时,应先将变频器停止工作,然后再关闭电源开关。

2. 参数设置

变频器参数设置是其使用中非常重要的一步。首先需要了解电机的额定功率、额定电压和额定电流,然后根据需要设定变频器的额定电压、额定电流等参数。参数设置包括控制模式、转动方向、转速范围等。变频器通常配备了操作面板和数字显示屏,通过操作面板和屏幕上的按键可以进行参数的设置和调整。

3. 运行控制

变频器运行状态的控制通常有手动和自动两种方式。手动控制可通过变频器面板上的按键,直接设置电机的转速和运行方向。自动控制则是通过连接传感器或 PLC 等外部控制设备,实现对变频器的远程操作。变频器有启动、停止、加速、减速、正转、反转等运行控制功能。

4. 频率调节

变频器的主要作用之一是调节电机的转速,其中关键是调节输出频率。变频器允许用户通过控制面板或外部设备调节输出频率,从而实现电机的转速控制。在调节频率时,需要考虑电机的额定电压和额定电流。

5. 保护功能

变频器通常配备了各种保护功能，以确保电机和变频器本身的安全稳定运行。常见的保护功能包括过流保护、过压保护、欠压保护、过温保护等。当电机或变频器发生故障或异常情况时，保护功能将自动触发，停止电机的运行并显示相关的故障信息。

6. 监测和诊断

变频器通常具有数据监测和故障诊断功能，通过连接计算机或监控系统，可以实时监测变频器的运行状态和各项参数。当发生故障时，变频器将输出相应的故障代码，通过查阅故障代码手册，可以快速定位故障原因和解决办法。

7. 调试和维护

在安装和使用变频器之前，需要进行调试和维护工作。调试时，需要进行电机的参数设定、控制方式设定和限制设定等。维护方面，定期检查变频器的散热器和风扇是否正常运转，清理灰尘和杂物；注意保持变频器的通风良好，避免灰尘和湿气进入变频器。

8. 故障排除

在变频器的使用过程中，可能会出现故障或异常情况。常见的故障包括过热、过流、过压等。故障排除可通过观察变频器面板上的故障代码，并参考故障代码手册进行分析和解决。有些简单的故障，如风扇堵转或接线松动，可以自行处理。但对于一些复杂的故障，建议寻求专业的维修人员进行修复。

任务五 轨道交通双速风机控制电路分析

双速风机是指拥有两种风速的鼓风设备，决定风速的因素主要是风机转速。风机可以靠改变电流或电压来改变转速，常有交流和直流两种。由于地铁项目或类似工程环境相对封闭，需要对空气流通及温度进行调节。另外，在火灾紧急情况下，风机又承担着消防排烟的重要功能。在轨道交通车站或隧道中，风机一般都兼有排风和排烟的功能，其控制一般采用 BAS（建筑自动化系统）控制系统及中央环境控制系统根据现场温湿度来控制风机的启停及转速、方向的调节。

一、任务目标

（1）掌握三相异步电动机降压启动控制电路的设计方法、工作原理。
（2）掌握三相异步电动机制动控制电路的设计方法和分析。
（3）掌握轨道交通双速风机控制电路的分析及应用。

二、相关知识

（一）三相异步电动机降压启动控制电路

交流电动机从接入电源开始，转速由零上升到某一稳定转速为止的过程称为启动过程。前面介绍的各种控制电路启动时，加在电动机定子绕组上的电压为电动机的额定电压，属于全压启动，也称直接启动。直接启动的优点是电气设备少，线路简单。但是异步电动机直接启动时，启动电流一般为额定电流的 4~7 倍，电源变压器容量不够，电动机功率较大的情况下会使变压器输出电压下降，影响本身的启动转矩，也会影响同一供电线路中其他电气设备的正常工作。

通常 10 kW 及其以下容量的三相异步电动机采用全压启动，即启动时电动机的定子绕组直接接在额定电压的交流电源上。但当电动机容量超过 10 kW 时，因为启动电流较大，线路压降大，负载端电压降低，影响启动电动机附近电气设备的正常运行，所以一般采用降压启动。所谓降压启动，是指启动时降低加在电动机定子绕组上的电压，待电动机启动后再将电压恢复到额定值，使之运行在额定电压下。降压启动可以减少启动时对线路的影响。但电动机的电磁转矩与定子端电压的平方成正比，所以使得电动机的启动转矩相应减小。常见的降压启动方式有定子串电阻降压启动、Y-△降压启动、自耦变压器降压启动、软启动、延边三角形降压启动等。

1. 定子串电阻降压启动电路

定子绕组串电阻启动是指在电动机启动时，把制动电阻串接在电动机定子绕组与电源之间，通过电阻的分压作用来降低定子绕组上的启动电压。待启动结束后，再将制动电阻短接切除，使电动机在额定电压下正常工作。图 3-5-1 所示是一种利用时间继电器自动控制的定子串电阻降压启动电路。其工作原理如下。

（1）先合上电源开关 QS。

（2）启动时，按下 SB1→KM1 线圈得电→KM1 自锁触点闭合自锁；KM1 主触点闭合→电动机 M 串电阻 R 进入降压启动；KM1 常开触点闭合→KT 线圈得电→KT 常开触点延时闭合→KM2 线圈得电→KM2 自锁触点闭合自锁；KM2 联锁触点先分断→KM1 线圈失电→KM1 的触点全部复位分断→KT 线圈失电→KT 常开触点瞬时分断；KM2 主触点闭合，R 短接切除，全压运行。

（3）停止时，按下停止按钮 SB3→控制电路 KM1（或 KM2）线圈失电→KM1（或 KM2）主触点分断→电动机 M 失电停转。

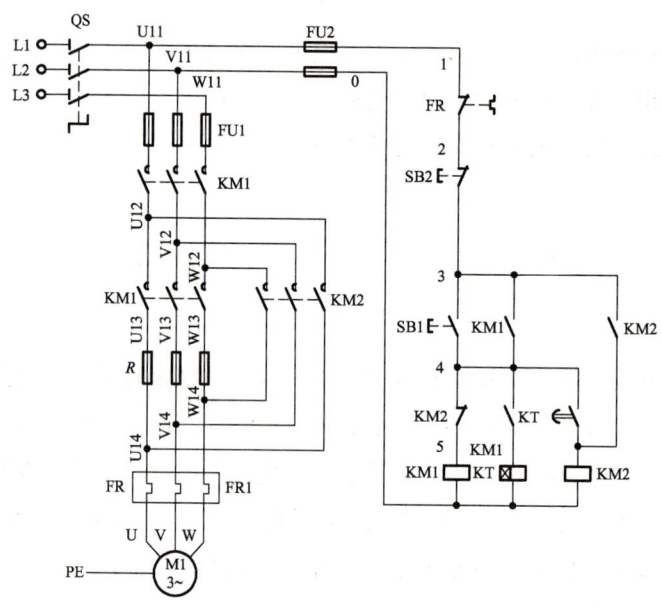

图 3-5-1　定子串电阻降压启动电路

2. Y-△降压启动电路

根据三相异步电动机的连接方式，其接线有星形（Y）和三角形（△）连接两种基本方式。星形连接时，电机的工作电压降低到额定值的 $1/\sqrt{3}$，使得启动电流减小。因此，可以在启动时接成星形连接，待转速升高后，再改接为三角形连接。利用这种方式的启动称为 Y-△降压启动，由于启动电流只有全压运行时的 1/3，对应的启动转矩也对应减少，所以这种启动方式只适用于空载或轻载启动。

1）按钮、接触器手动控制 Y-△降压启动电路

图 3-5-2 所示是由按钮、接触器手动控制的 Y-△降压启动电路。启动时，按下 SB2，

利用接触器 KM1 和 KM3 将电动机定子绕接成星形连接，启动后通过复合按钮 SB3 将电动机切换成由 KM1 和 KM2 控制的三角形连接，使电动机在额定电压下全压运行。其工作过程请自行分析。

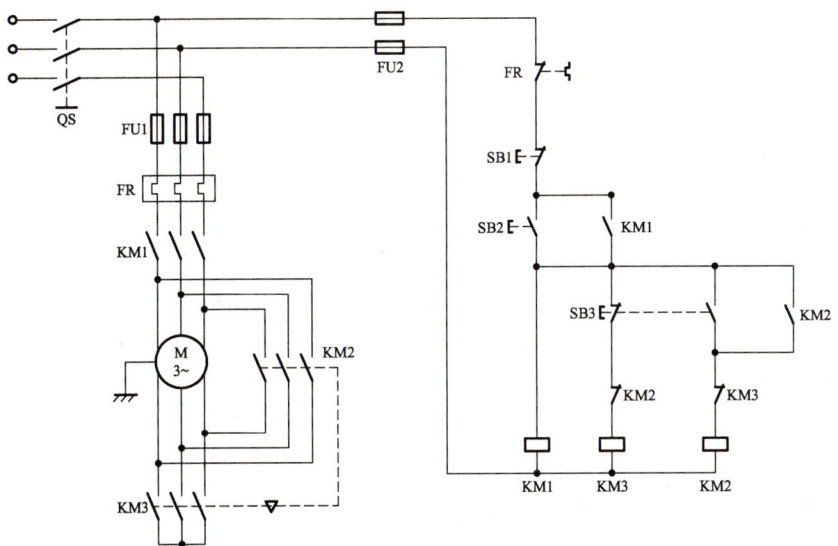

图 3-5-2　按钮、接触器手动控制 Y-△ 降压启动电路

2）时间继电器自动控制 Y-△ 降压启动电路

图 3-5-3 所示是利用时间继电器实现 Y-△ 降压启动控制。

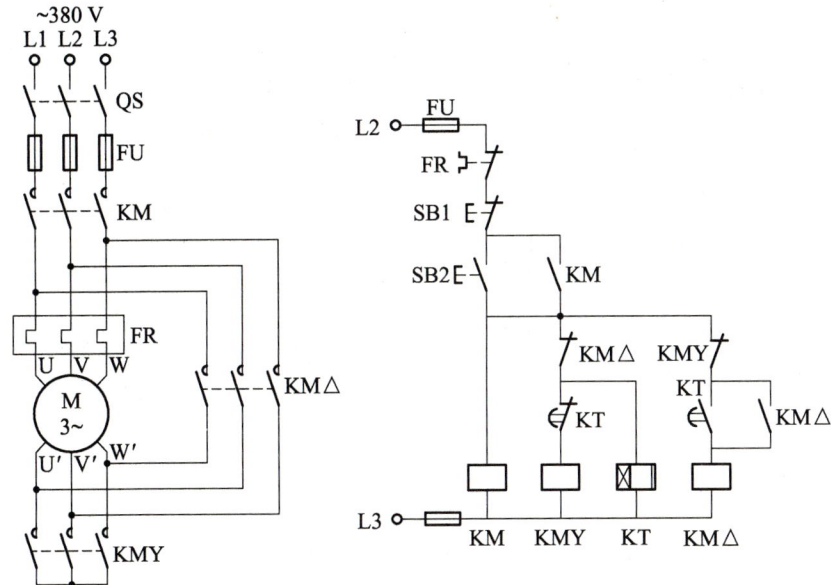

图 3-5-3　时间继电器自动控制 Y-△ 降压启动控制电路

其工作原理如下：启动时，先合上电源开关 QS→按下启动按钮 SB2→接触器 KM 通电→KM 主触点和自锁触点闭合→接触器 KMY 通电→KMY 主触点闭合→M 组成星形连

接，降压启动；同时，时间继电器 KT 通电延时→延时时间到，KT 延时常闭触点断开，KT 延时常开触点闭合→KMY 断电、KM△ 得电→M 组成三角形连接，并全压正常运行。

停止时，按下停止按钮 SB1→控制电路 KM1 和 KM2（或 KM3）线圈失电→KM1 和 KM2（或 KM3）主触点分断→电动机 M 失电停转。

3. 自耦变压器降压启动电路

图 3-5-4 所示为三相异步电动机自耦变压器降压启动电路。其工作原理如下。

启动时，合上主电路与控制电路电源开关，HL1 灯亮，表明电源电压正常。按下启动按钮 SB2，接触器 KM1 和时间继电器 KT 线圈同时通电并自锁，将自耦变压器接入，电动机由自耦变压器二次电压供电做降压启动，同时指示灯 HL1 灭，HL2 亮，显示电动机正进行降压启动。当电动机转速接近额定转速时，时间继电器 KT 通电延时闭合触头闭合，使 KA 线圈通电并自锁，其常闭触头断开 KM1 线圈电路，KM1 线圈断电释放，将自耦变压器从电路切除；KA 的另一对常闭触头断开，HL2 指示灯灭；KA 的常开触头闭合，使 KM2 线圈通电吸合，电源电压全部加在电动机定子上，电动机在额定电压下进入正常运转，同时 HL3 指示灯亮，表明电动机减压启动结束。

停止时，按下停止按钮 SB1→控制电路失电→KM1 或 KM2 主触点分断，同时运行指示灯灭→电动机 M 失电停转。

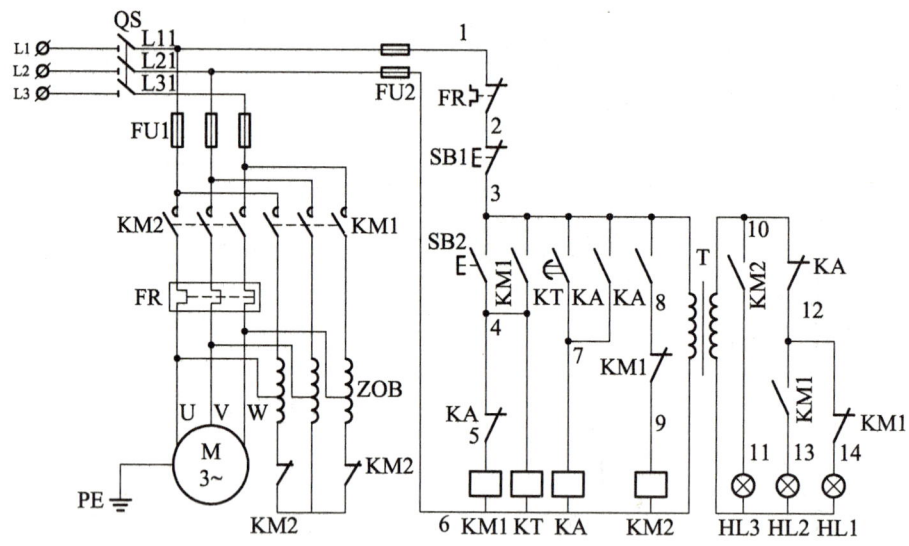

图 3-5-4　三相异步电动机自耦变压器降压启动电路

（二）三相异步电动机制动控制电路

所谓制动就是利用机械或电气的方法使电动机迅速停车，包括机械制动和电气制动两种基本方式。机械制动是利用机械装置产生的机械力来强迫电动机迅速停车，如电磁抱闸、电磁离合器等。电气制动是利用电气原理使电动机产生一个与运行方向相反的电磁转矩，从而使电机停车。常见的电气制动有反接制动、能耗制动、再生制动等。

1. 电源反接制动电路

三相异步电动机的电源反接制动是通过改变电源相序，使定子产生的旋转磁场的方向与转子的运动方向相反，从而产生制动力矩的一种电气制动方法。其控制原理如图 3-5-5 所示。

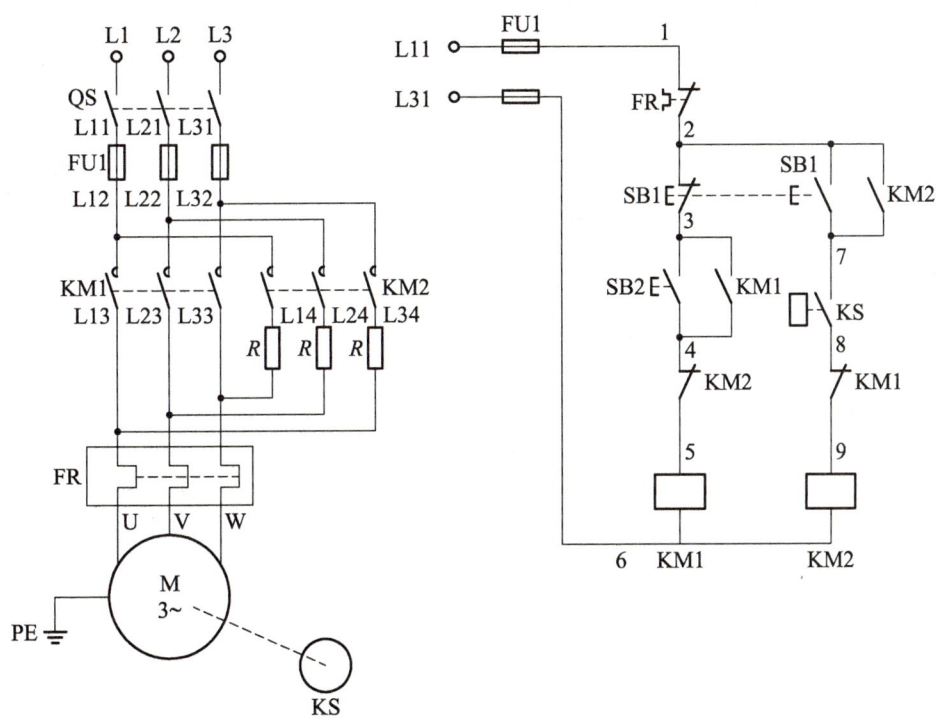

图 3-5-5　三相异步电动机电源反接制动电路

电源反接制动主要采用速度继电器来控制，当电动机的转速接近于零时，必须及时切断电源，否则会引起电动机反转。速度继电器的动作值一般调整到 120 r/min 左右，释放值则调整为 90 r/min 左右。当电动机转速 $n > 120$ r/min 时，速度继电器的触点动作；当电动机转速 $n < 90$ r/min 时，速度继电器的触动复位。反接制动的工作过程请自行分析，此处不再赘述。

反接制动时，转子与旋转磁场的相对切割速度接近于同步转速的 2 倍，因此定子绕组中流过的电流相当于直接启动时电流的 2 倍，为了保护电机，需在定子回路中串入制动电阻以限制制动时的工作电流。

2. 能耗制动电路

能耗制动是在电动机脱离三相交流电源后，向定子绕组内通入直流电源，建立静止磁场，转子以惯性旋转，转子导体切割定子恒定磁场产生转子感应电动势，从而产生转子感应电流,利用转子感应电流与静止磁场的作用产生制动的电磁转矩,达到制动的目的。在制动过程中,电流、转速和时间3个参量都在变化,可任取一个作为控制信号,将时间作为变化参量,控制电路简单,实际应用较多。图3-5-6所示为按时间原则控制的电动机单向运行能耗制动电路。

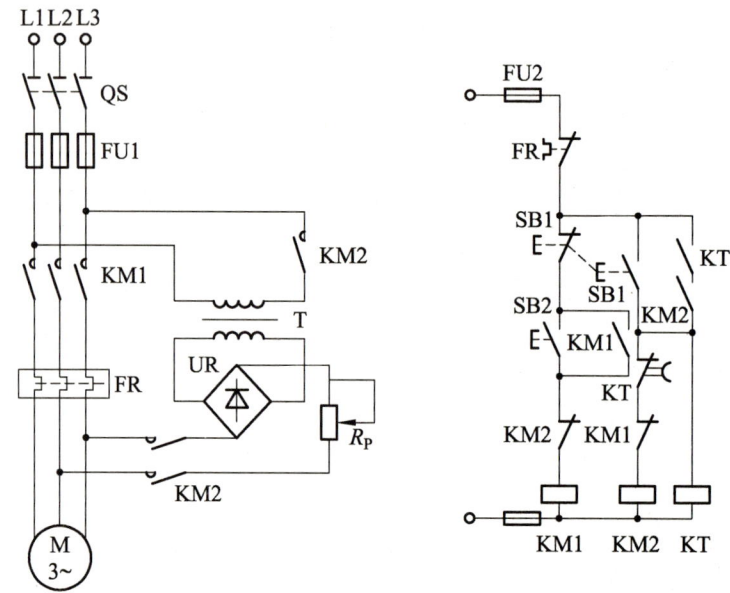

图 3-5-6　三相异步电动机能耗制动电路

电路工作原理如下:假设电动机现已处于通电并自锁的单向运行状态,若要使电动机停转,只要按下停止按钮 SB1,KM1 线圈断电释放,其主触头断开,电动机断开三相交流电源。同时,KM2 线圈通电并自锁,主触头将电动机定子绕组接入直流电源进行能耗制动,电动机转速迅速降低,当转速接近零时,通电延时时间继电器延时时间到,常闭延时断开触头动作,使线圈断电释放,能耗制动结束。

三、任务实施

轨道交通双速风机控制电路安装与调试

3.5　轨道交通双速风机控制电路分析

1. 工作原理分析

某轨道交通排风兼排烟双速风机控制电路原理图如图 3-5-7 所示。双速风机除具备不同速度控制外,还行应确保顺序启动、互锁联动的功能,控制系统一般由手自切换、低速控制、高速控制、信号报警、声响报警等控制部分。请根据电路原理图,结合本项目相关基础知识,分析其工作过程,并将结论填在任务实施记录表 3-5-1 中。

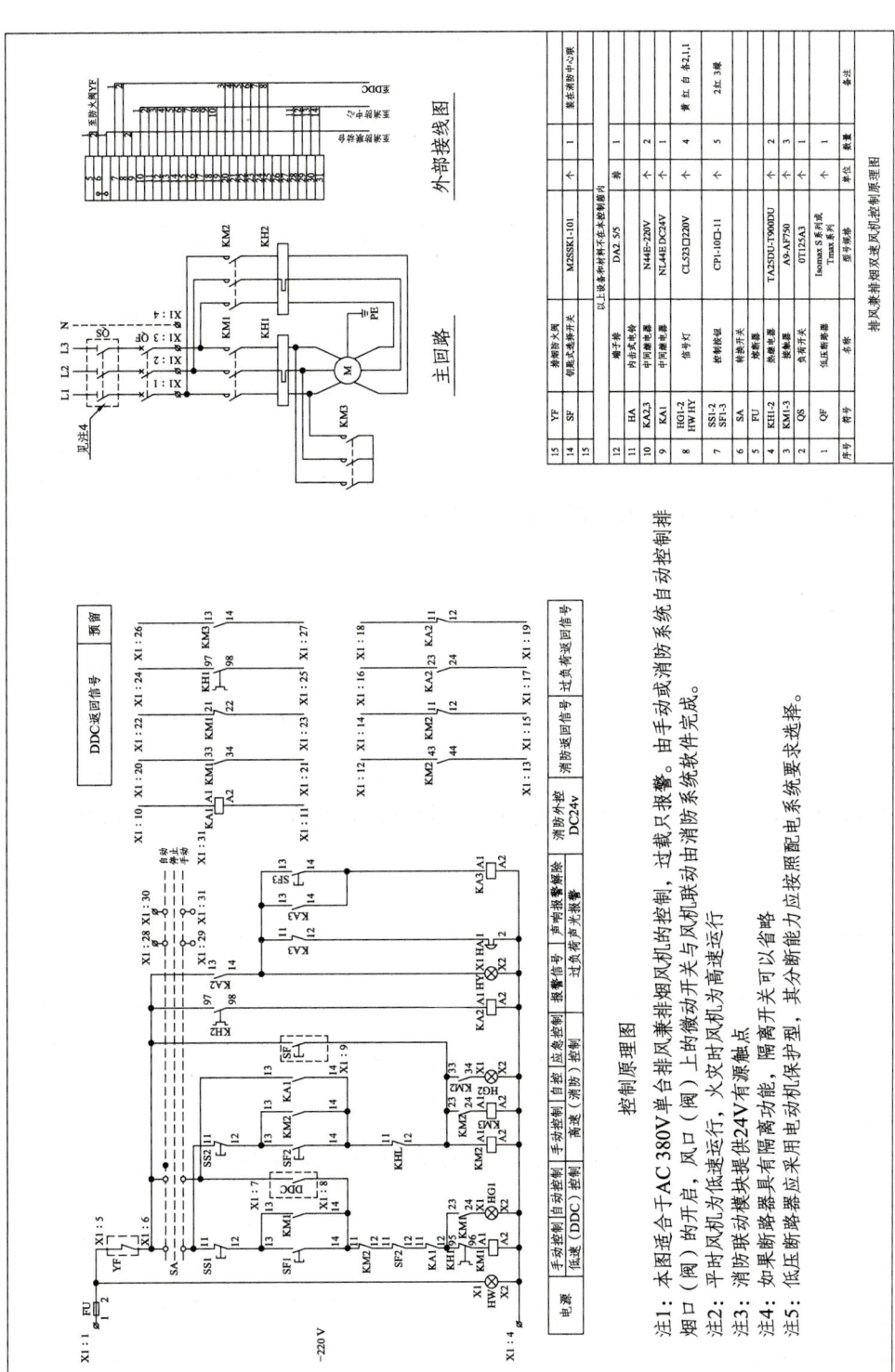

图 3-5-7 轨道交通排风兼排烟双速风机控制电路

引导问题 1：为什么要降压启动，常用的降压启动方法有哪些？

_____

_____

引导问题 2：星形运行和三角形运行，其工作电压、电流关系是怎么样的？

_____

_____

引导问题 3：对比 Y-△ 降压启动电路和双速风机电路，查阅相关资料，说明两者在主电路上有什么不同，并说明双速电机变极调速原理？

_____

_____

_____

引导问题 4：在图 3-5-7 所示电路中，双速电机高速运行和低速运行分别由哪些接触器控制？

_____

_____

_____

引导问题 5：在图 3-5-7 所示电路中，说明双速电机低速运行的工作过程是怎样的？

_____

_____

_____

引导问题 6：在图 3-5-7 所示电路中，说明双速电机高速运行的工作过程是怎样的？

_____

_____

_____

引导问题 7：在图 3-5-7 所示电路中，说明信号灯及声光报警是如何工作的？

_____

_____

_____

_____

引导问题 8：请结合你对轨道交通消防系统的认知，分析图 3-5-7 中消防外控是如何控制双速风机运行的？

_____

_____

_____

_____

引导问题 9：分析图 3-5-7 中，双速风机手动控制和自动控制分别是怎么实现的？

_____

_____

_____

_____

表 3-5-1 任务实施记录表

任务实施记录表
1. 主电路分析，功能描述：
2. 控制电路分析，各部分工作过程描述：
存在问题及处理情况：

2. 电路安装与调试

参考电路如图 3-5-7 所示，利用按钮、接触器、继电器等器件，按照工艺规范要求，完成双速风机控制电路的安装与调试。

四、任务评价

表 3-5-2　任务评价表

专业班级		组　号		姓　名		学　号	
考核项目	考核要求	分数配比	自　评	互　评	得　分		
工作准备情况	（1）书、网络资源、笔记本、笔、图纸等材料准备齐全； （2）学习计划等按要求准备	5					
图 3-5-7 主电路分析	（1）电路功能描述准确，工作过程完整； （2）填表数据正确，结论描述规范	15					
图 3-5-7 控制电路分析	（1）电路功能描述准确，工作过程完整； （2）填表数据正确，结论描述规范	20					
双速风机控制电路元器件布置、安装及工艺要求	（1）不按原理图安装，扣 10 分； （2）元件安装不牢固，每只扣 2 分； （3）安装元件时漏装螺钉，每只扣 0.5 分； （4）接点松动、接点露铜过长、压绝缘层、反圈等，每处扣 0.5 分； （5）损伤导线绝缘或线芯，每根扣 0.5 分； （6）元件安装不整齐、不匀称、不合理，每只扣 3 分； （7）损坏元件，扣 10 分； （8）套管、标号符合工艺要求； （9）安装结束，盖好线槽盖板	30					
线路检查	（1）正确使用万用表； （2）正确检查主电路； （3）正确检查控制电路	10					

续表

专业班级		组　号		姓　名		学　号	
考核项目	考核要求	分数配比	自　评		互　评		得分
功能	（1）按正确的流程完成系统调试和功能演示； （2）线路通电正常工作，各项功能完好； （3）第一次试车不成功，扣5分； （4）第二次试车不成功，扣8分； （5）第三次试车不成功，扣10分	10					
职业素养及安全文明操作	（1）工作台工具摆放整齐，严格遵守安全操作规程，符合管理要求； （2）操作过程中保持工具、仪表、元器件、设备等摆放整齐； （3）操作过程中无不文明行为，具有良好的职业操守，独立完成考核内容，合理解决突发事件； （4）作业完成后清理、清扫工作现场	10					
		总分					

学生互动交流及改进总结：

教师评语及签名：

五、知识拓展

双速异步电动机变极调速原理

凡磁极对数可以改变的电动机称为多速电动机。常见的多速电动机有双速、三速、四速等几种类型。

改变异步电动机的磁极对数的调速称为变极调速。变极调速是通过改变定子绕组的连接方式来实现的，属于有级调速，而极对数的改变，必须在定子和转子上同时进行，笼型异步电动机的转子极数是随定子极数的改变而自动改变的，故变极调速只适用于笼型异步电动机。

如图 3-5-8 所示是某 4/2 极双速电机定子绕组△/YY 接线示意图。其中图 3-5-8（a）表示了三相定子绕组接成△（U1、V1、W1 接电源，U2、V2、W2 接线端悬空），此时每相绕组中 1、2 线圈相互串联，其电流方向如图中虚线箭头所示。同理，图 3-5-8（b）表示三相定子绕组接成 YY 形接线（U2、V2、W2 接电源，U1、V1、W1 短接），此时每相绕组中 1 和 2 线圈并联，电流方向如图中实线箭头所示。

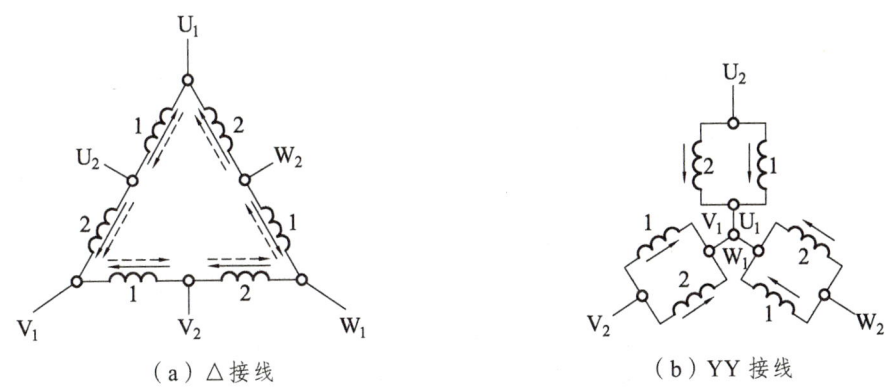

（a）△接线　　　　　　　　　　（b）YY 接线

图 3-5-8　△/YY 接线图

双速电动机定子绕组的△/YY 连接如图 3-5-9 所示。图中三相定子绕组接成△形，由三个连接点接出三个出线端 U1、V1、W1，从每相绕组的中点各接一个出线端 U2、V2、W2，这样定子绕组共有 6 个出线端。通过改变这 6 个出线端与电源的连接方式，就可以得到两种不同的转速。

电动机低速工作时，把三相电源分别接在出线端 U1、V1、W1 上，另外三个出线端 U2、V2、W2 空着不接，如图 3-5-9（a）所示，此时电动机定子绕组接成△形，磁极为 4 极，同步转速为 1 500 r/min。

电动机高速工作时，把三个出线端 U1、V1、W1 并接在一起，三相电源分别接到另外三个出线端上，如图 3-5-9（b）所示，这时电动机定子绕组接成 YY 形，磁极为 2 极，同步转速为 3 000 r/min。由此可见，双速电动机高速运转时的转速是低速运转时转速的两倍。

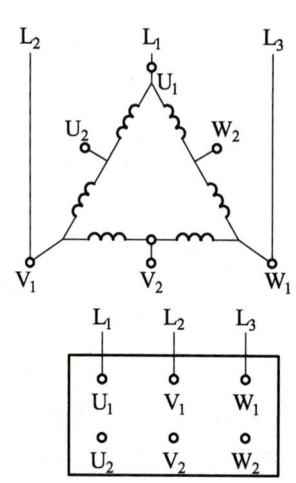 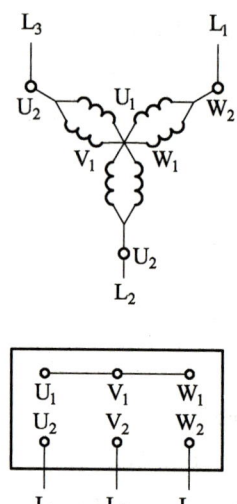

(a)电动机定子绕组接成△形，低速运行　　(b)电动机定子绕组接成YY形，高速运行

图 3-5-9　双速电动机三相定子绕组 △/YY 接线图

项目三练习题

一、选择题

1. 采用 Y-△ 降压启动的电动机，正常工作时定子绕组接成（　　）。
   A. 三角形　　　　　　　　　　　　B. 星形
   C. 星形或三角形　　　　　　　　　D. 定子绕组中间带抽头

2. 欲使接触器 KM1 动作后接触器 KM2 才能动作，需要（　　）。
   A. 在 KM1 的线圈回路中串入 KM2 的常开触点
   B. 在 KM1 的线圈回路中串入 KM2 的常闭触点
   C. 在 KM2 的线圈回路中串入 KM1 的常开触点
   D. 在 KM2 的线圈回路中串入 KM1 的常闭触点

3. 频敏变阻器启动控制的优点是（　　）。
   A. 启动转矩平稳，电流冲击大　　　B. 启动转矩大，电流冲击大
   C. 启动转矩平稳，电流冲击小　　　D. 启动转矩小，电流冲击大

4. 三相异步电动机 Y-△ 降压启动时，其启动转矩是全压启动转矩的（　　）倍。
   A. $\dfrac{1}{3}$　　B. $\dfrac{1}{\sqrt{3}}$　　C. $\dfrac{1}{2}$　　D. 不能确定

5. 下列哪个控制电路能正常工作（　　）。

6. 适用于电机容量较大且不允许频繁启动的降压启动方法是（　　）。
   A. 星形-三角形　　B. 自耦变压器　　C. 定子串电阻　　D. 延边三角形

7. 用来表明电机、电器实际位置的图是（　　）。
   A. 电气原理图　　B. 电器布置图　　C. 功能图　　D. 电气系统图

8. 转子绕组串电阻启动适用于（　　）。
   A. 鼠笼式异步电动机　　　　　　　B. 绕线式异步电动机
   C. 串励直流电动机　　　　　　　　D. 并励直流电动机

9. Y-△ 启动，启动时先把它改接成星形，使加在绕组上的电压降低到额定值的（　　）。

A. 1/2　　　　　B. 1/3　　　　　C. $1/\sqrt{3}$　　　　D. 以上都不是

10. 在控制电路中，如果两个常开触点串联，则它们是（　　）。
    A. 与逻辑关系　　B. 或逻辑关系　　C. 非逻辑关系　　D. 与非逻辑关系

11. 电机正反转运行中的两接触器必须实现相互间（　　）。
    A. 联锁　　　　　B. 自锁　　　　　C. 禁止　　　　　D. 记忆

12. 欠电流继电器可用于（　　）保护。
    A. 短路　　　　　B. 过载　　　　　C. 失压　　　　　D. 失磁

13. 下列电动机中，（　　）可以不设置过电流保护。
    A. 直流电动机　　　　　　　　　B. 三相笼型异步电动机
    C. 绕线式异步电动机　　　　　　D. 以上三种电动机

14. 若接触器用按钮启动，且启动按钮两端并联接触器的常开触点，则电路具有（　　）。
    A. 零压保护功能　　　　　　　　B. 短路保护功能
    C. 过载保护功能　　　　　　　　D. 弱磁保护功能

二、判断题

1. 电路图中，不画电器元件的实际外形图，而采用国家统一规定的电气图形符号。（　　）

2. 电气原理图设计中，应尽量减少电源的种类。（　　）

3. 电气原理图设计中，应尽量减少通电电器的数量。（　　）

4. 电气接线图中，同一电器元件的各部分不必画在一起。（　　）

5. 电气原理图中所有电器的触点都按没有通电或没有外力作用时的开闭状态画出。（　　）

6. QJ10 和 XJ01 系列自耦变压器减压启动器，在进入正常运行时，自耦变压器仍然带电。（　　）

7. 当改变通入电动机定子绕组的三相电源相序，即把接入电动机三相电源进线中的三根线对调接线时，电动机就可以反转。（　　）

8. 启动电阻和调速电阻可以相互替代。（　　）

9. 弱磁保护就是磁场越弱越好。（　　）

10. 有两台功率相同的异步电动机，甲电机的转速是乙电机的二倍，则甲电机的转矩是乙电机的一半。（　　）

11. 电动机正反转控制电路为了保证启动和运行的安全性，要采取电气上的互锁控制。（　　）

12. 制动就是给电动机一个与转动电压相反的电压使它迅速停转。（　　）

13. 能耗制动比反接制动所消耗的能量小，制动平稳。（　　）

14. 延边△降压启动时，把定子绕组的一部分接成△，另一部分接成Y，使整个绕组接成延边△。（　　）

三、简答题

1. 常用的电气控制系统有哪三种？
2. 何为电气原理图？绘制电气原理图的原则是什么？
3. 何为电器布置图？电器元件的布置应注意哪些问题？
4. 何为电气接线图？电气接线图的绘制原则是什么？
5. 何为互锁控制？实现电动机正反转互锁控制的方法有哪两种？它们有何不同？
6. 试画出两台电动机 M1、M2 启动时，M2 先启动，M1 后启动，停止时 M1 先停止，M2 后停止的电气控制电路。
7. 电动机正反转电路中，要实现由正转直接变反转，反转直接变正转，其控制要点在何处？
8. 电动机"正—反—停"控制线路中，复合按钮已经起到了互锁作用，为什么还要用接触器的常闭触点进行联锁？
9. 试找出图中各控制电路的错误，这些错误会出现何现象？应如何改正？

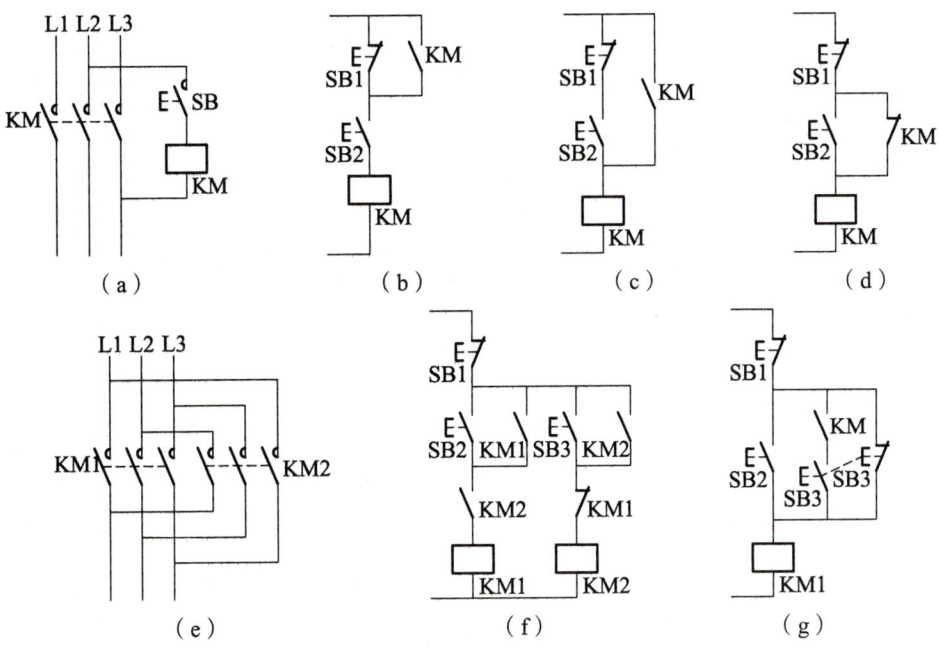

图 3-5-10 题 9 图

10. 说明下面两个索引的具体意义。

	KM		KA	
			9	×
4	6	×	13	×
4	×	×	×	×
5			×	×

图 3-5-11 题 10 图

11. 电动机常用的保护环节有哪些？它们各由哪些电器来实现保护？
12. 电动机的短路保护、过载保护、过流保护各有何相同和不同之处？
13. 失电压保护与欠电压保护有何不同？

四、设计题

1. 设计一个三相异步电动机两地启动的主电路和控制电路，并具有短路、过载保护。
2. 设计一个三相异步电动机正—反—停的主电路和控制电路，并具有短路、过载保护。
3. 设计两台三相异步电动机 M1、M2 的主电路和控制电路，要求 M1、M2 可分别启动和停止，也可实现同时启动和停止，并具有短路、过载保护。
4. 一台三相异步电动机运行要求为：按下启动按钮，电机正转，5 s 后，电机自行反转，再过 10 s，电机停止，并具有短路、过载保护，请设计主电路和控制电路。
5. 某机床有两台三相异步电动机，要求第一台电动机启动运行 5 s 后，第二台电动机自行启动，第二台电动机运行 10 s 后，两台电动机停止；两台电动机都具有短路、过载保护，请设计主电路和控制电路。
6. 一台小车由一台三相异步电动机拖动，动作顺序如下：① 小车由原位开始前进，到终点后自动停止；② 在终点停留 20 s 后自动返回原位并停止。要求在前进或后退途中任意位置都能停止或启动，并具有短路、过载保护，请设计主电路和控制电路。
7. 某机床由两台三相笼型异步电动机拖动，对其电气控制有如下要求，试设计主电路与控制电路：① 两台电动机能互不影响地独立控制其启动和停止；② 能同时控制两台电动机的启动和停止；③ 当第一台电动机过载时，只使本机停转；但当第二台电动机过载时，则要求两台电动机同时停转。
8. 某机床由两台三相笼型异步电动机 M1 与 M2 拖动，其电气控制要求如下，试设计出完整的电气控制电路图：① M1 容量较大，采用 Y-△减压启动，停车有能耗制动；② M1 启动后经 50 s 方允许 M2 直接启动；③ M2 停车后方允许 M1 停车制动；④ M1、M2 的启动、停止均要求两地操作；⑤ 设置必要的电气保护。

3.6　自动扶梯及自动人行道电气原理图

参考文献

[1] 赵承荻. 电机与电气控制技术（第五版）[M]. 北京：高等教育出版社，2019.
[2] 田淑珍. 电机与电气控制技术[M]. 北京：机械工业出版社，2009.
[3] 王琴. 电机与电气控制技术[M]. 上海：上海交通大学出版社，2022.
[4] 曲昀卿. 电机与电气控制技术[M]. 北京：北京邮电大学出版社，2022.
[5] 许翏. 电机与电气控制技术（第4版）[M]. 北京：机械工业出版社，2024.
[6] 汤蕴璆. 电机学（第5版）[M]. 北京：机械工业出版社，2022.
[7] 斯蒂芬·D，乌曼. 电机学（第七版）[M]. 北京：电子工业出版社，2021.
[8] 刘敏. 城市轨道交通车辆电气系统检修（第2版）[M]. 北京：人民交通出版社，2021.